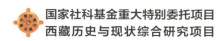

国家社科基金重大特别委托项目
西藏历史与现状综合研究项目

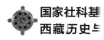
国家社科基金重大特别委托项目
西藏历史与现状综合研究项目

拉萨市东嘎镇的 发展与变迁

多庆 著

社会科学文献出版社
SOCIAL SCIENCES ACADEMIC PRESS (CHINA)

总　序

郝时远

　　中国的西藏自治区，是青藏高原的主体部分，是一个自然地理、人文社会极具特色的地区。雪域高原、藏传佛教彰显了这种特色的基本格调。西藏地区平均海拔 4000 米，是人类生活距离太阳最近的地方；藏传佛教集中体现了西藏地域文化的历史特点，宗教典籍中所包含的历史、语言、天文、数理、哲学、医学、建筑、绘画、工艺等知识体系之丰富，超过了任何其他宗教的知识积累，对社会生活的渗透和影响十分广泛。因此，具有国际性的藏学研究离不开西藏地区的历史和现实，中国理所当然是藏学研究的故乡。

　　藏学研究的历史通常被推溯到 17 世纪西方传教士对西藏地区的记录，其实这是一种误解。事实上，从公元 7 世纪藏文的创制，并以藏文追溯世代口传的历史、翻译佛教典籍、记载社会生活的现实，就是藏学研究的开端。同一时代汉文典籍有关吐蕃的历史、政治、经济、文化、社会生活及其与中原王朝互动关系的记录，才是中国藏学研究的本土基础。现代学术研究体系中的藏学，如同汉学、东方学、蒙古学等国际性的学问一样，曾深受西学理论和方法的影响。但是，西学对中国的研究也只能建立在中国历史资料和学术资源基础之上，因为这些历史资料、学术资源中所蕴含的不仅是史实，而且包括了古代记录者、撰著者所依据的资料　分析、解读和观念。因此，中国现代藏学研究的发展，不仅需要参考、借鉴和吸收西学的成就，而且必须立足□土的传统，光大中国藏学研究的中国特色。

作为一门学问，藏学是一个综合性的学术研究领域□"西藏历史与现状综合研究项目"即是立足藏学研究综合性特□的国家社会科学基金重大特别委托项目。自 2009 年"西藏历□与现状综合研究项目"启动以来，中国社会科学院建立了项□领导小组，组成了专家委员会，制定了《"西藏历史与现状综□研究项目"管理办法》，采取发布年度课题指南和委托的方式□面向全国进行招标申报。几年来，根据年度发布的项目指南，□过专家初审、专家委员会评审的工作机制，逐年批准了一百多□课题，约占申报量的十分之一。这些项目的成果形式主要为学□专著、档案整理、文献翻译、研究报告、学术论文等。

承担这些课题的主持人，既包括长期从事藏学研究□知名学者，也包括致力于从事这方面研究的后生晚辈，他们的□科背景十分多样，包括历史学、政治学、经济学、民族学、人□学、宗教学、社会学、法学、语言学、生态学、心理学、医□、教育学、农学、地理学和国际关系研究等诸多学科，分布□全国 23 个省、自治区、直辖市的各类科学研究机构、高等院校□专家委员会在坚持以选题、论证等质量入选原则的基础上，对□藏自治区、青海、四川、甘肃、云南这些藏族聚居地区的学者□研究机构，给予了一定程度的支持。这些地区的科学研究机构□高等院校大都具有藏学研究的实体、团队，是研究西藏历史与□实的重要力量。

"西藏历史与现状综合研究项目"具有时空跨度大□内容覆盖广的特点。在历史研究方面，以断代、区域、专题为□，其中包括一些历史档案的整理，突出了古代西藏与中原地区□政治、经济和文化交流关系；在宗教研究方面，以藏传佛教的□教合一制度及其影响、寺规戒律与寺庙管理、僧人行止和社会□任为重

点．突　了藏传佛教与构建和谐社会的关系；在现实研究方面，

则涉及　治、经济、文化、社会和生态环境等诸多领域，突出了

跨越式　展和长治久安的主题。

在　均海拔4000米的雪域高原，实现现代化的发展，是中

国改革　放以来推进经济社会发展的重大难题之一，也是没有国

际经验　资借鉴的中国实践，其开创性自不待言。同时，以西藏

自治区　代化为主题的经济社会发展，不仅面对地理、气候、环

境、经　基础、文化特点、社会结构等特殊性，而且面对境外达

赖集团　西方一些所谓"援藏"势力制造的"西藏问题"。因

此，这　项目的实施也必然包括针对这方面的研究选题。

所　"西藏问题"是近代大英帝国侵略中国、图谋将西藏地

区纳入　殖民统治而制造的一个历史伪案，流毒甚广。虽然在一

个世纪　后，英国官方承认以往对中国西藏的政策是"时代错

误'，(　是西方国家纵容十四世达赖喇嘛四处游说这种"时代错

误'的　际环境并未改变。作为"时代错误"的核心内容，即

英国殖　势力图谋独占西藏地区，伪造了一个具有"现代国家"

特征的　香格里拉"神话，使旧西藏的"人间天堂"印象在西

方社会　行其道，并且作为历史参照物来指责1959年西藏地区

的民主　革、诋毁新西藏日新月异的现实发展。以致从17世纪

到20世　纪上半叶，众多西方人（包括英国人）对旧西藏黑暗、

愚昧、　脏、落后、残酷的大量实地记录，在今天的西方社会舆

论中变　讳莫如深的话题，进而造成广泛的"集体失忆"现象。

这　外部环境，始终是十四世达赖喇嘛及其集团势力炒作

"西藏问题　"西藏问题"和分裂中国的动力。自20世纪80年代末以来，随

着苏联　家裂变的进程，达赖集团在西方势力的支持下展开了持

续不断　无孔不入的分裂活动。达赖喇嘛以其政教合一的身份，

一方面　国际社会中扮演"非暴力"的"和平使者"，另一方面

则兆起　国西藏等地区的社会骚乱、街头暴力等分裂活动。2008

年，达赖集团针对中国举办奥运会而组织的大规模破坏活动，在境外形成了抢夺奥运火炬、冲击中国大使馆的恶劣暴行，在境内制造了打、砸、烧、杀的严重罪行，其目的就是要使所谓"西藏问题"弄假成真。而一些西方国家对此视而不见，则一都出于"乐观其成"的"西化""分化"中国的战略意图。其根本原因在于，中国的经济社会发展蒸蒸日上，西藏自治区的现代化进程不断加快，正在彰显中国特色社会主义制度的优越性，可西方世界不能接受中国特色社会主义取得成功，达赖喇嘛不能妻受西藏地区彻底铲除政教合一封建农奴制度残存的历史影响。

在美国等西方国家的政治和社会舆论中，有关中国的议题不少，其中所谓"西藏问题"是重点之一。一些西方首脑和政要时不时以会见达赖喇嘛等方式，来表达他们对"西藏问题"的关注，显示其捍卫"人权"的高尚道义。其实，当"西藏问题"成为这些国家政党竞争、舆论炒作的工具性议题后，通过会见达赖喇嘛来向中国施加压力，已经成为西方政治作茧自缚的梦魇。实践证明，只要在事实上固守"时代错误"，所谓"西藏问题"的国际化只能导致搬石砸脚的后果。对中国而言，内因是变化的依据，外因是变化的条件这一哲学原理没有改变，推进"中国特色、西藏特点"现代化建设的时间表是由中国确定的，中国具备抵御任何外部势力破坏国家统一、民族团结、社会稳定的能力。从这个意义上说，本项目的实施不仅关注了国际事务中的涉藏斗争问题，而且尤其重视西藏经济社会跨越式发展和长治久安的议题。

在"西藏历史与现状综合研究项目"的实施进程中，贯彻中央第五次西藏工作座谈会的精神，落实国家和西藏自治区"十二五"规划的发展要求，是课题立项的重要指向。"中国特色、西藏特点"的发展战略，无论在理论上还是在实践中，都是一个现在进行时的过程。如何把西藏地区建设成为中国"重要的国家安

全屏障　重要的生态安全屏障、重要的战略资源储备基地、重要
的高原　色农产品基地、重要的中华民族特色文化保护地、重要
的世界　游目的地"，不仅需要脚踏实地地践行发展，而且需要
科学研　的智力支持。在这方面，本项目设立了一系列相关的研
究课题　诸如西藏跨越式发展目标评估，西藏民生改善的目标与
政策，　藏基本公共服务及其管理能力，西藏特色经济发展与发
展潜力　西藏交通运输业的发展与国内外贸易，西藏小城镇建设
与发展　西藏人口较少民族及其跨越式发展等研究方向，分解出
诸多的　题性研究课题。

　　注　和鼓励调查研究，是实施"西藏历史与现状综合研究项
目"的　本原则。对西藏等地区经济社会发展的研究，涉面甚
广，特　是涉及农村、牧区、城镇社区的研究，都需要开展深入
的实地　查，课题指南强调实证、课题设计要求具体，也成为这
类课题　项的基本条件。在这方面，我们设计了回访性的调查研
究项目　即在 20 世纪五六十年代开展的藏区调查基础上，进行
经济社　发展变迁的回访性调查，以展现半个多世纪以来这些微
观社区　变化。这些现实性的课题，广泛地关注了经济社会的各
个领域　其中包括人口、妇女、教育、就业、医疗、社会保障等
民生改　问题，宗教信仰、语言文字、传统技艺、风俗习惯等文
化传承　题，基础设施、资源开发、农牧业、旅游业、城镇化等
经济发　问题，自然保护、退耕还林、退牧还草、生态移民等生
态保护　题，等等。我们期望这些陆续付梓的成果，能够从不同
侧面反　西藏等地区经济社会发展的面貌，反映藏族人民生活水
平不断　高的现实，体现科学研究服务于实践需求的智力支持。

　　如　所述，藏学研究是中国学术领域的重要组成部分，也是
中华民　伟大复兴在学术事业方面的重要支点之一。"西藏历史
与现状　合研究项目"的实施涉及的学科众多，它虽然以西藏等
藏族聚　等地区为主要研究对象，但是从学科视野方面进一步扩展

了藏学研究的空间，也扩大了从事藏学研究的学术力量。但是，这一项目的实施及其推出的学术成果，只是当代中国藏学研究发展的一个加油站，它在一定程度上反映了中国藏学研究综合发展的态势，进一步加强了藏学研究服务于"中国特色、西藏特点"的发展要求。但是，我们也必须看到，在全面建成小康社会和全面深化改革的进程中，西藏实现跨越式发展和长治久安，无论是理论预期还是实际过程，都面对着诸多具有长期性、复杂性、艰巨性特点的现实问题，其中包括来自国际层面和境外达赖集团的干扰。继续深化这些问题的研究，可谓任重道远。

在"西藏历史与现状综合研究项目"进入结项和出版阶段之际，我代表"西藏历史与现状综合研究项目"专家委员会，对全国哲学社会科学规划办公室、中国社会科学院及其项目领导小组几年来给予的关心、支持和指导致以崇高的敬意！对"西藏历史与现状综合研究项目"办公室在组织实施、协调联络、监督检查、鉴定验收等方面付出的努力表示衷心的感谢！同时，承担"西藏历史与现状综合研究项目"成果出版事务的社会科学文献出版社，在课题鉴定环节即介入了这项工作，为这套研究成果的出版付出了令人感佩的努力，向他们表示诚挚的谢意！

2013 年 12 月北京

目 录

总　论

"东嘎"为藏语音译，意为"白山坡"或"白脸树"，因该镇辖区内有一棵色古树而得名。

东嘎镇位于青藏公路与拉贡公路交叉路口，地处堆龙河下游与拉萨河交汇处，东连城关区当巴乡，西接羊达乡，北依林周县和城关区娘热乡，南与乃镇隔堆龙河相望。极点直线距离东西 5.5 公里、南北 7.6 公里，总面积.81 平方公里，距拉萨市中心 12 公里，为堆龙德庆区的驻地镇。

明，帕竹地方政权在东嘎设有 1 个宗。民国时期，西藏地方政府在东嘎设东嘎宗堆，作为当时在堆龙地区的三大宗豀之一。民主改革后，拉萨市立西郊区政府，管辖包括东嘎区在内的 3 个区，东嘎区驻地设于羊达村1960 年 2 月，拉萨市政府撤销西郊区，将包括东嘎区在内的 3 个区并入龙德庆县，堆龙德庆县人民政府搬迁至东嘎区。1987 年 10 月，全县开撤区并乡建镇工作，经拉萨市人民政府批准，由原东嘎区 3 个乡组建成东嘎镇。截至 2013 年，全镇常住人口 5728 人，下辖 3 个行政村、17 个自村、9 个网格、335 个联户单元。

随《拉萨市城市总体规划（2009－2020 年）》的实施，如今东嘎镇已发展东嘎新区，境域内兴办东嘎水泥厂、水泥预制厂、藏龙家具厂、天龙陶厂、康达汽贸城、堆龙渔庄、林琼岗渔村等乡镇企业。按照城市总体规提出的"一城两岸三区"城市空间布局，东嘎新区建设有序推进. 农居民住宅建设基本纳入城乡建设规划之中，东嘎新区将打造成生态文化居新城、面向南亚及中国西部的物流和进出口加工基地、产业服务集聚、新拉萨特色展示区。东嘎传统民居的土木结构住宅逐步被砖木结构和筋混凝土结构住宅代替，全镇人均住房面积近 40 平方米。东嘎镇有县办全小学、县办完全中学和北京韩建集团及姜昆、黄小勇投资修建的希望小学以及桑木村小学、县医院、防疫站、镇卫生所、县影居院、蒲公英国家级儿童文化活动中心等。镇所辖各村基本普及了电视、电话。镇内古迹主要有 13 世纪由希布西绕修建的嘎东寺等。①

20 世纪以来，东嘎地方的政治和社会发展经历了几次大的变迁。在历史的动荡中受各方的影响，基层社会形成了一种新的秩序，基层村民的身份也得到新的塑造。本书以东嘎历史变迁的动态过程为出发点，将 20 世纪中叶以来东嘎经历的政治和社会发展分为三个时期，并具体从东嘎镇的社会历史、民主改革、经济、社会事业、人口与家庭多个层面来回顾其变迁历程，分析影响东嘎社会发展的主要因素及其历史延续性。

一　第一个时期：1951～1959 年的东嘎宗政治和社会

（一）新政与保守：宗政府、庄园治理和乡村控制

20 世纪 50 年代以前的西藏社会，在英军入侵拉萨、龙厦事件、热振事件的大背景下，改革遭遇挫折，基层农村社会的发展极为缓慢。由于内忧外患，十三世达赖喇嘛着手实施新政，建立强权政府。为了保证改革的顺利实施，增加政府的财政收入，他试图改变过去寺庙、贵族庄园支差少、纳税少的现象。但是，噶厦政府在与保守势力的博弈中，由于触动了寺庙和贵族的利益，遇到了强劲的阻力。而这两股势力尤其是寺院集团几乎占领着近 90% 土地和庶民，在政治博弈中占据极大的优势。由于十三世达赖喇嘛系强势领导人物，改革还是得以推进。然而，随着他的圆寂，原来支持推行近代化改革的龙厦及其僧俗官员同盟都遭受到了严厉的政治报复。新的噶厦政府在几年内连续实行减税政策，取悦于保守势力。对那些有影响的保守人物，无息放贷或赏赐大量的粮食，以缓和矛盾。此时，寺院与贵族的权力在东嘎宗的各个庄园得到了巩固，秩序再次恢复到了改革前的状态。

（二）廉价政府

宗政府建制是典型的小政府。东嘎系小宗，没有僧俗二宗本，只有一人，由噶厦委派，对上执行噶厦政令，对下处理司法诉讼，分派政府差役到东嘎宗六大根布。宗本一般的任期为 3～4 年，如果根布、差民向噶厦提

---

① 《堆龙德庆县志》，中国藏学出版社，2010。

议，一　　还可以连任。

全　　有两名世袭佐扎（相当于乡绅），由政府任命。佐扎最早是由民间推选　　生的，后由藏政府任命而变成世袭。本宗的两个佐扎一个出自贵族主园　　另一个出自寺庙庄园。佐扎没有什么物质待遇，无固定薪俸，因公出差　　需各项费用由宗政府向人民摊派。佐扎承办宗本下达的各项事务，仲　　民事纠纷，参加宗本召集的会议。

宗　　之下设有甲措根布一人，为宗本的助手。他具体帮助宗本，秉承宗本的　　旨向下属6个根布传达命令。甲措根布最初的设置是在宗政府向下摊派　　役时体现公允，由民间共同商量推选出的协助宗本的一个人选，一般系　　地富裕的大差巴户。后来，这个职务逐渐变成世袭职。由于甲措根布发　　了协调作用，各根布商妥给他免了一些差役负担，并且还给他一块薪俸　　。

东　　宗下属有6个根布（相当于村主任），分别为觉木隆根布、项敦根布、　　根布、甲措根布、桑噶根布、朗仲根布。

在　　政府里，还有信差、驿差、养马差、炊事差行使各自的职能。

（二　　政府的职责

1. 　层政府的两大职能：驿站、邮政

东　　宗是一个大的驿站，担负着噶厦沟通西藏内外信息和政府物资运输的重　　。东嘎宗驿站负责的地界东至拉萨，南至聂塘，西北至娘孜（东嘎与堆　　德庆交界处）。

驿　　组织人力和牲畜运输，有专人负责驿站的公文传递和组织物资运输的重　　，噶厦拨出驿差地给担负此差役的人耕种，作为薪俸。

驿　　或称外差，也称"大乌拉"。支驿差的人都种有政府驿差土地，种驿差　　地的人，只支驿差不出地租。1951年前，由于东嘎宗处于要道，东嘎宗　　身差民驿差的摊派极重，公路通车后，驿差已较前大为减少。

19　　年，西藏地方邮政局正式建立，中心邮局（扎康）设在拉萨丹吉林约一　　藏式楼房内，邮票由扎细联合制造厂生产，主要邮路以拉萨为中心，东　　工布江达，南至亚东，沿线设立了数十所邮站。邮差的主要业务是送交　　人信件和钱币汇兑等，靠步行送信，而地方政府的公文还是主要靠政府　　专职信差——阿仲来完成。

当　　东嘎宗农村还有类似于乡邮员的半脱产职业——"榜钦"，即

"顺次"传递消息的人员之意。他们执行的是信件邮递"顺序"中的一环，"榜钦"准确表达了邮政的含义。送信的工作，主要是传递公文和信作，这项差事并不是天天有，但必须随叫随到，不得延误。官道或大宗信牛无须"榜钦"来负责，它们是地方政府的专职信差"阿仲"的工作范畴。宗里的信差每月平均出勤约60次，有时一天当中要出差几次，有时几天一次也不出。宗政府若有特别重要的公文或机密文件，就指定另外的差巴专送，这种差巴是宗本的亲信，与宗本有更深一层的关系。"榜钦"把信送到东嘎宗需要负责的地界就行了，而不用去更远的地方。

东嘎宗有两个专门给宗政府送信的差人，每人负责3个根布的来往信件，每逢宗政府有命令向下属6个根布传达，都由这两个信差负责传送。宗政府授给他们土地大小4块，房屋1间，作为支信差的待遇，信差不再支宗里的其他杂差。信差在送信的余暇时间可以替别人做临时佣工，宗本并不过问。信差若辞职不当此差，只需把土地和房屋交还宗政府即可。

2. 治安

东嘎宗治安是指在宗府的统领下，发挥政府大贵族在各自领地司去自治功能的同时，组织和依靠各根布和庶民的力量，运用习俗惯例、宗教文化等手段，通过打击、防范、规约乡民等具体工作，实现乡村治安自理。

就西藏过去的体制而言，所有人都在三大领主名下。因此，领主代理人和各个根布构成了乡绅阶层。在代理人和根布的治下，当有打架、偷窃等小的案件发生时，一般先在村落内部由根布和佐扎组织熟悉乡规民约的人员共同商议自行处理。如果不服，可以通过甲措根布诉讼至宗府。轻则掌嘴，重则挞鞭了事。一般土地纠纷等案子诉讼至宗府。如果发生命案等大案要案，各根布一般负责诉讼至宗府，此后，宗府便会提交至噶厦审理。

3. 医疗

西藏民主改革后设置的堆龙德庆县有藏医5人，分散在顶嘎、巴热、邱桑和达东等地。民主改革前的东嘎宗境内并没有行医者，即使寺院也没有藏医，唯有密咒师和降神者存在。百姓生病，一般先到本地降神户处占卜，或者到寺院讨要甘露，或依据地方知识以及出产，自己熬制草药饮用。病情严重，才会去拉萨药王山、德吉林卡寻医就诊。

（Ｉ　制度因素

喝
程中，
在东嘎
易的方
的政治
付出高
从根本

政府行政权力的边界是宗，宗以下实行自治。在西藏近现代化过
政府作为喝厦政府最基层政权却保持着相对稳定状态。一方面，
各个根布的共同体内部存在次级的各个吉度小共同体，它们以交
建立了基层秩序，处于自我治理状态中。喝厦政府即使拥有完整
构、成熟的政治技术，但倘若试图抵达村社共同体内部，也必须
的成本。财政收入的组织必然与其小政府的构建产生冲突。如果
的制度因素考察社会政治秩序的形成，其主要影响因子如下。

1.　地制度的稳定性

政
系约。
其是寺
和愿望

合一政权的存在和发展，最深刻的根源是与一定的经济制度相联
西藏近现代化过程中，土地制度并没有因此而发生改变，领主尤
集团牢牢控制着社会最基本的经济资源。宗教集团具备内在动力
管理乡村社会。

据
个扎仓
共掌管
在传统
对不许
产。寺
这是义
者，而
以使得
僧人身
象空间

56 年的社会调查，东嘎宗 82% 的土地是寺产。拉萨三大寺的每
康村都有自己的庄园。另外，寺院还有一种公共庄园，归寺院公
东嘎宗大多数地产属于拉萨西郊的哲蚌寺和东嘎宗的大小各寺。
制内，寺属庄园土地是供养佛与僧众、宣扬佛法的公共资源，绝
卖。与寺院土地捆绑在一起的还有百姓和僧源，以及当地的出
经济体对当地资源都有优先购买权。寺院的百姓要为寺院支差，
，与此同时，只要家中劳力充足，差巴、堆穷家庭都有入寺为僧
位低下的朗生子女在这方面的积极性更高。这种身份的转换，可
体从被动的支差者变成公共资源的既得利益者。又由于在寺院中
是可以晋升的，为个人从集体中获得更高回报提供了进一步的想

民
系。由
教领主
上，原

改革前，东嘎宗的大多数家庭与寺院存在着直接与间接的利益关
东嘎宗距离哲蚌寺较近，宗内寺院众多，僧尼所占比重很高，宗
土地垄断性收益，又被他的庶民积极地分享。所以，在这种意义
垄断的土地制度倒还存在一定的拥护者。

东
的比重
密。堆

宗贵族庄园土地是私有的，可以买卖。但是，此类土地在东嘎宗
高。在贵族与属民各种关系中，差民与他们之间的关系最为紧
与朗生关系最为生疏，但是，他们也可以选择加入僧侣集团，或

者选择缴纳人头税，做自由流动的属民。

东嘎宗没有政府的庄园，虽有 7 个政府差户经营政府差地，但是，整体影响力有限。差地的经营方式全由差户自行经理，每年须向噶厦政府缴纳租金，同时，支应一定的差役。1956 年调查时，住在东嘎宗宗政府所在地的老百姓一共有 27 户，除了 7 户经营有政府的差地，其余的户都没有土地，有做堆穷、朗生的，还有一些须向各自领主缴纳人头税，以帮工为生者。

东嘎宗土地契约，即为领主支一份差役，领主授给一个单位面积的土地，叫作"差岗"。差岗有大有小，以东嘎宗各谿卡的乌拉差岗而论，每岗合 7~8 克种子。据说最早规定每岗为 30 克种子，但是 1955 年东嘎宗的政府差岗每岗又是 50~60 克种子。虽然差役的负担贫富者都是一样的，但是富者的差岗地总比贫者的大。即便如此，当时的契约关系还是比较稳定的。

2. 大僧伽集团与小政府的博弈格局的形成

政教合一体制在长期的演变中，各种宗教势力掌握了自五世达赖喇嘛建立甘丹颇章政权所集中的政府资产的大头，贵族也控制其中一部分，政府控制的资源份额最少。这一体制的最大受益者僧伽集团，以及与此直接捆绑或间接相关的庶民，构成了西藏保守势力的基础。由于噶厦政府的低财政收入不足以支撑新型政府的行政费用，额外的摊派就变成了政府的唯一选择。但是，寺院属民的选择却是站在强大的寺院集团这边，即使差赋很重也坚决支各项寺院的内差，而抵制政府安排的外差。面对双重的重差压迫，很多差民选择抛荒，缴个人人头税做自由民，甚至入寺为僧。这种困境逼迫噶厦政府加重对基层差役的索取，导致更多的贵族的差民和政府的差民成为西藏保守政治势力的支持者。

3. 乡村自治是宗教利益集团与民间力量的有机结合

根布制度的安排是西藏村落自治秩序形成的需要。根布制度之前近代西藏推行的是庄园自治，随着庄园产权的变更，原来比较完整的产权被分割、细化，同一片区内出现多个产权主。

根布制度对村落的治理名义上是在噶厦政府的治理下实现的。其实，噶厦政府不能直接管理乡村，得通过根布与佐扎这一阶层。实际上，根布制度是噶厦政府治理形式的补充：凡是政府机构无法直接完成的使命，根以更为有效地完成。另外，基层的根布制度又是对噶厦政府的一它是村落团结和利益的表达途径。来自上下两方面的声音通过这成交流和沟通，双方在这里找到利益的协调点。

而言，根布与佐扎承担的职责有：负责支差，如果一辖区出现支情况，由根布接管并协调规定支纳差赋事宜；向噶厦禀明土地抛情况，与宗府一道掌管抛荒地，安排新的差民支差；调查土地的和支差的数量，并向噶厦政府汇报；向噶厦请求减免差税；如果政人员有异议，具有越级上报情况的权力；村落内部发生纠纷的布具有相对意义上的司法独断权，一般由根布、第巴、差巴户聚论即可解决。

东嘎宗基本系寺院庄园为主，所以，一个大根布六个小根布中政只有一个，贵族委任的也只有一个，其余的全是各寺院委任的，院与属民的政治联盟是非常清楚的。

4. 人晋升制度为属民参与政治提供通道

西藏沿袭了甘丹颇章以来僧人晋升的制度。从西藏的传统政治体普通俗人很难直接进入仕途，这一机会基本被贵族阶层所垄断，阶官位。但是，西藏寺院为他们提供了各种机遇。如果一个小孩好的资质，可以从寺院严格的学经选拔制度中脱颖而出，成为寺事，乃至成为格鲁派最高的法座甘丹赤巴的主人。如果无法坚持的学制，完成五部大论的学修，可以选择充当劳武僧，寺院这个构也可以对这一庞大群体进行内部消化，安排适当岗位，让他们。

，属民与寺院的关系较贵族抑或政府而言，是最为紧密的，也是，不是轻易能割断的。

二　第二个时期：1959～1983 年的东嘎区政治和社会

～1983 年集体化时期，国家成功地实现了对西藏农村社会、政生活的改造，同时把新的理念引入农村政治生活中，推动了制度一时期，国家对中央政府与地方政府模式进行了探索，在改造农统一各种农村社会组织的基础上，通过塑造新的价值观和意识形了基层对国家的认同。在农牧区，百姓的政治和社会生活表现为人民公社体制。

（一）革命与运动：政治和社会背景

经过民主改革，政教合一的封建农奴制度被取缔。

1. "三反双减"运动

"三反双减"运动指反叛乱、反奴役、反乌拉差役和减租、减息运动。运动首先在拉萨、山南、昌都地区的农业区展开，其中包括东嘎区。

1959年3月，堆龙德庆县发动广大农奴开展"三反"运动，对参叛领主及其代理人的土地等生产资料予以没收。将没收、赎买的土地和生产资料按人口进行平均分配，并废除一切乌拉差役和人身依附；废除1958年前农奴所欠的一切债务，所有契约文书一律销毁。同时，在农区实行"谁种谁收"、不交公粮的政策，促进农业生产发展。

1960年2月，堆龙德庆县在牧区和寺庙开展"三反"运动。对参叛领主、牧主的牲畜实行"谁放牧畜产品归谁所有"的政策。在寺庙，严格区分宗教信仰和封建特权的界限，成立以贫苦僧人为主的寺庙民主管理委员会。同时，对农区民主改革工作进行复查，为农奴颁发土地证，给朗生发放安家费，解决住房，为分得土地的农奴发放无息农业贷款、贷款、贷种子以及无偿发放农具和救济粮款，以帮助农奴尽快发展生产。

新政府对境内未参叛的领主及其代理人采取柔和政策，赎买其资产。农奴耕种未叛领主及其代理人的土地，一律实行"二八减租"（农民缴纳的地租额，应在扣除种子之后，交给地主二分，自己得八分）。在牧区，对未叛领主、牧主不斗不分，不公开划阶级成分，实行"牧主牧工两利"政策。

"三反双减"运动开始时，东嘎宗进行了访贫问苦、交代政策、发动群众、从苦主中培养积极分子，在运动中斗争了三大领主及其代理人。在实际斗争中，大部分群众提高了阶级觉悟，出现了一批积极分子。在建立、处理查封财产及土地改革中均注意发动群众诉苦、算账、斗争，因此群众受到了深刻的阶级教育，逐步划清了与寺院集团之间的界限。

2. 划分阶级

在西藏实行民主改革的阶级路线是：依靠贫苦农奴，团结中等农奴，团结一切可以团结的力量，打击参与叛乱的和最反动的封建农奴主及其代理人，实行民主改革，消灭封建农奴制度。在东嘎区划分阶级时，基本划分为农奴主（包括农奴主代理人）和农奴两大阶级。农奴主是指贵族、活。农奴主代理人是指管家、谿堆（庄园代理）、根布、佐扎和少数大差……。这两部分人合计在一起占不到农村总人口的 5%，而 90% 以上的则被……为农奴阶级。

阶……的划分，是倾向于底层贫苦人群的，首先得到了贫困农奴和僧人的欢迎……同时，兼顾了上层合作人士的利益，赢得了他们的支持，保证了西藏民……改革的顺利进行。

（二……人民民主专政的建立

废……封建农奴制度，建立起人民民主政权。1959 年 3 月，中共拉萨市委、市……管会抽调干部组成工作组赴堆龙德庆宗发动广大农奴开展以"三反双减……为主的民主改革运动。几乎同时，拉萨市建立西郊区政府，管辖包括东……区在内的 3 个区，东嘎区驻地设于羊达村。8 月，以工作队为基础，建……中共堆龙德庆县委。9 月，建立堆龙德庆县人民政府。1960 年 2 月，拉……市人民政府撤销西郊区，将东嘎区并入堆龙德庆县。

在……嘎区建立的新型的人民民主专政，是以贫苦阶级为基础的政权。这个依……底层的强大政权担负着民主改革过渡时期的各项任务。

（三……政府的职责

1. ……育事业

19……年 7 月，东嘎的桑木平叛生产委员会与其所辖的 11 个谿卡，合办了一……民办小学，此为东嘎的第一所新式小学，也是堆龙德庆县的第一所新式……学。此后，在东嘎片区内相继创办了一批民办小学和堆龙德庆县中心小……，这是教育现代性方案在东嘎区的初步规划。在农牧区社会中确立的现……学校，以一种新的面貌冲击着旧的地方知识体系，培养着新型的下一代……

为……扩大义务教育，东嘎区提倡集资办学，动员社会支持教育。但是，面……当时各方的财力，所兴办的学校，条件大都简陋。兴办现代教育，任……道远，教育工作备受政府重视。学校实行校长负责制，并确立以县教育……政部门为主、教育行政部门与乡（镇）党委双重领导的管理体制，常……"普六"，开展"变朗生为书生"运动。

2. ……卫生事业

民……改革后，堆龙德庆县在县驻地开始建立医疗机构。20 世纪 60 年代中期……建立县人民医院，同时各区公所卫生院（所）、乡（村）卫生室也陆续建立。1961 年，堆龙德庆县成立县医务室，时有卫生医务人员 5 人，工作条件简陋，只能做个别的小手术及诊治一些常见疾病。1963 年，县医务室改为县卫生院。1964 年，县卫生院更名为县人民医院。堆龙德庆县卫生部门和县医务室、县卫生院举办"赤脚医生"培训班，为东嘎区培养了一批藏族乡村医生和接生员，并为其配发新法接生包、卫生箱，在东嘎区开展妇女卫生宣传和新法接生培训工作。

20 世纪 60 年代中期，东嘎区设有区卫生所一所。东嘎区各乡建立一个医务点。民主改革后，全县有藏医 5 人，分散在顶嘎、巴热、甘桑和达东等地。

3. 文化事业

民主改革后，随着群众生活水平的提高，东嘎区周围干部群众的收音机也逐步增多，可以收听中央人民广播电台、西藏人民广播电台和拉萨人民广播电台的节目。1953 年 3 月，中共拉萨工委流动放映队为东嘎宗附近的群众放映了首场电影。1953 年 10 月 1 日，拉萨市有线广播站正式播音，东嘎宗附近的干部群众都能收听到有线广播。1958 年底，拉萨有线广播站用 31.61 米、9490 千周的频率，以"拉萨人民广播电台"的呼号正式播音，东嘎宗附近干部群众可以正常收听。1972 年后，东嘎区的人民公社、生产队建成有线广播站（点），安装大、中型喇叭，使干部群众能经常听到县内外重要新闻和文艺节目。1973 年，堆龙德庆县有线广播站①正式成立后，县机关全天早中晚播音 3 次，每次 2 小时，除转播中央台新闻和西藏藏语新闻、拉萨市新闻节目外，还自办了"堆龙德庆县新闻""会议信息"等专题节目，县城附近的东嘎居民可以收听到。1973 年，东嘎区建立区公所二级放映队。1976 年 3 月，堆龙德庆县举办了广播培训班，东嘎各社队派一人参加，东嘎区开通了广播和电话，收音机在群众中也开始普及。

1960 年后，东嘎区成立了业余文艺宣传队，并自筹资金购买了弦琴、笛子、扬琴等乐器，队员们白天参加生产劳动，晚上排练节目，为乡、村

---

① 广播站配备了相应的广播器材，主要有上海生产的 TY250×2 瓦扩大机 1 部、601 型录音机 1 部、403 型收音机 1 部、电唱机 1 部、1000 瓦调压器 1 台、2000 瓦汽油发电机 1 台、高低音喇叭 300 只，并配有 1 辆客货两用的三轮摩托车。

出自编自演的节目，活跃了农牧区文化生活。1965 年后，人民公区成立，集体经济的力量，为藏戏的排演提供了条件。作为群众的艺术形式，广大农牧民喜欢看、喜欢演。藏戏演员来自群众，殊待遇，只要能记上一般的劳动工分，就乐意排练和演出，公社的行头和道具就可以了。1968 年，东嘎区和下辖公社业余文艺宣传队更为"毛泽东思想宣传队"。

4. 助

年，西藏工委向包括东嘎宗在内的郊区农牧民发放无息贷款 30万银圆以扶助生产。当时农牧民严重缺乏铁制农具，西藏工委无偿发放工具给全区农牧民，平均每家 1.5 件。1959 年 4 月初拉萨市委宗的军管会表示，要做到市委要求的"不荒一亩地，不饿死一东嘎宗能做到农牧民有饭吃，不讨饭，不饿死人，保障人民的在那个特定的历史时代是不容易的。民主改革后，为帮助困难产，每年又发放无息农贷，解决了缺耕牛家庭的耕地困难，同年子、口粮、犁铧等。用以工代赈的办法吸收贫困人口修公路、机部分农牧民是受益人群之一。1963 年，东嘎区贫苦农民户数为908 户，当年已扶贫 114 户，占总户数的 12.6%；1964 年计划扶贫 110 户，1965 年划扶贫 8 户；1963 ~ 1965 年，共扶贫 232 户，占总贫困户的 25. 。

和解放以前的东嘎宗，没有现代的医疗卫生机构，严重缺医少药是普遍的况。和平解放后，中国人民解放军为联系群众，派部队医疗队到东嘎宗周边各宗，为各阶层群众免费看病治疗。

在民公社时期，五保户由生产队包吃、包穿、包用，从提留中解决。对失劳动力的五保户，生产队一般不予划分土地，适当增加自留地、自畜；没有丧失劳动力的，如本人同意，可划分土地、牲畜，由自己耕利亲戚协作组代耕。

堆德庆县海拔高低不同，高原经常发生的自然灾害在该县都存在，局部的害频率很高，农牧民承受自然灾害的能力很差。经常性救灾是该县民政工作的一个重点。堆龙德庆县常常把救灾工作与救济、扶贫等工作结合在一起进行。

（四） 制度因素

1959 年以来，政教合一的乡村社会秩序被摧毁后，基层与国家之间建立了新的联系。这种联系集中体现在国家对于西藏农村基层体制的改造和制度安排的过程之中。到目前为止，这个历史过程大致可分为三个阶段，1951～1959 年的中共西藏工委和西藏地方政府两种政权共存 8 年期间，基本维持原有体制不变；1959～1983 年实行的是人民公社体制；1984 年以后实行的是以村民自治为基础的乡政村治体制。其中，在实行人民公社时期，国家行政权力颠覆了传统的社会控制手段。在这种公社体制起经济的强制下，村民变成了社员。如果从乡村政治结构及其绩效来分析人民公社，有如下几个问题值得注意。

1. 互助组到生产队的政社合一体制建立

1959～1983 年，东嘎区发生了巨大的变化。

1959 年西藏实行"谁种谁得"的政策，生产进行得比较顺利。同时也在积极准备办社。1960 年 10 月，公有的集体经济计划被中央制止。中央明确规定 4 年之内西藏不办社，只搞互助组。对这一政策村民们极为欢迎。1965 年 7 月，中共西藏工委在东嘎区试办了全区第一个人民公社。

生产队管理了本辖区的生产建设、财政、贸易、民政、文教、卫生、治安、武装等一切事宜。它既是农村基层政权机关，又是农村经济单位。所有劳力归公社统一领导、统一调配、统一指挥；收益由公社统一核算，实行工资制与伙食医药费供给制相结合的分配办法。生产管理的责任，以及为了收入分配而进行的劳动核算，都下放到了由自然村落组成的生产队。村落中的每一个成员，都属于集体中的社员，都有责任和义务参加以农业为主要产业的集体劳动，同时也将这种集体劳动形式作为谋生的唯一手段。事实上，生产队体制通过这一系列措施，已使农村集体经济转化为一种为维持农民生存、组织农民按上级指令进行生产活动的国家计划组织系统中的一个基本组织单元。

2. 集体经济是经济基础

民主改革的基本取向是废除政教合一制度，建立农民土地所有制。但是，由于农民土地所有制不能改变两极分化的产生，为引导农民走共同富裕的道路，各级党政部门积极引导农民成立互助合作组织。这种生产互助组织开始完全是以个体经营为基础，互通有无，互相帮助，共同使用某些

牲畜农　，生产资料与收入全归个人所有，在劳动管理上采取以工换工或
评工计　办法，秋收后统一算账，多退少补，生产关系仍属私有制范畴。
自1960　起，各级党政部门在继续发展互助组的同时，开始引导农民将常
年互助　转为初级农业生产合作社。

19　年，领主和领主代理人是不准参加互助组的。不过领主子女根据
表现好　可以加入互助组。从行政上级来说，一直要培养的是公有经济，
所以扩　互助组、逐步消灭单干户是既定的目标。1959年后，新的贫富分
化在19　年前贫富分化的基础上，继续进行着。1963年，拉萨市对互助
组进行　查以后，提出要在三年内继续整顿好互助组，解决好贫富分化的
问题，　翻身的农民永远脱离贫困。1969年，经过长时期的酝酿，成立了
生产队　全称为翻身人民公社生产队。

从　助组组员、单干户到生产队，入队有一个过程。1969年，最先入
队的是　级出身好的贫农、中农和大部分富农。成分不好的次年才让入
队。生　队建立起完整的工分评定、生产队收支、积肥等劳作的记载制
度。年　有严格的决算、产品分配制度。乡政府从1959年开始就一直要求
互助组　而实际上没有做到的事，终于通过生产队得到实现。

从　级农业生产合作社开始，农村的经济组织在事实上已具备了一定
的政治　与功能。到了高级农业社，集体经济组织已基本掌握了农村基本
的生产　生活资料，实行更为严格和系统的集体经济体制的条件已经
成熟。

3.　人民公社的政治组织基础——基层党组织的建立

在　层建立党的组织，是共产党领导革命和夺取政权的重要法宝之
一。中　人民共和国成立以后，作为执政党的中国共产党一方面通过建立
国家政　体制，另一方面则通过大力发展农村党员，建立完整的党组织，
实现乡　社会的党政合一，从组织上确保了党对农牧民的领导。

19　年以后，东嘎区贫苦人都分到了财产和房子，出现了很多积极分
子，有　担任了治保委员和村主任。1959年以后，随着根布体制的消失，
在新的　委会、三级会议中，他们担任要职，在一定意义上替代了原来乡
村公会　职能，打破原来的等级序列，建立新的等级序列，为巩固政权做
出了很　的贡献。由于成分好，他们逐步成为社会和历史的新主流、新主
人，并　旧有的反动上层实行政治上的专政，对他们实行监督、防范，强

迫劳动改造。

在整个公社时期，农村基层党支部实际上控制了乡村社会的政治和经济资源。在这种意义上可以说，党政合一为人民公社的制度实践提供了重要基础。

三　第三个时期：1984 年迄今的东嘎镇政治和社会

改革开放后，东嘎镇废除了人民公社体制，实行了家庭联产承包责任制，区改镇，村治成为农村社会最为基本的社会组织方式（这也是农村政治的最主要形式）。乡政村治作为国家治理乡村社会的政治模式，就是在乡镇行政体制下实行村民自治制度。

市场化促进了乡村社会的权力分化，使乡村社会的自主性、独立性不断增强，为乡村自治及其民主化提供了制度空间。人民公社制度解体，随后村民自治制度确立、推行，国家权力在乡村社会逐渐退让，乡村社会民主化不断增强。市场的发展带来了农民自由平等意识的觉醒，进而引发了民主参与的热潮，政府与民间关系趋向良性互动。然而，目前东嘎镇与相邻的拉萨相比还存在很大的差距，政府不断地推出各项惠农政策，以期缩小城乡差距。

（一）开放与支持：政治和社会背景

这一时期，由于国家进行了重大的经济体制、政治体制变革，实施了对内对外开放政策，走上了高速发展的道路。其间，中央先后召开了六次"西藏工作座谈会"，制定了发展西藏的战略方针。随着一系列新的财政经济政策、文化教育政策、劳动政策、宗教政策、民族政策，特别是惠农政策在东嘎镇的落实，农牧民获得了很大的自由抉择的权利及很好的发展机遇。

然而，随着开放程度的加深，又由于缺乏长期的保护性政策的支持，面对众多的竞争者的出现，农牧民表现出了对市场的某种不适应性，存在被边缘化的倾向。由此，政府以维稳为指向，利用其行政资源，特别是中央给予的财政支持，对市场失灵进行校正，促进农牧区和农牧民的发展。

（二）以维稳为指向的大政府的建构

与成熟市场经济条件下的政府相比，处于经济社会转型期的政府依然具有一些特殊的发展职能。在基础设施建设大规模展开的初期，政府作为

投资建
不可避
性地位
贷的任
具有较

主体的功能仍具有重要作用；在市场经济发展早期，经济运行中地存在一些盲目性，政府在规范市场主体行为方面仍然占有主导在经济社会全面转型期，制度建设的深化与完善既是政府责无旁，也是政府公共职能的重要内容。因此可以说，我国的市场经济的"政府主导型"特征。

在
守夜人
供公共
措施的

调市场发展中基础性作用的同时，也应认识到，政府除了要充当持秩序、产权和社会安定外，还应该担负制定经济发展战略、提品、鼓励竞争、防止自然垄断、促进公平分配、扶贫减贫等诸多任。

加
府、服
义市场

政府职能转变，积极推进政府从全能政府、管制型政府向有限政型政府、法治政府转变，是树立和落实科学发展观、完善社会主济体制、构建社会主义和谐社会的必然要求。

（三　政府的职责

1. 育

西
代的重
名为堆
及堆龙

自治区将基层教育机构的建设作为普及科技文化、培养合格下一一环。为此，在东嘎镇辖区内设有堆龙德庆县中心小学（如今改丰台小学，接受北京市丰台区的对口援助）、姜昆希望小学，以庆中学。

东
时，在
能"为
庆还对

镇已经普及六年义务教育，目前正在攻坚普及九年义务教育。同中学挂牌成立堆龙德庆职业中学，以"升学有基础，就业有技学目标，承担起基础教育和职业教育的双重任务。此外，堆龙德嘎镇非义务教育阶段农牧民子女在校生进行嘉奖，以资鼓励。

西
源在内
（校）。
乎占堆
位上。

除了积极改善自身的办学条件外，还利用内地相对较好的办学资办学。1985 年以来，国家先后在内地 20 个省市办有西藏班嘎镇辖区内的两所完全小学向内地西藏班输送了大量的生源，几德庆一半的名额。毕业之后的学生活跃在西藏各地的工作岗

东

镇基础教育阶段，藏语文、汉语文均作为藏族学生的必修课。

19
决了部

年，对堆龙德庆中学和东嘎等 5 个区公办小学实行"三包"，解学生的实际困难。

2. 卫生

东嘎镇提升了三级卫生服务网络平台，即对 20 世纪 70 年代建立的区、乡级医疗机构，各村卫生室，进行了改造，为初级卫生保健提供了硬件保证。同时，东嘎镇卫生院、村级卫生室的人员素质、医疗水平也有所提升，在地方病和传染病的防治方面起到很好的作用。

国家对西藏全区人民实行特殊的卫生保健政策，在农牧区实行免费医疗。20 世纪 70 年代对全县农牧民曾经实行免费医疗，市场经济以后，又允许医疗机构和乡村医生对免费医疗者适当收取劳务费，但这部分市场化费用也成为很多农牧民的负担。90 年代，东嘎镇贯彻执行免费医疗制度。2000 年，东嘎镇免费医疗经费主要通过开办农村合作医疗执行，直接用于农牧民群众。

随着村级卫生院的建成和农牧民合作医疗制度的实施，东嘎镇群众看病难、看病贵问题得到有效缓解。

3. 文化

1980 年，拉萨市建立了大功率发射台，节目信号可以覆盖堆龙德庆全县，东嘎居民随时都可以收听到中央、自治区和拉萨市广播电台的节目。到 2000 年，县级机关驻地和中直、区直单位以及东嘎镇安装了闭路电视线路，干部群众可以收看到 45 套电视节目，广播电视实现全覆盖，实现了"村村通"工程。

1987 年，堆龙德庆县文化工作面向基层，开展了多种形式的业余文化活动，开办了文化馆、图书室，恢复了县文化宣传队，传统的舞蹈、藏戏进一步恢复发展，电影放映、图书供应都有了新的进步。随着改革开放的深入和市场经济的建立，个体文化事业迅速发展，1995 年县内有个体书屋（店）3 家，个体经营场所 64 家。20 世纪 90 年代，全县文化建设的发展，各乡镇、村文化站相继建立，1999 年建立东嘎镇文化站，购置图书，并购买电视机、录像机（影碟机），开展图书阅览和科普知识学习等活动。

村民业余文化场所的建设步入轨道。2010 年，东嘎修建了群众表演舞台和活动中心；3 个行政村均建成了农家书屋等村民文化娱乐场所，村集体基础文化设施进一步健全。

20 世纪 80 年代，随着人民公社的解体，演员的生活补贴和演戏的经济负担失去来源，东嘎区的藏戏团大部分解散。进入 20 世纪 90 年代，随

着经济 　发展，农牧民对藏戏的期盼也日益突出，一些藏戏基础比较好的
乡村，　日渐恢复了藏戏的排练和演出。

　　20　　年，顺利完成市政府惠民政策宣传册发放工作、举办了农用车发
放仪式　开展家电下乡宣传工作，并成功举办了东嘎村家电下乡物资交易
会和群　文艺演出活动，做到了文化搭台、经济唱戏。以"平安拉萨"、
文明乡　、创园活动为契机，积极推进平安、和谐东嘎建设。东嘎镇被自
治区精　文明建设指导委员会评为自治区文明乡镇。

　　4.　互助

　　从　1979 年开始，全县扶贫工作逐步纳入法制化轨道，日趋经常化、制
度化。　上述工作之外，东嘎镇还建立了互助储金会，摸索开展开发性扶
贫的办　。

　　东　镇逐渐把扶贫的经常性工作与突发的救灾工作结合起来。实行开
发性扶　，在发放救济扶贫资金的同时，还帮助贫困生产队（1983 年以
前）及　困户创造生产条件，力求从根本上解决他们的贫困状态。

　　堆　德庆县低保工作自 1998 年 7 月开展以来，将东嘎镇作为试点。依
托政府　势为各村群众争取到县农业银行"钻石卡"农户 78 户，根据星
级的多　，贷款户要带动 1~3 户贫困户，扶持贫困户学生并支付贫困户的
医疗费　目前，全镇通过各种渠道从农业银行已贷款 2700 万元，其中
"钻石　贷款 300 万元，利用返还利息扶持贫困户 50 户，扶持资金达到
42 万元　。

　　堆　德庆县 1986 年兴办了敬老院等社会福利事业，做到了五保户老有
所养，　疾人得到了必要救助。2010 年，全镇共有五保户 6 人，其中女性
3 人，　部集中于南嘎村。五保户是全县最少的一个乡镇。同时，全镇 80
岁寿星　人为 49 人，其中东嘎村 17 人、南嘎村 16 人、桑木村 16 人。

　　东　镇三个行政村被征地家庭在堆龙德庆县委、县政府及有关部门的
指导下　利完成整体搬迁，全镇现有东嘎小康示范村和和平路农民新村两
个规模　大、配套设施较齐全的村民居住小区。

　　（　）制度因素

　　19　年后，西藏社会进入了改革开放新时期。自此之后，农村逐步实
行了家　承包经营责任制，确立了农户相对独立的生产经营者地位，废除
了人民　社体制，乡政村治体制成为乡村社会最为基本的社会组织方式。

1. 家庭承包经营责任制是乡政村治的经济基础

家庭承包经营责任制本质上是一种土地经营方式，它是在承认农村土地集体所有的基础上，将土地的经营权和收益权以承包的方式赋予农民，农民家庭作为独立的生产经营单位，在国家计划与政策允许的范围内，有权根据自己特长和优势独立自主安排生产经营活动，生产收益除完成年初确定上交给国家和集体的任务外，都归自己所有。这种生产责任制的建立，不但克服了集体经济中长期存在的"吃大锅饭"的弊端，而且通过劳动组织、计酬方法等环节，带动了生产关系的部分调整，纠正了长期存在的管理过分集中、经营方式过于单一的缺点。

2. 新时期乡村社会分化是乡政村治的社会基础

随着家庭承包经营责任制的实行，新的社会分化又开始产生。如果从乡村政治的发展来看，新时期农村的社会分化最根本的原因在于乡村利益的分化。因为政治只不过是各种利益关系的体现。从乡村社会的实际情况来看，这种利益分化的状况表现在主体的分化及主体之间的复杂关系上，特别是各主体获取利益的手段和方式上。

3. 国家的制度安排是乡政村治的政治基础

乡政村治体制是国家制度安排的结果，"是在各种矛盾的错综交叉之中因势利导、掌握主动的一项国策"。自从1982年宪法规定了废除人民公社政社合一体制实行乡政村治体制以后，乡人民政府建立，依法行使职权，领导本乡的经济、文化和各项社会建设，做好公安、民政、司法、文教卫生、计划生育等工作。乡以下实行村民自治，设立基层群众性自治组织的村民委员会；村民委员会积极办理本村的公共事务和公益事业，协助乡人民政府搞好本村的行政工作和生产建设工作。村民委员会主任、副主任和委员由村民选举产生。

4. 党和国家的民主取向是乡政村治的思想基础

以社会主义市场经济为基础的村民自治制度，契合了社会变迁的需求，符合中国共产党推进政治体制改革和民主法制建设的要求，因而得到党和国家供给型政治体制改革和民主法制建设制度变迁的支持。这是村庄层面上进行管理体制改革和实行村民自治最重要的政治原因。按照这种民主理念设计的乡政村治制度，体现了现代民主理念和自治原则。

5. ▢民自治取得的成果是乡政村治体制的实践基础

乡▢▢村治的制度安排是一个渐进的过程。村民自治作为中国农村社会
向现代▢▢会转变的制度形式，是一种乡村治理制度，它在运作上具有成本
效益划▢▢特征，并对外部社会资源配置有效发挥作用。村民自治制度通过
对村民▢▢利和义务等方面的规则设定和制度安排，对社会成员的活动范
围、权▢▢和如何行使权力划定了清晰的空间和条件，从而使社会资源合理
配置，▢▢利于乡村社会的稳定和发展。从这种意义上来说，乡政村治政策
的确立▢▢改变了新中国成立以来村组织经济化的进程，标志着村组织政治
化的展▢▢。

第一章　堆龙德庆县经济社会发展

　　1965 年 9 月 9 日，西藏自治区成立，从此堆龙德庆县各族人民在中国共产党的领导下开始了社会主义建设的伟大征程。在拉萨市委市政府的坚强领导下，在北京市的大力支持下，历届县委县政府带领全县各族人民，以马克思主义、毛泽东思想、邓小平理论和"三个代表"重要思想、科学发展观，以及习近平中国特色社会主义思想为指导，坚持改革开放，认真贯彻落实党的民族区域自治政策，真抓实干、拼搏奋斗、改革创新，在社会主义建设的道路上高歌猛进、阔步前行，书写了科学发展、跨越式发展的恢宏篇章。经济建设、政治建设、文化建设、社会建设以及生态文明建设取得了令人瞩目的历史性成就。

一　基本情况

　　堆龙德庆，藏语意为"上谷极乐之地"，该县位于西藏首府拉萨西北部，距拉萨市中心约 12 公里，平均海拔 4000 米，属半农半牧县。2016 年 2 月 4 日，拉萨市堆龙德庆县更名为堆龙德庆区，现辖 4 乡 2 镇，30 个行政村，47 个县直单位，总面积 2413.06 平方公里，实有耕地面积 5119.34 公顷，常住人口 44335 人，农牧民人口 38518 人，干部职工 1748 人，流动人口约 1.3 万人。全县现有中小学校 8 所，其中初级中学 1 所，中心小学、完小 7 所，在校生 5362 人。气候温和，属高原温带气候，气温分布北低南高，夏季最高气温 29℃，冬季最低气温 –15℃，年平均气温 7℃，年平均日照 3006 小时。交通发达，109 国道（青藏公路）和 318 国道（中尼公路）在堆龙境内交会，青藏铁路、拉日铁路横穿全县。资源丰富，矿产资源有铁、煤、黏土、石灰岩、铅、锌等，野生动植物主要有獐子、鹿、水獭、黑颈鹤、藏马鸡、虫草、人参果、红景天、贝母、雪莲等。堆龙德庆历史悠久，藏文化底蕴深厚，有吐蕃时期的历史传说和考古遗存，名胜古迹众多，有藏传佛教噶举派的发源地楚布寺以及邱桑温泉等知名景点。

二 经济社会发展基本形势

（一） 经济总量持续增长，实现了由弱到强、由小变大的历史性巨变

自治区成立之初，堆龙德庆县刚刚经历了国家第二个五年计划和三年调整时期，民主改革进一步解放了社会生产力，农牧民生产积极性空前高涨，全县经济发展经历了一个高速发展期，但由于底子薄、基础差，至196年全县工农业生产总值仅为 612.49 万元。1966～1978 年受"文化大革命"影响，工农业生产虽略有增长，但速度受到很大限制，全县工农业生产总值由 1965 年的 612.49 万元增加到 1978 年的 741.49 万元。党的十一届三中全会以后，堆龙德庆县把发展作为第一要务，紧紧抓住经济建设这个中心不动摇，艰苦奋斗，开拓进取，全县国民经济持续快速增长，无论经济总量还是人均水平都大幅度提高，经济实力明显增强，在拉萨市乃至全区的影响也明显提高，至 2014 年全县地区生产总值完成 26.92 亿元，占全市经济生产总值的比重为 8%，位列全市第二。1965～2014 年堆龙德庆县生产总值年均增长率达到 12.94%。如今，堆龙德庆县一天创造的财富，相当于 1965 年全年工农业生产总值。经济实力的增强不仅表现在经济总量上，更表现在地方的财力上。1965 年，堆龙德庆县财政收入仅有 33 万元，到 2014 年已达 5.3 亿元，增长 1605 倍，财政自给率为 39.57%。堆龙德庆县财政状况的不断改善，是经济持续增长、经济运行质量不断提高的结果。全县可用财力的明显增强，为提高政府公共服务水平，提高人民生活水平，发挥了越来越重要的作用。

（二） 产业结构不断调整，实现了向较高层次跨越的标志性转变

堆龙德庆县经济总量在快速扩张的同时，产业结构也发生着显著变化。1965 年，堆龙德庆县经济发展第一产业占据主导地位，第二产业直至 20 世纪 70 年代中后期开始起步。自改革开放以来，特别是进入 21 世纪，县域经济结构已经从传统农牧业占据统治地位转变为以农牧业为基础，工业为主导，第三产业为依托，三次产业均衡发展。至 2014 年，全县三次产业结构调整为 6:75:19，产业结构实现了向较高层次的跨越。

1. 农村经济稳步增长，农业内部结构逐渐优化

50 多年来，特别是党的十一届三中全会后，国家和自治区对农牧业的

大力支持和农业科技进步使农牧业和农村经济发生了翻天覆地的巨大变化。2014 年，全县第一产业生产总值达到 1.28 亿元，粮食产量由 1965 年的 1012.43 千克上升到 2014 年的 2530 千克，50 年间增长 1.5 倍。肉类总产量达到 410 万千克，比 1967 年增长 32 倍；奶产量达到 600 万千克，比 1967 年增长 9 倍。近年来，堆龙德庆县严格按照自治区党委、政府"以培育龙头企业为重点，推进农牧业产业化"的要求，在市委、市政府的正确领导下，大力发展净土健康产业，农牧业产业经营水平不断提升，较好地带动了农牧民群众增收致富，农村居民人均纯收入大幅度提高，2014 年达到 12011.67 元，与 1959 年相比增长 177 倍。农牧业龙头企业达到 1 家，农牧民专业合作社共 58 家，相关工业企业总产值达到 1.5 亿元，并获得"全区农牧业产业化经营先进县"殊荣。

2. 新型工业化向前推进，支柱产业逐年壮大

堆龙德庆县把做大做强工业规模作为全县经济发展的突破口和主攻方向，依托自身优势，以经济结构调整为主线，突出重点，主抓大项目，积极引进区内外资金、技术，加大对重点工业项目的扶持力度，培育和发展了一批具有比较优势的工业企业，工业整体素质有了显著提高。截至 2015 年，堆龙德庆县工业企业达到 74 家，规模以上企业占全县企业总数的 20%。主要分布在县城和工业园区内，呈集中性分布；形成了以采矿业、民族手工业、高原特色产业、绿色食（饮）品加工、建筑建材、藏医药研发六大优势特色产业为代表的现代工业体系。至 2014 年堆龙德庆县完成工业生产总值 19.19 亿元。

3. 旅游带动成效明显，第三产业蓬勃发展

近年来，堆龙德庆县不断加强旅游基础设施建设，积极打造精品旅游景区，切实加大招商引资和项目建设力度，着力抓好全县旅游整体形象的推介，促进了全县旅游业的可持续发展。全县近年旅游接待量的增加，带动了城乡交通、商贸、餐饮、住宿、娱乐、通信等产业的快速发展。截至 2015 年，全县涉及旅游企业共 45 家，包括牦牛王、蓝雪工贸、圣香海螺等知名企业，宾馆、招待所达到 27 家，以休闲娱乐为主的大型林卡 6 家、生态餐厅 1 家、四星级宾馆 1 家。2014 年，全县接待游客 69.12 万人次，旅游收入实现 2203.03 万元。

（三）社会事业全面发展，各项保障日趋完善

堆龙德庆县始终坚持把保障和改善民生作为工作的出发点和落脚点，在经济发展的基础上加快推进以改善民生为重点的社会建设。教育方面，农牧民子女"三包"政策全覆盖，在巩固"两基"成果的基础上，大力发展学前教育、义务教育，办学水平得到整体提升。文化方面，构建县、乡、村三级公共文化服务体系，建成农家、寺庙书屋71个，乡级综合文化站6个，促进民间艺术发展，推进文化进学校、进农牧区、进机关、进军营，群众精神文化生活更加丰富，体制外争取北京援藏资金2000万元，实施建设了县文化活动中心项目。社会保障方面，覆盖城乡居民的社会保障体系进一步完善，城乡居民社会养老保险制度全覆盖成果得到巩固，低保户、五保户、失地农民等生活保障兑现率达100%。医疗卫生方面，县级公立医院改革试点工作全面推进，推行"先诊疗、后结算"工作机制，新农合、城镇居民医保覆盖面达到100%。就业方面，积极开展"四业工程"，加强农牧民技能培训和劳务输出。基础设施建设方面，自2003年以来，累计完成全社会固定资产投资187.63亿元；通过大力度投入，新增公路里程323.319公里，实现34个行政村通水泥路目标。改善灌溉面积4.11万亩，解决6110人、13731头（只）牲畜饮水困难，全县水、电、路、通信、电视广播等基础设施条件有了显著改善，极大增强了发展后劲。特别是在市政建设方面，先后实施了东嘎西路建设、广场建设、部分上下水管道建设、供暖等工程项目，建成了西藏第一个拥有"三纵三横"市政道路体系的县区，积极推进城市综合体开发，县区功能更加完善，吃、住、行、购物更加便利，为东嘎新区建设打下了坚实基础。

三　农牧业发展的基本模式

近年来，堆龙德庆以调整结构、培育净土健康产业为核心，以加强龙头企业和基地建设为重点，以工业化的生产组织方式为手段，通过政策引导、项目推动、资金拉动和政策保障等措施，使现代农业体系中的生产要素、市场需求、相关支持、产业组织等4个方面的要素不断融合发展，农牧业特色产业建设取得新突破。

（一）以"合作社+基地+农户"为抓手，大力发展种植业

2014年青稞产量1710公斤，蔬菜品种达到20多个、产量7280公斤，

花卉有玫瑰、勿忘我等9个品种。一是创新组织模式。成立合作社，制定156个标准化管理规则。基地生产经营环节采取统一农资采购供应，统一蔬菜种植标准，统一技术培训服务，统一品牌销售，形成了生产、包装、销售一条龙产业链。二是强化基地建设。已建立岗德林蔬菜花卉生产基地、波玛蔬菜生产基地、羊达北京现代农业设施示范园、青稞标准化与高产创建生产基地、测土配方施肥示范基地、岗德林农机合作社示范基地、古荣楚布河谷玫瑰种植等10多个农业生产基地，"一带多点"的农牧业产业化发展格局基本形成。三是发展设施农业。截至2015年，堆龙德庆设施农业面积达5070亩、温室4662栋，其中高效日光温室2622栋。仅岗德林、羊达、波玛设施蔬菜产量就达1015万公斤、营业收入4458万元，带动642户农民实现收入1634万元。四是注重品牌开发。以岗德林蔬菜花卉生产基地为依托，经过多年努力，获得1200亩无公害蔬菜产地认证、8个无公害蔬菜产品认证。

（二）以"公司＋基地＋农户"为抓手，大力发展养殖业

2014年，堆龙德庆县牲畜存栏总数达到12.76万头（只、匹），年出栏率达到37.42%，牲畜良种覆盖率为34.58%。一是坚持专业公司牵动。依托西藏牦牛王生态开发有限公司、堆龙德庆县净土健康产业公司、嫫啦饼艺食品有限公司等一批有地域特色、附加值高、市场潜力大的农畜产品加工企业，着力发展藏鸡、藏猪、牦牛等特色养殖业。二是实行标准化生产。把基地作为企业的第一车间来抓，结合近郊特点和产业优势，建设奶牛标准化养殖小区6个，建设羊达鑫旺藏鸡养殖基地、古荣嘎仲藏鸡养殖示范基地等藏鸡养殖基地10个，建设岗德林生猪繁育示范基地等生猪生产基地18个，建设了饲草种植示范基地，为做大做强农畜产品加工龙头企业提供了有力支撑。

（三）以优势企业为带动龙头，大力发展农畜产品加工业

一是培育发展企业。通过制定优惠政策，实行内引外联，培育、引进、壮大了古荣糌粑、藏泉酒业等一批具有地域特色、附加值高、市场潜力大的龙头企业。到2015年，全县涉农工业企业达24家，产品共8大类60余个品种。二是强化科技支撑。堆龙德庆县涉农工业企业中技术类、管理类专业人才占企业员工总数的30%。三是确保产品质量。注重在原材料采购、产品质量检测、体系认证等方面下功夫，打造安全食品、放心食品，不断提升企业的市场竞争力。堆龙德庆县 11 家农牧业龙头企业，成为拉动全县一二三产业大发展的"火车头"。四是以乡镇为重要节点，统筹全县农牧业产业化发展。通过数据分析、面对面解决、专题研究、汇思路定调的方式，解决了农牧业产业发展方向、投资重点等问题，确定了"县级注入资金、乡镇明确责任、招商与自筹结合、推广与实验结合、群众得到收益"的乡镇发展净土健康产业模式，极大地激发了乡镇干事创业的热情。2014 年本级财政预算 3000 万元乡镇发展净土健康产业专项资金，采取项目扶持与有偿扶持相结合，由乡镇选项目、定方案，县直部门审核确定，收益用于乡镇滚动发展。目前，一期 11 个项目已全部完工并已逐步产生效益，二期 9 个项目正在实施。

（四）以电子商务等载体为平台，大力发展农畜产品销售业

一是健全销售网络。建立起以拉萨为中心、以县城为纽带、辐射全县的农产品销售市场，精心培植和扶持一批购销实体，着力发展蔬菜协会、糌粑加工协会、蔬菜营销大户等中介服务组织。注入资金 3000 万元，成立了堆龙德庆县净土生态发展有限公司，通过建设直销店、购置蔬菜配送车，逐步理顺公司与现有蔬菜基地的关系，重点打造绿色、有机、无公害堆龙品牌，提高堆龙蔬菜供给拉萨市场份额。二是加强营销合作。积极与城镇超市、农贸市场联系合作，完善农畜产品流通机制，建立"订单农业""合同农业"等经营机制，龙头企业、有关服务部门、基地乡镇和生产、营销大户间的全县农产品供求信息网络初步形成。三是拓展区内外营销渠道。通过进超市、进景点、进药店、进特色食品店、进批发店，积极打开本地市场，逐步走向全区市场；通过与中粮集团、金源世纪等流通企业的合作，搭建起了快速、有效、低成本的净土健康产业产品电子商务、产销信息平台。

四 推动发展稳定工作的好做法

西藏自治区成立以来，堆龙德庆县坚持党的领导，深化改革开放，坚定地走有中国特色的社会主义现代化建设道路，民族团结进步，人民生活水平不断提高，取得了举世瞩目的成就，积累了丰富的经验。回顾堆龙德庆发展的光辉历程，主要有以下几个方面的经验和启示。

（一） 坚持党的领导是经济社会不断发展的根本保证

实践证明，没有中国共产党的领导，就没有堆龙德庆县的繁荣和发展，只有不断加强和改善党的领导，深入贯彻落实党的十八大和十八届三中、四中全会精神，高举中国特色社会主义伟大旗帜，以邓小平理论、"三个代表"重要思想、科学发展观为指导，贯彻落实习近平总书记系列重要讲话精神，特别是"治国必治边、治边先稳藏"的重要战略思想和"努力实现西藏持续稳定、长期稳定、全面稳定"的重要指示，贯彻落实俞正声主席"依法治藏、长期建藏、争取人心、夯实基础"的重要原则，贯彻落实区、市党委八届六次全会精神，充分发挥各族人民的勤劳和智慧，才能使堆龙德庆真正实现经济社会长治久安和跨越式发展。

（二） 结合县情发展不断调整发展思路是经济社会不断发展的关键所在

没有革命的理论，就没有革命的行动。正确的工作指导思想来源于堆龙德庆县发展的鲜活实践，来源于堆龙德庆县委、县政府的及时总结。近年来，县委县政府遵循中央第五次西藏工作座谈会以来关于西藏工作的一系列重要指示精神和重大决策，贯彻落实区、市党委历届全会精神，不断使之转化为具体战略和伟大实践，在全县第八次党代会上提出"三化四区"（即工业园区化、农业现代化、农村城镇化；特色工业集聚区、城郊农业示范区、城乡统筹先导区、拉萨现代新城区）经济发展战略，在八届五次党代会上进一步完善发展思路，提出"党建统县、环境立县、文化兴县、产业强县、民生安县、依法治县"的整体发展战略，全力确保经济快速发展、社会和谐稳定、民生持续改善。

（三） 维护民族团结是经济社会欣欣向荣的坚实基础

堆龙德庆坚定不移地实行民族区域自治制度，认真贯彻执行国家颁布实施的一系列民族区域自治的法律法规，保障了各族人民群众当家做主的权利，享有民主的权利，形成了"三个离不开"的社会主义民族关系。同时，培养和造就了一大批德才兼备的少数民族干部和少数民族各类专业技术人才，在发展地区经济和处理民族关系等方面发挥着不可替代的作用。各族人民亲如手足，形成了越来越强大的凝聚力，共同致力于堆龙德庆县经济社会发展，使堆龙德庆县经济建设和深化改革步伐不断加快，使各项事业不断向前推进。

（四）坚持反对分裂、维护稳定是经济社会不断发展的前提保障

堆龙德庆县的发展反复证明了堆龙的建设、改革和发展必须在确保社会稳定的前提下进行。在西藏，稳定是硬任务，没有稳定就不可能有发展，没有发展就不可能有长久的稳定。堆龙德庆作为拉萨"西大门"，反分裂斗争的前沿阵地，维护社会稳定任务十分繁重、十分艰巨。堆龙德庆县委、县政府始终坚持把维护社会稳定作为政治任务、第一责任，深入贯彻习近平总书记"治国必治边、治边先稳藏"的战略思想和俞正声主席"依法治藏、长期建藏"的重要指示精神，统筹兼顾，突出重点。深入开展反分裂斗争，加强和创新社会综合管理，推进网格化和"双联户"工作纵深开展，健全53座寺庙管理机制，开展矛盾纠纷排查调处，全面加强安全防范工作，实现大中小事都不出，确保社会和谐稳定。

（五）坚持援藏支持和自力更生相结合是经济社会不断发展的核心动力

堆龙德庆取得的光辉成就，是中央及北京市的大力支援和各族人民共同奋斗的结果。实践证明，堆龙德庆县必须立足自力更生，依靠中央支持和北京支援才能实现经济社会的跨越式发展，实现与全国人民一道全面建成小康社会的宏伟目标。中央第三次西藏工作座谈会召开后，国家进一步加大了对西藏的开发力度，北京市先后派出7批44名援藏干部和医生支援堆龙德庆建设，投入援藏资金21690.01万元；堆龙德庆选派150余名各行业技术骨干、党员干部前往北京考察进修、挂职锻炼，北京市在资金、技术和人才等方面的大力支援，对于堆龙德庆县跨越式发展起到了十分关键的作用，迅速改变了堆龙德庆县贫穷落后的面貌。

第二章 堆龙德庆县大力实施 城乡一体化发展

长期以来，堆龙德庆县是西藏的产粮大县，如何把农田单产和总产提高到一个新的发展台阶，是历届各级领导时刻考虑的问题。重点发展农业，适当发展牧业，是他们制定社会、经济和文化发展计划的出发点和归宿。但进入21世纪之后，形势发生了大转变。2001年9月，国务院办公厅批复建立西藏拉萨经济技术开发区，该区的选址，就在堆龙德庆县府所在地东嘎镇范围内，面积为5.46平方公里。更为重要的是随着青藏铁路的兴建，该县的两镇一乡即东嘎镇、乃琼镇、柳梧乡，已成为拉萨市客运站和货运站的兴建点所在。也就是说，技术开发区和火车站的兴建，将加快堆龙德庆迅速从农村进入城市化的变化历程。近年来，堆龙德庆按照拉萨市委推进城乡一体化的总体要求，按照科学发展观，采取工业向园区集中、农民向城镇集中、土地向业主集中的"三个集中"方式，不断推进城乡一体化建设，对实现城乡共同发展，缩小城乡差距起到了积极的推动作用，为推动该区全面建设小康社会注入了不竭的发展动力。

一 城乡一体化的科学内涵

城乡一体化既是一个城乡综合的社会、经济、空间发展过程，又是城乡社会经济发展的一个终极目标。城乡一体化的发展模式体现了区域整体协调发展和可持续发展的理念。城乡一体化表现为地域社会经济系统的演变过程，是不断地朝着区域内城乡要素优化组合的方向发展，是城乡协同度、融合度日益提高的过程。城乡一体化是一个复合概念，至少应包括以下几个方面。

（1）城乡一体化是经济、社会、文化长期发展的动态过程，而不是一个静态概念。同时还是空间过程或生态过程，它涉及自然—社会—生态—

经济复合系统的方方面面，是这一复合系统发展完善的过程。

（2）城乡一体化体现了城乡之间相互独立、相互联系、相互作用的关系，两者在功能上存在着极强的相关性。城乡一体化并非城乡同一化，城市与乡村各自具有独特的特性，存在明显分工，不存在城市代替乡村，或者乡村代替城市的问题。

（3）城乡一体化从根本上说体现着工业与农业之间的产业关系。一方面确认了农业对工业的基础性的决定作用，另一方面又突出了工业对农业的促进作用。因此，城乡一体化可使城乡在社会分工、产业互引基础上协调有序发展。

（4）城乡一体化体现了城乡之间生产力的合理布局，因此，要求决策者必须摒弃仅从城市或农村的地域空间着眼，把城乡作为一个整体来安排投资、劳动力、技术等生产要素，使城市和农村发挥各自优势，通过生产要素的合理流动与优化组合，促进生产力的合理布局。

（5）城乡一体化要求逐步缩小工农差别、城乡差别，促进工农结合、城乡结合。这既是社会主义的本质要求，也是城乡一体化的根本任务和最终目的。

基于上述五个方面认识，城乡一体化内涵可概括为：城市与乡村这两个不同特质的经济社会单元和人类聚落空间，在一个相互依存的区域范围内，谋求融合发展、协调共生的过程。在这里，城市与乡村是一个整体，人口、资金、信息物资等要素在城乡间自由流动，一二三产业联动发展，充分发挥城市与乡村各自的优势与作用，形成"相互依托，优势互补，以城带乡，以乡促城，共同发展"的城乡关系。把城市和乡村建设成一个经济、社会、文化相互渗透、相互融合、高度依存、相互促进的统一体，最终实现城乡的全面融合、协调发展。

二　城乡一体化的主要内容

城乡一体化是一个广泛而复杂的地域发展过程，不同区域在不同发展阶段有不同的表现内容。一般而言，它涉及城乡空间结构变化、经济结构变化、社会结构变化、人口结构变化、生态结构变化等诸多方面，可以分解为城乡空间结构一体化、城乡人口结构一体化、城乡经济结构一体化、城乡社会结构一体化、城乡生态结构一体化，等等。其中经济一体化是基础，人口一体化是依托，空间一体化是载体，社会一体化和生态一体化是城乡区域高效率运行的条件和可持续发展的保障。这五个方面相辅相成，共同组成城乡一体化发展的主要内容和目标。

（一）城乡人口一体化

人口是经济社会发展的主体，统筹城乡人口协调发展是推进城乡一体化发展的重要依托。城乡人口发展与经济社会发展是相统一的，随着我国经济社会持续、健康、快速发展，农民向市民转变的速度、强度和力度不断提升，发达地区已经呈现出显著的城乡一体化的人口地域分布变动趋势和现代城市化的发展特征，中心城人口向郊区扩散和农村人口城市化的步伐明显加快。因此，在推进城乡一体化工作中，应该顺应城乡人口分布的新变动，高度重视中心城人口向郊区的有序扩散，因势利导，优化人口空间分布。与此同时，不失时机地推进农村人口城市化，继续推进人口向城镇集中，把城乡人口协调发展作为一项重要的指导思想，统筹城乡人口发展政策和发展规划，注重未来经济社会发展对人口质量、人口结构的要求，加强城乡人口的综合管理协调，促进城市、农村同发展、共繁荣。

（二）城乡空间布局一体化

城市和乡村是两种典型的社会经济活动的空间组织。城乡一体化不仅涉及城乡经济转型、产业分工和资源流动等，而且还涉及城市和乡村空间结构的调整与优化。一般来说，城乡空间结构是由点（城镇等点状设施）到线（交通等线状设施）构成的拓扑结构。推进城乡一体化，必须研究点和线如何布局，如何紧密相连，即城镇体系与交通、信息体系的空间构建问题。科学、合理的大中小城市与小城镇配置，通畅、便捷的城乡交通和信息网络连接，不仅有利于促进城镇繁荣，而且能从根本上破解"三农"难题，达到城乡优势互补、协调共进的预期目的。判断城乡空间一体化最重要的有三个方面：一是城市空间和乡村空间的景观对比在一个更大的尺度上呈均质状态，这是城乡一体化的空间景观；二是城乡之间建立完善通达、快捷的交通和通信网络，城乡联系有序，这是城乡一体化的条件；三是城市群的发展，这是城乡一体化的典型形式，体现了集聚与分散的良好结合。

（三）城乡经济发展一体化

城乡经济发展一体化是指城市和农村在平等经济政策下，通过城乡间资源和生产要素的自由流动，相互协作，优势互补，以城带乡，以乡促城，实现城乡经济持续协调和共同发展的过程。改革开放以来，随着市场机制的引入，城乡联系显著增强，但是，城乡分割的二元结构体制尚未从根本上改变，城乡经济仍未步入良性循环的轨道。农村的发展，离不开城市的辐射带动，城市的发展也离不开农村的促进和支持，建设城乡经济高度融合的经济循环，就是要彻底打破城乡经济循环的壁垒，构建城乡经济之间相互联系、相互依存、相互支持、相互促进的良性循环关系。不仅要彻底改变过去那种向工业和城市倾斜的做法，而且应该有意识地创造条件鼓励资源的回流，制定向农业和农村倾斜的政策。在加快城市化与非农化进程中，高度重视与之相适应的产业结构高度化演进的客观要求，以及城乡三大产业之间、每一产业内部及产业布局空间等三个方面结构的变化演进。同时，打破原有的各种体制障碍，全面引入城乡一体的市场机制，通过市场机制使资源、资金、技术在城乡地域空间上，在不同产业间有序流动和优化组合，形成区域整体的市场竞争优势，促使城乡经济持续快速协调发展。

（四）城乡社会发展一体化

经济、社会、人口是一个不可分割的整体，城乡一体化理所当然也应包括城乡社会一体化。城乡社会一体化就是要求城乡社会事业协调发展，确保城乡居民在居住、就业、教育、医疗和文化卫生等方面享受同样待遇，最大限度地缩小城乡差别，使高度发展的物质文明与精神文明达到城乡共享。社会发展一体化是城乡一体化发展最重要的价值取向和理念。如果城乡社会发展不均衡，政策取向不一致，城乡居民待遇不统一，地位不平等，要想实现城乡一体化也只能是一句空话。推进城乡社会一体化，关键是在城市社会事业不断发展、居民文明程度不断提高的同时，着力加快农村社会事业的发展。政府必须像抓经济那样抓社会事业发展，加大投入，实行制度创新，彻底改变农村社会事业落后的面貌，让城乡社会发展相互适应和相互协调，最终实现城乡社会一体化。

（五）城乡生态环境一体化

生态环境一体化就是要将城市与农村生态环境统一纳入一个大系统中全面治理，彻底改变城乡生态现状，努力形成城乡生态环境高度融合互补、经济社会与生态协调发展的城乡生态格局，让城市与农村、人类与自然生态和谐相处。城乡一体化离不开生态环境一体化，生态环境一体化是城乡一体化进程中最为重要的内容之一，这对于推进城乡经济与社会可持续发展至关重要。对于我们这样一个发展中国家来说，要净化城乡环境，实现城乡生态一体化，必须破除把经济与生态环境对峙起来的旧观念，破除把城市与乡村对立起来的旧格局，这需要城乡形成共识，共同努力，强化城乡生态功能，以保全生态系统为重心，统一规划、统一标准、统一对环境保护的实现机制，健全城市、乡镇、农村生态环境协调体系，加速推进城乡有机融合的生态系统建设。

按照堆龙德庆县（区）"十三五"国民经济和社会发展规划纲要要求，为实现城乡发展一体化，必须完善体制机制，持续推进城乡规划、产业发展、基础设施、公共服务、就业社保和社会管理"六个一体化"，实现城乡协调发展和共同繁荣。构建多元化可持续的城镇化投融资机制，建立行政管理创新和行政成本降低的新型城市行政管理体系，创新城乡土地管理制度，建立健全"多规合一"与产城融合体制机制，健全城镇住房保障机制，实现常住人口基本公共服务均等化。

三　城乡统筹发展体制机制

中央城镇化工作会议为我国城镇化发展形势指明了推进城乡一体化的指导思想、主要目标、基本原则、重点任务，从战略和全局上做出了一系列重大部署，对于统一思想、凝聚共识，推动城镇化沿着正确方向发展，具有重要战略意义和指导作用。推进城镇化是解决"三农"问题的有效途径，是推动区域协调发展的有力支撑，是实现全区跨越式发展的重要抓手，对堆龙德庆区到2020年与全国同步全面建成小康社会具有重大的现实意义和深远的历史意义。

"十二五"以来堆龙德庆全区总体规划及城镇道路、园林绿化、环卫设施、防灾减灾、信息化等专项规划，充分体现民族特色、现代化、人与自然和谐共处的特点。通过实施相关规划，增强资源承载能力。因地制宜发展产业，提高城镇的产业发展能力，增强城镇对劳动力就业的需求能力。但是堆龙德庆区城镇化过程中仍面临一些问题，如城乡基础设施严重滞后，乡镇生活功能、旅游辅助区功能亟须提升。有的行政村人口多，村庄大，建设资金也非常紧张，导致部分村庄只能修建部分内容。随着物质生活的提高、物价上涨，以往的补助标准无法满足农牧民群众对安居房的建设需求，也无法提升安居房的工程品质。因此，"十三五"时期要按照《国家新型城镇化规划》《西藏自治区新型城镇化规划》要求，结合堆龙德庆的实际来推进城镇化建设。

（一）加大统筹城乡发展力度

推动信息化和工业化深度融合、工业化和城镇化良性互动、城镇化和农业现代化相互协调，促进城镇发展与产业支撑、就业转移和人口集聚相统一，促进城乡要素平等交换和公共资源均衡配置，形成以工促农、以城带乡、工农互惠、城乡一体的新型工农、城乡关系。

首先，坚持农牧业的基础地位，大力发展现代农牧业。城市化的过程中需要农业提供大量的必需品来保障城镇的正常发展需求，所以要加强对农业的保护力度，加大对农业的投入，提高农牧产品的市场竞争力，提升农牧业产业化发展水平。深入实施邦村偏嘎水库、巴热村水土保持综合治理、马乡2450亩青稞高标准农田建设等农田水利、土地治理、中低产田改造工程。加强草原生态、养殖基地、饲草料种植基地，尤其是牦牛养殖业的基础设施建设，加快发展特色农业。全面启动有机农业推广试验工作，加快建立农业新型经营主体，抓好牲畜改良，扩大黑青稞、藏药材、无公害农作物等种植面积，推进畜牧业深加工产业发展。深入挖掘传统工艺，培育乡村手工艺品和农村土特产品牌，推进农牧业与"互联网＋"融合发展，进一步打开农牧业产品销路，不断提高农牧业综合竞争力和抗风险能力。大力发展净土健康产业，确保德庆乡、马乡、古荣乡净土健康产业园和"香雄美朵"生态旅游文化产业园高效运营。建立健全净土健康产业全面发展体系，成立乡镇净土健康产业公司，整合全区主导产业优势资源，打造净土健康拳头产品，提升"堆龙净土"美誉度，加强产品品牌建设。

其次，加快推进新型工业化的发展进程。堆龙德庆区缺乏工业主体，仅有的农牧特色产品加工企业需加快推进技术创新，才能提高产品的市场竞争力。为大力发展具有堆龙德庆特色的优势产业，采取了"走出去与引进来"相结合的政策。通过加快农牧特色产品加工业发展来提高城镇化的发展速度。突出区位、交通优势，积极争取西藏新型建筑建材产业园区落地，引领推动行业集群化发展。着力推动工业园区A区产业转型升级，加快淘汰低端落后产业，加大闲置土地盘活力度，不断提升服务能力。集中资金力量，完成工业园区 B 区基建配套设施建设，推动实体企业、新兴产业向园区集中。紧紧抓住小微企业创业创新示范基地创建的契机，加大对中小企业资金支持，使企业真正成为研究开发、技术创新和成果应用的主体，增强小型实体经济发展实力。探索建立 IPO 总部经济生态产业园，大力支持企业做大做强。进一步优化招商引资环境，整合各方面资源，促使藏中水泥、拉萨新天地、龙腾大厦等项目尽快开发建设。主动与国内 500 强企业积极对接，加快推进堆龙新城、"香雄美朵"生态旅游文化产业园等重点项目的招商引资工作，并对其投资建设进度进行跟踪服务，确保项目早日建成，早获效益。

最后，做好城镇建设规划。以拉萨市为中心，利用其特有的优势加大产业结构升级、消费升级和技术升级的辐射、带动作用，使其成为带动城乡发展的重要增长极。加大对小城镇建设的投入力度，适度扩大乡镇的规模，完善乡镇所在地的基础设施建设，使更多的小城镇能够发展起来，发挥其辐射、带动作用。做好新农村的示范效应，打造居住聚集化、管理社区化、设施城镇化、公共服务均等化的新农村风貌。严格执行《拉萨市堆龙新城修建性详细规划》，围绕新城区"南移跨河"发展要求，开工建设堆龙新城，并完成 20 亿元固定资产投资。进一步调整完善上三乡发展规划，实现城乡一体化协调发展。调整完善土地利用总体规划，加快推进农村集体土地所有权确权登记颁证工作，实现土地连片聚集，综合开发。全面启动"智慧堆龙"项目建设，成立城市管理综合执法局，进一步理顺城市管理体制机制，不断提升城市核心竞争力和可持续发展能力。

（二）完善基础设施建设

基础设施是人类生产、生活必不可少的工具，无论是信息化、工业化、城镇化，还是农业化的实现都离不开必要的基础设施。加强基础设施和公共服务化建设有利于促进"四化"的快速融合。尤其是堆龙德庆基础设施相对欠完善，突出重点建设显得尤为重要。加强城镇功能和公共服务设施的建设，推进能源的开发利用，提高城乡水资源的保护和利用，加大水利设施建设，推进通信等信息技术的利用。深化乡村人居环境集中连片整治，深入实施 20 个自然村人居环境建设及环境综合整治工程。完成德庆乡、马乡、古荣乡小康安居工程项目建设，确保海拔 4500 米以上、有意愿参与小康安居工程的搬迁群众及时搬迁入住。扎实推进城市棚户区、坑中和城市既有建筑风貌提升改造，激发环卫公司内生动力，促使环卫工作全覆盖，持续改善人居环境质量。

在建设基础设施的时候坚持超前规划，分段实施，优先考虑质量。投资建设基础设施，以深入调查为基础，既要重视地上的构筑，也要重视地下的管网；既要重视地理因素，也要重视生态环境因素，切实提高城镇产业集聚能力和宜居宜业水平。参考拉萨城镇发展战略，加强对堆龙德庆区基础设施的投资力度，建设一批高投资、高水平的基础设施项目，全面提高公共服务水平，为城镇化建设提供一定的物质基础，加快城镇化与信息化、工业化、农业现代化快速融合的步伐。

（三）加强产业集聚

产业集聚是在社会经济的条件下，产业发展到一定阶段的产物，是提高产业竞争力的一种有效途径，同时也是城镇化发展的助推器。加强产业集聚有利于节约土地，提高能源利用率，节约行政管理费用。加快发展产业集聚，就要加快集中资金、土地、技术、人才等生产要素，为集聚区发展提供强大的支撑力度，在这个过程中将城镇化、信息化、工业化、农业现代化结合起来，才能更好地促进经济的发展。在此理念下，堆龙德庆依托城镇区域的自然、社会等丰富的资源和区位优势，大力发展特色优势产业，构建符合本地实际的现代产业体系。从当地的实际情况出发，重点发展旅游业、特色农牧产品加工业等，形成强大的生产力。加快发展现代农业园区，鼓励一些龙头企业。大力发展从事农产品加工的乡镇企业，实行商贸工农、产加销一体的经营模式。此外，堆龙德庆还大力发展商贸、信息、文化等，利用现代化的信息技术促进城镇化的发展，繁荣城镇经济，提升城乡居民的生活水平。全面实施全域旅游，深入实施109国道沿线"油菜花画廊"建设，重点打造以"智慧旅游走廊"、楚布沟景区糌粑水磨坊系列景观、宇妥宁玛·云丹贡布纪念馆为主的藏医文化体验中心，全面打造措麦藏戏特色村，完善桑木民俗村基础设施，正式运营通嘎村家访游，做大做强宇妥沟藏药浴养生健康之旅，实施"香雄美朵"生态旅游文化产业园项目建设。不断深化文化旅游发展格局、优化空间布局、强化产业地位、丰富产品体系、凸显品牌形象。坚持"健康、特色、精品"导向，大力发展农产品深加工、休闲农业和乡村旅游、农村服务业等劳动密集型产业项目。加强与经济开发区沟通合作，建设拉萨综合保税区，着力将堆龙德庆建成立足拉萨、服务西藏、面向南亚通道重要节点城市的物流枢纽中心。

四 公共服务体系建设体制机制

加强市政公用设施和公共服务设施建设，增加基本公共服务供给，增强对人口集聚和服务的支撑能力。积极与拉萨市相关部门沟通，增加对堆龙德庆公共服务设施的支持和投入。

（一）强化交通综合管理

将公共交通放在城市交通发展的首要位置，加快构建以公共交通为主体的城市机动化出行系统，优化公共交通站点和线路设置，推动形成公共交通优先通行网络，提高覆盖率、准点率和运行速度，加大对公共交通系统的补贴力度，解决部分乡镇因暂住人口较少引起的亏损。强化交通综合管理，有效调控、合理引导个体机动化交通需求。推动各种交通方式、城市道路交通管理系统的信息共享和资源整合。

（二）加强市政公用设施建设

建设安全高效便利的生活服务和市政公用设施网络体系。优化社区生活设施布局，健全社区养老服务体系，完善便民利民服务网络，打造包括物流配送、便民超市、平价菜店、家庭服务中心等在内的便捷生活服务圈。加强无障碍环境建设。合理布局建设公益性菜市场、农产品批发市场。统筹电力、通信、给排水、供热、燃气等地下管网建设，推行城市综合管廊，新建城市主干道路、城市新区、各类园区统筹实行城市地下管网综合管廊模式。加强城镇水源地保护与建设和供水设施改造与建设，确保城镇供水安全。加强防洪设施建设，完善城市排水与暴雨外洪内涝防治体系，提高应对极端天气能力。建设安全可靠、技术先进、管理规范的新型配电网络体系，推进城市清洁能源供应设施建设，完善燃气输配、储备和供应保障系统，大力发展热电联产。加强城镇污水处理及再生利用设施建设，推进雨污分流改造和污泥无害化处置。提高城镇生活垃圾无害化处理能力。合理布局建设城市停车场和立体车库，新建大中型商业设施配建货物装卸作业区和停车场，新建办公区和住宅小区配建地下停车场。

（三）完善基本公共服务体系

根据城镇常住人口增长趋势和空间分布，统筹布局建设学校、医疗卫生机构、文化设施、体育场所等公共服务设施。优化学校布局和建设现模，合理配置中小学和幼儿园资源。加强社区卫生服务机构建设，健全与医院分工协作、双向转诊的城市医疗服务体系。完善重大疾病防控、妇幼保健等专业公共卫生和计划生育服务网络。加强公共文化、公共体育、就业服务、社保经办和便民利民服务设施建设。创新公共服务供给方式，引入市场机制，扩大政府购买服务规模，实现供给主体和方式多元化，根据经济社会发展状况和财力水平，逐步提高城镇居民基本公共服务水平，在学有所教、劳有所得、病有所医、老有所养、住有所居上持续取得新进展。

五　城乡规划建设体制机制

根据资源环境承载能力构建科学合理的城镇化宏观布局，以综合交通网络和信息网络为依托，科学规划建设城市群，严格控制城镇建设用地规模，严格划定永久基本农田，合理控制城镇开发边界，优化城市内部空间结构，促进城市紧凑发展，提高国土空间利用效率。

（一）提高城乡规划科学性

适应新型城镇化发展要求，提高城市规划科学性，加强空间开发管制，健全规划管理体制机制，严格建筑规范和质量管理，强化实施监督，提高城市规划管理水平和建筑质量。

1. 创新规划理念

把以人为本、尊重自然、传承历史、绿色低碳理念融入城市规划全过程。城市规划由扩张性规划逐步转向限定城市边界、优化空间结构的规划，科学确立城市功能定位和形态，加强城市空间开发利用管制，合理确定城市规模、开发边界、开发强度和保护性空间，加强道路红线和建筑红线对建设项目的定位控制。统筹规划城市空间功能布局，促进城市用地功能适度混合。合理设定不同功能区土地开发利用的容积率、绿化率、地面渗透率等规范性要求。建立健全城市地下空间开发利用协调机制。统筹规划城区、城郊和周边乡村发展。

2. 完善规划程序

完善城市规划前期研究、规划编制、衔接协调、专家论证、公众参与、审查审批、实施管理、评估修编等工作程序，探索设立城市总规划师制度，提高规划编制科学化、民主化水平。推行城市规划政务公开，加大公开公示力度。加强城市规划与经济社会发展、主体功能区建设、国土资源利用、生态环境保护、基础设施建设等规划的相互衔接。推动有条件地区的经济社会发展总体规划、城市规划、土地利用规划等"多规合一"。

3. 强化规划管控

保持城市规划权威性、严肃性和连续性，坚持一本规划一张蓝图持之以恒加以落实，防止换一届领导改一次规划。加强规划实施全过程监管，确保依规划进行开发建设。健全城乡规划督察员制度，以规划强制性内容为重点，加强规划实施督察，对违反规划行为进行事前事中监管。严格实行规划实施责任追究制度，加大对政府部门、开发主体、居民个人违法违规行为的责任追究和处罚力度。制定城市规划建设考核指标体系，加强地方人大对城市规划实施的监督检查，将城市规划实施情况纳入地方党政领导干部考核和离任审计。运用信息化等手段，强化对城市规划管控的技术支撑。

（二）科学规划乡镇建设

1. 科学规划乡镇建设

通过规划科学合理布局，做到人与自然的和谐，特别注意对耕地、林地、水源、水面、湿地的保护，进一步改善集镇建设状况、改善居民居住环境，提高集镇居民生活质量。在规划建设中，以居民为本，在强调政府主导作用的同时，突出集镇居民在规划中的主体地位，始终坚持居民是使用者、受益者的观念，以居民利益为出发点，发挥居民积极性，增加居民对集镇建设规划的参与。广泛征求居民的意愿，反映居民的要求，尊重居民的健康习惯，保护居民的合法利益。统筹当地的社会经济、文化水平，并与集镇的实际需求和可能相适应，做到经济、适用、便于实施。着重解决居民要求最迫切、凭借现有条件能够做起来的事情，使规划循序渐进得以实施。规划总体目标是有利于集镇经济发展，同时体现人性化，通过精心组织、合理布局，使居民的生产和生活更加便利和舒适。小集镇建设力求传承历史文化，弘扬和塑造村庄特色，不能把堆龙德庆传统的建筑文化丢掉。规划与当地经济社会发展的要求相适应，充分考虑地形地貌，兼顾民风习俗，并与上级规划在空间布局、基础设施安排、环境保护等方面协调统一。

2. 功能结构规划

规划集镇依据现有布局模式，科学合理利用空闲地，提高土地利用率，整改与新建相结合。加强主干道绿色通道的建设，塑造良好的空间景观效果。道路网相互贯穿，力求形成完美的集镇整体空间。

集镇设置公共服务区，具体为行政管理区、商业区、文体活动区、教育区。整改保留的居民住宅区，整合设置新建居民住宅区。住宅区内部结合公建以及服务半径的要求，建设公共绿地和休闲小广场，形成集镇公共活动相对集中的场所。

3. 乡镇发展思路

"十三五"时期，堆龙德庆各乡镇坚持调整优化经济、产业结构，坚持科学发展，以市场为导向，以科技为动力，着眼经济效益提高，积极推进以农、林、牧业等基础产业为主、旅游业为辅的发展战略，全面推进农、林、牧业产业化，以工业化的理念组织农业生产，扩大特色产品生产的规模化、产业化、标准化，发展优质、生态农牧业，充分利用区域资源和剩余劳动力，发展农牧区社会经济，促进农牧业发展和农牧民增收。提升、改造基础设施建设，搞好集镇建设规划，注重集镇风貌景观整治，改善集镇人居环境，加强生态环境保护。以城镇化要求衡量集镇发展，推动科技教育事业发展取得新突破，民风民俗倡导"新风尚"，培养造就新型城镇居民，加强精神文明建设，发展社会事业，集镇面貌呈现"新变化"。

4. 发展总体目标

一是乡镇经济与产业发展具体目标：培育主导产业，确保农牧民稳定增收；建设农业示范园区，建成规模化、产业化、标准化农业园区；培养一批经济发展带头人，为新农村建设增添新的活力；培养"有觉悟、有文化、懂技术、会经营"的高素质新型农牧民。

二是社会事业发展具体目标：完善标准化学校建设；完善卫生所建设；建成文化活动广场；建成便民连锁店或中小型超市。

三是人居环境具体目标：保证有一套满足生产生活要求的完全的供电系统、电信系统；建立一套有序、合理的垃圾收集、运输、填埋处理体系。完善集镇道路系统，建成一个文化活动广场。建成文明院落，建成清洁卫生厨房，改善人居环境。

四是发展动力与机制保障目标：编制发展规划，为集镇的新农村建设提供合理、科学、切合实际的指导文本；建设好的领导班子，制定好的乡镇规划；每户培养一个科技明白人，牢固掌握 1~2 项实用技术。建立健全行政机构，维护镇区社会稳定。加大单位帮建力度；加强企业帮扶工作；抓好项目捆绑、资金整合工作，最大限度发挥好资金效益；加大财政投入，壮大集体经济实力，强化政府在新农村建设中的主导地位。

六　城乡人口一体化体制机制

以人为本，公平共享。以人的城乡一体化为核心，合理引导人口流动，有序推进农业转移人口市民化，稳步推进城镇基本公共服务常住人口全覆盖，不断提高人口素质，促进人的全面发展和社会公平正义，使全体居民共享现代化建设成果。

（一）贯彻落实国家各项政策

加快转变政府职能，深化行政审批制度改革，稳步推进撤乡设镇、撤镇设街道办事处工作，建立"区长热线"和"区长信箱"，积极探索建立网上受理和实体大厅受理相结合的行政审批服务形式，进一步优化发展环境。全面公开政府预决算、部门预决算和"三公"经费预决算，硬化预算约束，非经人大法定程序审批通过，不予调整。全面实施公务用车制度改革，加强国有资产信息化动态监管，确保资产的真实、完整和处置行为规范化、合法化。加快融资平台体系建设，规范和加强项目管理，提高工作效率。

1. 全面放开建制镇和小城市落户限制

在乡镇有合法稳定住所（含租赁）的人员，本人及其共同居住生活的配偶、未成年子女、父母等，可以在当地申请登记常住户口。

2. 建立城乡统一的户口登记制度

落实取消农业户口与非农业户口性质区分和由此衍生的蓝印户口等户口类型，统一登记为居民户口，体现户籍制度①的人口登记管理功能。建立与统一城乡户口登记制度相适应的教育、卫生计生、就业、社保、住房、土地及人口统计制度。

3. 建立居住证制度

在堆龙德庆居住半年以上的，在居住地申领居住证。符合条件的居住

---

① 现代户籍制度是我国依法收集、确认、登记公民出生、死亡、亲属关系、法定地址等公民人口基本信息的法律制度，以保障公民在就业、教育、社会福利等方面的权益，以个人为本位的人口管理方式。

证持有人，可以在居住地申请登记常住户口。以居住证为载体，建立健全与居住年限等条件相挂钩的基本公共服务提供机制。居住证持有人享有与当地户籍人口同等的劳动就业、基本公共教育、基本医疗卫生服务、计划生育服务、公共文化服务、证照办理服务等权利；以连续居住年限和参加社会保险年限等为条件，逐步享有与当地户籍人口同等的中等职业教育资助、就业扶持、住房保障、养老服务、社会福利、社会救助等权利，同时结合随迁子女在当地连续就学年限等情况，逐步享有随迁子女在当地参加中考和高考的资格。积极创造条件，不断扩大向居住证持有人提供公共服务的范围。按照权责对等的原则，居住证持有人应当履行服兵役和参加民兵组织等国家和地方规定的公民义务。

（二）切实保障人民合法权益

1. 完善农村产权制度

土地承包经营权和宅基地使用权获法律保护，农民作为集体经济组织成员，依法享有集体收益分配权等合法财产权利。加快推进农村土地确权、登记、颁证，依法保障农民的土地承包经营权、宅基地使用权。推进农村集体经济组织产权制度改革，探索集体经济组织成员资格认定办法和集体经济有效实现形式，保护成员的集体财产权和收益分配权。建立农村产权流转交易市场，推动农村产权流转交易公开、公正、规范运行。坚持依法、自愿、有偿的原则，引导农业转移人口有序流转土地承包经营权。进城落户农民是否有偿退出"三权"，应根据党的十八届三中全会精神，在尊重农民意愿前提下开展试点。现阶段，不得以退出土地承包经营权、宅基地使用权、集体收益分配权作为农民进城落户的条件。

2. 扩大基本公共服务覆盖面

保障农业转移人口及其他常住人口随迁子女平等享有受教育权利；将随迁子女义务教育纳入各级政府教育发展规划和财政保障范畴；逐步完善并落实随迁子女在流入地接受中等职业教育免学费和普惠性学前教育的政策以及接受义务教育后参加升学考试的实施办法。完善就业失业登记管理制度，面向农业转移人口全面提供政府补贴职业技能培训服务，加大创业扶持力度，促进农村转移劳动力就业。将农业转移人口及其他常住人口纳入社区卫生和计划生育服务体系，提供基本医疗卫生服务。把进城落户农民完全纳入城镇社会保障体系，在农村参加的养老保险和医疗保险规范接入城镇社会保障体系，完善并落实医疗保险关系转移接续办法和异地就医结算办法，整合城乡居民基本医疗保险制度，加快实施统一的城乡医疗救助制度。提高统筹层次，实现基础养老金统筹，加快实施统一的城乡居民基本养老保险制度，落实城镇职工基本养老保险关系转移接续政策。加快建立覆盖城乡的社会养老服务体系，促进基本养老服务均等化。完善以低保制度为核心的社会救助体系，实现城乡社会救助统筹发展。把进城落户农民完全纳入城镇住房保障体系，采取多种方式保障农业转移人口基本住房需求。

七 创新社会治理体制机制

树立以人为本、服务为先理念，完善城市治理结构，创新城市治理方式，提升城市社会治理水平。

（一）完善城市治理结构

顺应城市社会结构变化新趋势，创新社会治理体制，加强党委领导，发挥政府主导作用，鼓励和支持社会各方面参与，实现政府治理和社会自我调节、居民自治良性互动。坚持依法治理，加强法治保障，运用法治思维和法治方式化解社会矛盾。坚持综合治理，强化道德约束，规范社会行为，调节利益关系，协调社会关系，解决社会问题。坚持源头治理，示本兼治、重在治本，以网格化管理、社会化服务为方向，健全基层综合服务管理平台，及时反映和协调人民群众各方面各层次利益诉求。加强城市社会治理法律法规、体制机制、人才队伍和信息化建设。激发社会组织活力，加快实施政社分开，推进社会组织明确权责、依法自治、发挥作用。适合由社会组织提供的公共服务和解决的事项，交由社会组织承担。

（二）健全基层群众自治制度

健全社区党组织领导的基层群众自治制度，推进社区居民依法民主管理社区公共事务和公益事业。加快公共服务向社区延伸，整合人口、劳动就业、社保、民政、卫生计生、文化以及综治、维稳、信访等管理职能和服务资源，加快社区信息化建设，构建社区综合服务管理平台。发挥业主委员会、物业管理机构积极作用，引导各类社会组织、志愿者参与社区服务和管理。加强社区社会工作专业人才和志愿者队伍建设，推进社区工作人员专业化和职业化。加强流动人口服务管理。

（三）创新社会治安综合治理

建立健全源头治理、动态协调，并与应急处置相互衔接、相互支撑的社会治安综合治理机制。创新立体化社会治安防控体系，改进治理方式，促进多部门城市管理职能整合，鼓励社会力量积极参与社会治安综合治理。及时解决影响人民群众安全的社会治安问题，加强对城市治安复杂部位的治安整治和管理。理顺城管执法体制，提高执法和服务水平。加大依法管理网络力度，加快完善互联网管理领导体制，确保国家网络和信息安全。

（四）完善城市应急管理体系

完善城市应急管理体系，加强防灾减灾能力建设，强化行政问责制和责任追究制。着眼抵御洪涝、沙尘暴、冰雪、干旱、地震、山体滑坡等自然灾害，完善灾害监测和预警体系，加强城市消防、防洪、排水防涝、抗震等设施和救援救助能力建设，提高城市建筑灾害设防标准，合理规划布局和建设应急避难场所，强化公共建筑物和设施应急避难功能。完善突发公共事件应急预案和应急保障体系。加强灾害分析和信息公开，开展居民风险防范和自救互救教育，建立巨灾保险制度，发挥社会力量在应急管理中的作用。

八　城乡发展软实力体制机制

顺应现代城市发展新理念新趋势，推动城市绿色发展，提高智能化水平，增强历史文化魅力，全面提升城市内在品质。

（一）加快绿色城镇建设

将生态文明理念全面融入县城及乡镇发展，构建绿色生产方式、生活方式和消费模式。严格控制高耗能、高排放行业发展。节约集约利用土地、水和能源等资源，促进资源循环利用，控制总量，提高效率。加快建设可再生能源体系，推动分布式太阳能、风能、生物质能、地热能多元化、规模化应用，提高新能源和可再生能源利用比例。实施绿色建筑行动计划，完善绿色建筑标准及认证体系、扩大强制执行范围，加快既有建筑节能改造，大力发展绿色建材，强力推进建筑工业化。合理控制机动车保有量，加快新能源汽车推广应用，改善步行、自行车出行条件，倡导绿色出行。完善废旧商品回收体系和垃圾分类处理系统，加强城市固体废弃物循环利用和无害化处置。合理划定生态保护红线，扩大城市生态空间，增加森林、湖泊、湿地面积，将农村废弃地、其他污染土地、工矿用地转化为生态用地，在城镇化地区合理建设绿色生态廊道。全面做好中央环竟保护督查迎检工作，严把项目准入关，确保建设项目环评率和"三同时"执行率达到100%。紧紧围绕节能减排，启动100兆瓦光伏电站建设项目，加强对重点企业的监管，严厉打击非法采砂、采石、采矿行为。推进生活垃圾分类、可再生资源回收利用，引导城乡居民形成勤俭节约、节能环保、绿色低碳、文明健康的生活方式。全力打造堆龙德庆绿色长廊，深入实施6802亩西藏生态安全屏障封山育林、防沙治沙项目和2600亩拉萨周边地区防护林项目、800亩重点区域造林项目，提高林业绿化覆盖率。积极开展生态文明建设示范区创建工作，完成"自治区级生态县"申报工作，力争"自治区级生态村""自治区级生态乡（镇）"全覆盖。

（二）强化信息基础设施建设

强化信息网络、数据中心等信息基础设施建设。促进跨部门、跨行业、跨乡镇的政务信息共享和业务协同，强化信息资源社会化开发利用，推广智慧化信息应用和新型信息服务，促进县城规划管理信息化、基础设施智能化、公共服务便捷化、产业发展现代化、社会治理精细化。增强区域内要害信息系统和关键信息资源的安全保障能力。

（三）注重人文城镇建设

挖掘堆龙德庆社区文化资源，强化文化传承创新，把城镇建设成历史底蕴厚重、时代特色鲜明的人文魅力空间。注重在旧城改造中保护历史文化遗产、民族文化风格和传统风貌，促进功能提升与文化文物保护相结合。注重在新城新区建设中融入传统文化元素，与原有县城自然人文特征相协调。加强小镇文化资源挖掘和文化生态的整体保护，传承和弘扬优秀传统文化，推动地方特色文化发展，保存城市文化记忆。培育和践行社会主义核心价值观，加快完善文化管理体制和文化生产经营机制，建立健全现代公共文化服务体系、现代文化市场体系。鼓励城市文化多样化发展，促进传统文化与现代文化、本土文化与外来文化交融，形成多元开放的现代城市文化。加强精神文明建设，保护和发展非遗美食，举办堆龙德庆区"第二届藏戏文化艺术节暨藏戏大赛""首届堆龙古荣糌粑艺术节"等特色活动。深度挖掘非物质文化遗产，投资300万元拍摄制作《吉祥堆龙》大型电视纪录片。投资 400 万元，完善公共文化服务基础设施，加强乡（镇）文化站标准化建设，全面做好国家公共文化服务体系示范区迎检工作。投资 200 万元用于培养和发展各类文艺队伍，满足人民群众多层次精神文化需求。积极引进社会资本，提高文化与市场融合。成立民间文化公司，提升市场竞争力和生存能力。加强农牧区、寺庙的电视、广播、网络建设，加大电影下乡进村入寺工作力度，不断丰富农牧民和寺庙僧尼的精神文化生活，实现乃琼镇、东嘎镇广播电视数字化全覆盖。加强广播电视户户通、舍舍通项目维护管理，强化对非法安装使用卫星电视广播地面接收设施等违法违规行为的监管。完成 17 家县（区）级文物点保护范围划定工作，以及第八批不可移动文物国保单位和第七批区保单位"四有"工作。投入 400 万元，做好"甲拉庄园"等文物保护。

第三章 堆龙德庆县的教育发展

西藏民主改革以来，堆龙德庆县社会经济发生了翻天覆地的变化。各行各业都迸发出了勃勃生机，教育事业也得到了快速发展。在党的民族政策和教育方针指引下，在历代教育人的艰苦创业下，堆龙德庆教育事业艰难起步、从无到有，硕果累累，办学规模不断扩大，办学水平逐步提高，办学条件日益改善，培养了大批建设新西藏的合格人才，为该区经济快速发展和社会和谐稳定做出了积极贡献。

一 沧桑巨变谱写壮丽华章

民主改革前，隶属于西藏噶厦政府管辖的三个宗（即现在的堆龙德庆县）长期处于政教合一的封建农奴制社会，没有一所正规学校，也没有真正意义的教育机构，教育十分落后。广大农牧民没有受教育的权利，只有少数人入寺为僧，跟随喇嘛学习藏文和佛经，全县90%以上的人口处于文盲状态。堆龙德庆的教育事业是伴随着西藏的和平解放而逐步发展起来的，并实现了两次伟大转变。

第一次转变。1959年西藏进行民主改革，同年9月，堆龙德庆县人民政府成立，发展教育事业被摆在突出位置，当年就建立了11所村办小学。这些学校是现在中心校和完小的前身，它们的建立在全县教育发展历程中有着极其重要的意义，标志着堆龙德庆县社会主义学校教育的开端，也标志着封建农奴制度剥夺广大农牧民子女受教育权利时代的结束。随着民主改革的进行，创办学校、扫除文盲成为全县广大农牧民的迫切需求，到1965年，堆龙德庆县发展到公办寄宿制小学2所、民办小学23所，并于1974年建立了堆龙德庆县中学，中小学教育的发展适应了当时各项工作的需要。

第二次转变。经过几十年的发展，到改革开放前，堆龙德庆的教育事业已初具规模，受当时经济发展制约，全县各校的条件仍十分简陋，办学规模相对较小，教育的发展已跟不上时代发展的需求。改革开放后，全县教育事业和全国各地一样迎来了发展的春天，民族教育插上了腾飞的翅膀，走上了健康发展的轨道。改革开放的前20年间，中央先后召开了三次西藏工作座谈会，1985年在全区农牧民子女中实行"三包"政策，这些都为全县发展教育事业创造了条件。改革开放的前20年，全县教育借助党的优惠政策，借助西部大开发的历史机遇，做了一系列大胆而有益的探索和尝试，在转变教育方针、调整学校布局和教育内部结构、改革教育管理体制等方面实施了一系列改革措施，使堆龙德庆的教育事业朝着积极健康的方向发展。尊师重教的社会风气日见浓厚，教育事业日益受到党和政府的重视，办学质量、效益同步提高，于1996年实现"普六"目标，2002年实现"普九"目标，实现了教育的第二次转变。

进入21世纪后，教育事业加快了发展步伐，办学条件日新月异，今非昔比。县委、县政府始终把教育放在优先发展的地位，对发展教育就是发展经济、发展教育就是奠基工程有了共识，对教育的先导性、基础性做了准确定位，提出了《加快全县教育事业发展的意见》，引领全县人民向教育大县、教育强县的目标迈进。到2009年7月，全县共有学校41所，其中初级中学1所、中心完全小学13所、教学点26个、中心幼儿园1所。全县共有学生5750人，其中小学在校生3957人、初中在校生1650人、职业高中在校生143人，小学、初中寄宿生2902人，教职工510人，学校占地总面积为264572平方米，校舍面积总数为35373平方米，学校数量是1959年的3.7倍，在校生数是1965年的4倍，校舍面积是1965年的6.5倍。同时，全县人均受教育年龄达到全区平均水平，已建立起包括中小学教育、幼儿教育、职业教育、成人教育较为完善的教育体系，教育事业得到持续健康发展。

二　锐意进取铸就辉煌

堆龙德庆县教育工作坚持社会主义办学方向，努力创办人民放心满意的教育，教育事业在改革中发展，在发展中提高，全县人民群众受教育的权利得到了充分保障，到处呈现出"书声琅琅满校园"的喜人景象。先后获得全国民族教育先进县、全区教育督导工作先进集体、拉萨市教育综合水平先进单位、师资队伍建设先进单位等荣誉。

每年都利用暑期、农闲时间开办扫盲培训班，全县青壮年文盲率持续下降，人民群众受教育程度进一步提高。

两基工作成效显著。长期以来，为提高全县人民群众的整体素质，为保障全县适龄青少年受教育的权利，县委、县政府把"两基"攻坚和巩固提高放在了重中之重的位置，先后制定了多项制度，坚持不懈地开展扫盲工作，每年高质量完成扫盲任务 800 人；针对堆龙德庆属于农牧区、城郊型的特殊县情，"两基"巩固工作难度大、任务重，建立了防辍学控流失"双线目标责任制"，把控辍任务落实到了乡、村、学校，形成了一级抓一级、层层抓落实；坚持"以县为主，分级管理"原则，继续强化政府行为，持续增加教育投入，让农牧民充分享受发展带来的成果，仅 2013～2015 年县财政投入教育经费分别为 650 万元、1150 万元、1468 万元，极大地满足了教育事业发展的需求。

基础教育成果显著。以提高义务教育普及程度和教育质量为重点，通过多项措施进一步巩固"普九"成果，全县小学适龄儿童入学率由 1959 年的不足 10% 提高到 2015 年的 99.77%，巩固率也达到 99.80%，初中入学率达到 98.55%，巩固率达到 99.10%。在提高教育教学质量上，坚持走内涵式发展，重点加强学校管理，大力发挥教研室的功能，深入推进新课程改革，不断加快教育信息化建设步伐，教育质量稳步提高，中考、内地西藏班考试各项指标近几年一直处于拉萨市七县（区）前列，1985～2015 年累计为内地西藏班输送 1200 多名优秀学生，为社会培养了数以千计的各类优秀人才。

办学实力不断提高。全县紧紧抓住国家贫困地区义务教育工程和农村寄宿制建设工程，大力实施寄宿制初中学校建设和乡镇规范化小学建设，在争取国家投资的同时，每年都从县财政投入教育的部分拿出大量资金加大对校园环境的改造和教学设备添置的力度，经过不断努力，全县中小学校办学条件有了很大改善，各类学校办学条件达到自治区二类标准，城乡差距进一步缩小，教育事业正向均衡发展的方向迈进。为适应新的教育发展需求，自治区于"十一五"规划中提出寄宿制学校布局调整，这无疑是扩大办学规模、改善办学条件的历史机遇。2009 年国家投资 2240 万元改扩建全县 6 所学校，在"十一五"末、"十二五"初完成布局调整任务，让学校的功能更加完善，让广大农牧民子女都能享受优质教育资源。

队伍素质整体提高。经过多年努力，全县培养出一支以民族教师为主，政治过硬、结构合理、数量稳定的教师队伍。分步骤地组织教师轮训，几年来共培训教师上百人次，全县小学和初中专任教师学历合格率分别达到98.14%和98.55%。加大了骨干教师、学科带头人培养力度，实行教师轮岗制度，促进了城乡教育均衡发展。为调动教师工作积极性，为一线教师解决误餐补助、岗位津贴和超课补助，每年都对优秀教师进行大力表彰，对生活困难的教师给予慰问。这些以人为本的管理措施，激发了广大教师的工作热情，涌现出了一批批忠于党的教育事业、爱岗敬业、甘于奉献的教师代表。

德育工作深入推进。以德育工作为抓手，紧紧围绕"为谁培养人、培养什么样的人、怎样培养人"这个核心问题，切实将德育工作放在教育工作的首位，牢牢占领社会主义教育阵地，在青少年学生中大力弘扬爱国主义精神，大力构建学校、家庭、社会三位一体的德育网络。在德育实施中，注重学科渗透、全员参与、过程育人，深入开展爱国主义教育活动和新旧西藏对比主题教育活动，进一步夯实了反分裂斗争的根基，在反分裂斗争中不断赢得主动。

惠民政策大力实施。以办人民满意的教育为宗旨，注重突出民生。主要是严格执行包吃、包住、包穿的"三包"政策，全面落实"两免"政策，加大对进城务工和外来人口子女接受义务教育的保障力度。不断完善教育资助机制，从2006年起，对全县农牧民子女在校大学生、非义务教育阶段高中生发放困难补助，这一政策实施以来，2006~2008年，县财政投入达200余万元。2009年，加大了对非义务教育阶段学生的助学力度，用于奖励、资助的金额近100万元。

教育援藏力度加大。在对口援藏单位北京市石景山区的高度重视下，在历届援藏干部的不懈努力下，堆龙德庆县援藏援教工作硕果累累，项目援教和智力援教都取得可喜成果。2005年以来，先后援建桑木村校、京汉希望小学、北京丰台小学改扩建、县儿童文化园改扩建等项目，投资达650万元。与此同时，智力援教力度不断加大，已多次组织校领导及骨干教师前往对口援藏地区进行学习培训，这些培训教师在内地开阔了眼界，带回了内地学校先进的管理经验和教学理念，极大地推动了全县教育事业的持续发展。

职业教育发展良好。 1998 年自治区实施农牧区义务教育综合改革，堆龙德庆紧紧抓住这一机遇，围绕"服务地方经济"这一主题，坚持"三教统筹"，大力发展职业教育，取得显著成效。以县中学为龙头，职业教育实行一校挂两牌，有计划地开办职教班，对在校生及社会青年进行职业技能培训、劳动力转移培训和实用技术培训。2002 年以来，由县政府每年拨付职教经费 10 万元，市教体局拨付专项经费 10 万元，用于发展职业教育，多年来，已培养了数百名学生走上工作岗位，实现了就业，取得了良好的社会效益和经济效益。

远程教育发展迅速。 堆龙德庆县是西部中小学现代远程教育示范县，全县完小以上学校都建有现代远程教育接受系统，系统利用良好，在教师培训、优质教育资源共享方面发挥了积极作用，2007 年教育部部长周济莅临堆龙德庆县指导远程教育工作时给予了充分肯定。西部中小学现代远程教育的实施，让全县农牧区的孩子都能享受到优质教育资源，有力地促进义务教育质量的不断提高。

体育事业蓬勃发展。 各级各类学校和群众性体育场地的体育设施不断完善，县政府对于体育场地建设及体育设施的投入也在增加；体育活动丰富多彩，县内大量组织开展各类体育活动，学生体育运动、单位体育活动和群众性体育活动随处可见；体育成绩令人欣喜，多次组织学生、单位职工、农牧民群众参加区、市、县各类赛事，并取得了很好的名次，体育成果显著。

三 "十二五"期间教育事业发展的总体思路及工作目标

在 2010 年召开的全国教育工作会议上，温家宝总理提出强国必强教，强国先强教，把发展教育摆在更加突出的位置。如今，历史又翻开了新的一页，堆龙德庆教育事业的发展又站在新的起点上，迎来了难得的发展机遇。为适应全县教育事业发展需求，县委制定了《关于进一步加快教育事业发展的意见》，2010 年 7 月中旬，中共中央、国务院实施《国家中长期教育改革和发展规划纲要》，为做好今后一个时期教育工作提供了政策依据并指明了发展方向。同时随着西部大开发的深入推进，拉萨市"东延西扩南跨、一城两岸三区"战略的实施，以及北京市对口教育援藏的大力支持和无私援助，堆龙德庆的教育发展驶上快车道，一个崭新的堆龙教育事业呈现于世人的面前。

"十二五"期间堆龙德庆县教育事业发展的总体思路是以科学发展观统领教育工作全局，以中央第五次西藏工作座谈会精神和《国家中长期教育改革和发展规划纲要》为指导，按照县委、县政府的决策部署，坚持一个中心，深化两项改革，推进三项工作，达到一个目标（即：坚持以巩固提高"两基"工作为中心，深化人事制度改革和教育教学改革，全面推进素质教育、师资队伍建设和教育转型，达到全面提高教育教学质量和办学效益的目标），全面实施科教兴县战略，优先发展教育事业，积极推进素质教育，整体提高教育教学质量，大力倡导尊师重教，大力提高全民族素质，确保完成教育"十二五"规划目标任务，为全面建设小康堆龙、和谐堆龙提供强大的人才和人力资源保证，努力满足经济社会发展对人才的需求和人民群众对优质教育的需求，力争使全县教育事业整体发展水平跨入全市的先进行列。

一是着力提高办学水平。 始终把教育放在优先发展的位置，不断强化政府行为，不断加大投入，推动各类教育协调发展，到"十二五"末，农牧区学前一年儿童受教育率达到80%，学前两年儿童受教育率达到80%，县镇学前三年儿童受教育率达到90%。九年义务教育均衡高质量发展，教育水平进一步提高，基本满足人民群众对高质量基础教育的需求。"两基"工作得到巩固和加强，小学适龄儿童入学率达到99.86%，年巩固率为99.86%；初中入学率达到98.70%，年巩固率为99.11%。全县青壮年文盲率控制在0.65%以内，人民群众受教育程度进一步提高，全县15周岁以上人均受教育年限达到8年以上。

二是着力提高办学层次。 狠抓队伍建设，通过对校长培训、管理、监督，努力提高学校领导干部的思想政治素质和驾驭能力，增强凝聚力和战斗力。加强教师职业道德建设，切实提高教师地位和待遇，不断完善师资培训机制，完善教师量化考核和骨干教师的评选、使用、考核等管理办法。力争到"十二五"末，小学、初中教师学历合格率分别达到90%、95%，教师数量基本满足教育事业发展需要，专任教师的专业技术职称结构、年龄结构、知识结构更为合理，教师队伍整体素质得到提高。改善办学条件，多渠道筹措资金，配齐设施设备，优化教育环境，经过3～5年的努力，全县乡镇中心小学、县中学的教学仪器设备、图书资料、计算机、电子琴等设备配备齐全，办学条件达到自治区二类办学条件标准。合理调整布局，抓住集中办学的有利时机，加快调整步伐，到2015年，全县所有教学点、村小学与所在乡镇小学实现整合，学校从现在的36所小学整合为9所，乡镇中心小学办学规模逐步扩大，促进和推动教育事业的均衡发展。

三是着力提高办学效益。加强德育教育，坚持"五育并举，德育为先"的育人原则，以理想信念教育为核心，以爱国主义教育为重点，以公民道德教育为基础，以开展各种教育活动为载体，以创造良好社会环境为保障，以学校、家庭、社会"三位一体"教育网络为支撑的工作格局，不断开创学校德育和青少年思想道德建设工作新局面。充分发挥法制副校长、法制辅导员、校外辅导员作用，积极开展法制进校园活动，增强师生遵纪守法意识。积极开展各种文体活动，大力加强校园文化建设，深入推进素质教育，把学生培养成德、智、体、美全面发展的接班人和建设者。提高教学质量。加强学校常规管理，加强教研教改，注重内涵发展，充分利用现有教学资源，切实提高教育教学质量，确保内地初中、高中考取学生持续增长，保持教学质量处于拉萨市七县一区前列，并逐步向市内学校看齐。促进教育公平，切实关注教育民生问题和热点问题，加强"三包"经费管理，认真执行奖励资助政策，加强学校安全卫生工作，认真做好阳光招生工作，推动教育公平发展，不断办好让人民满意的教育。发展职业教育，加快职教中心建设，继续整合各类职教资源，合理设置职教专业，主动面向社会需求，培养高素质的劳动者和复合型人才，努力满足经济社会发展对人才的需求和人民群众对优质教育的需求，确保每年培训500人以上，其中农牧区劳动力转移培训达到150人次，学生就业率达90%。

第四章　堆龙德庆区大力推进
扶贫开发

　　近年来，以全面建成小康社会和建设团结美丽健康幸福新堆龙为目标，深入实施"六大战略"，加快构建"一核两带、三区五园、六沟多点"空间战略布局，着力在党的建设上狠下功夫、在维护稳定上真抓实干、在顶层设计上科学谋划、在攻坚克难上勇于担当、在干事创业上求真务实、在补齐短板上主动作为，顺利完成撤县设区，开创了社会大局和谐稳定、经济实力稳步提升、民生事业持续改善、生态环境保持良好的新局面。2016年堆龙德庆区完成地区生产总值25.89亿元，同比增长17.8%；完成一般公共财政预算收入6.25亿元，同比增长24.52%；完成全社会固定资产投资77.2亿元，同比增长33.1%；完成工业增加值10.37亿元，同比增长23.5%；完成社会消费品零售总额9.36亿元，同比增长12.1%；实现农牧民人均可支配收入13291.61元，同比增长19.2%。

一　堆龙德庆区各乡镇基本情况

1. 东嘎镇

　　东嘎镇位于拉萨市的西南方，距拉萨市中心12公里，为堆龙德庆区的驻地镇。全镇常住人口5728人，下辖3个行政村、17个村民小组、9个网格、335个联户单元。

　　全镇2016年有建档立卡贫困户121户364人（见表4-1）。按贫困户属性划分：低保贫困户99户310人，五保户5户5人，精准扶贫户17户49人。按致贫原因划分：缺劳力57户、因病32户、因学20户、其他12户（有多个致贫原因）。

　　经过自查自验，东嘎镇截至2017年10月达到脱贫标准共计119户369人，如期完成堆龙德庆区确定的扶贫攻坚工作"减贫摘帽"计划。

表 4 - 1　东嘎镇建档立卡户脱贫情况

东嘎镇	东嘎村	南嘎村	桑木村
121 户 364 人	28 户 80 人	59 户 178 人	34 户 106 人
2017 年，实际减贫人口 119 户，369 人			

2. 乃琼镇

乃琼镇共有精准扶贫户 198 户 556 人，其中：波玛村 52 户 156 人，加木村 26 户 84 人，贾热村 39 户 95 人，色玛村 16 户 42 人，乃琼村 35 户 97 人，岗德林村 30 户 82 人（见表 4 - 2）。

经过自查自验，乃琼镇精准扶贫户综合贫困发生率 0、脱贫人口锴退率 0、贫困人口漏评率 0、群众认可度达到 96.8%。2017 年底所有贫困户脱贫退出，6 个行政村全部实现脱贫摘帽。

表 4 - 2　乃琼镇建档立卡户脱贫情况

乃琼镇	波玛村	加木村	贾热村	色玛村	乃琼村	岗德林村
198 户 556 人	52 户 156 人	26 户 84 人	39 户 95 人	16 户 42 人	35 户 97 人	30 户 82 人
2017 年底所有贫困户脱贫退出，6 个行政村全部实现脱贫摘帽						

3. 羊达乡

羊达乡距拉萨市中心 17 公里，总面积 119.7 平方公里，耕地面积 8958.45 亩。下辖 3 个行政村，12 个自然小组，总人口 119 户 383 人，建档立卡贫困户 119 户 383 人，其中羊达村 67 户 216 人、通嘎村 28 户 88 人、帮普村 24 户 79 人，低收入人群 36 户 117 人（见表 4 - 3）。劳动力 155 人（部分丧失劳动力 18 人、普通劳动力 137 人）。383 个贫困人口中，健康人数 339 人，患大病人数 11 人，残疾人数 33 人。2016 年扶贫低保户 57 户 186 人（目前为 13 户 33 人），五保户 12 人（其中扶贫五保户 3 人）。2015 年底贫困户家庭人均纯收入为 1789.98 元，贫困率为 9.3%。

经过自查自验，羊达乡贫困户 119 户 383 人已全部达到了脱贫标准，贫困发生率控制在 0.336% 以内，2016 年全乡贫困户家庭人均纯收入达 7522.7 元，同比增长 320.3%。截至 2017 年 9 月建档立卡贫困户家庭人均纯收入达到 11598.68 元。

表 4-3　羊达乡建档立卡户脱贫情况

羊达乡	羊达村	通嘎村	帮普村
119 户 383 人	67 户 216 人	28 户 88 人	24 户 79 人
2017 年，实际减贫人口 119 户，383 人			

4. 古荣乡

古荣乡位于堆龙德庆区西北侧，总面积 764.79 平方公里，耕地面积 16823.45 亩，草场面积 13.45 万亩。下辖 6 个行政村，32 个村民小组。全乡总人口 1819 户 6542 人，其中建档立卡贫困户 354 户 1247 人，占总人口的 19%。2016 年，实现以业脱贫 381 人，以迁脱贫 150 户 503 人，以教脱贫 45 人，以补脱贫 509 人，以保脱贫 42 户 63 人，以助脱贫 20 人。

经过自查自验，古荣乡 2017 年建档立卡贫困户人均纯收入达到了 7512.4 元，建档立卡贫困户 331 户 1163 人实现了脱贫，还有 23 户 84 人处于未脱贫状态，贫困人口占全乡总人口的 1.28%（见表 4-4）。总体来说，古荣乡精准扶贫精准脱贫工作成效显著，贫困发生率低于 3% 的国家脱贫标准，全乡基础设施、公共服务、产业发展、集体经济收入等各项指标均达到贫困乡退出的标准，实现了整乡脱贫。

表 4-4　古荣乡建档立卡户脱贫情况

古荣乡	巴热村	嘎冲村	古荣村	加入村	那嘎村	南巴村
354 户 1247 人	54 户 213 人	92 户 333 人	52 户 164 人	38 户 129 人	52 户 176 人	66 户 232 人
2017 年，实际减贫人口 331 户，1163 人						

5. 德庆乡

德庆乡有 6 个行政村，23 个自然小组，总户数 1942 户 7658 人。建档立卡贫困户 269 户 1078 人，其中一般贫困户 216 户 952 人、低保贫困户 27 户 91 人、五保户 26 户 50 人（见表 4-5）。建档立卡户中，贫困党员有 55 人，在校生有 248 人，其中在校大学生有 65 人、高中生有 36 人、初中以下学生有 147 人。60 岁以上老年人 108 人，残疾人有 56 人，在寺僧尼有 5 人。

经过自查自验，德庆乡综合贫困发生率为 0.2%、脱贫人口错退率为 0、贫困人口漏评率为 0.4%，群众认可度达到 90% 以上。截至 2017 年 9

月底统计，全乡建档立卡户年人均收入达到 6221.72 元。

表 4-5 德庆乡建档立卡户脱贫情况

德庆乡	邦村	门堆村	邱桑村	德庆村	昂嘎村	顶嘎村
269 户	43 户	37 户	35 户	71 户	44 户	36 户
1078 人	171 人	166 人	126 人	243 人	216 人	156 人
2017 年，实际减贫人口 246 户，1030 人						

6. 马乡

马乡全乡 6 个行政村，确认精准贫困户 211 户 732 人，低收入人群 76 户 241 人达到精准识别要求，漏评率为 0。截至 2017 年 10 月，各村通过现有的优势产业和劳务输出，共实现脱贫 247 人。2016 年全乡搬迁户为 52 户、215 人。2017 年意愿搬迁户 39 户 144 人，其中已有 30 户 125 人搬迁至桑木村。

经过自查自验，2015 年马乡 203 户贫困户年人均收入达到 4265 元以上，超过脱贫标准线，所有贫困户年人均收入由 1560.03 元增长到 8702.69 元，增长 457.85%，综合贫困发生率有效控制在 1.5% 以下，脱贫人口错退率和贫困人口漏评率均为 0，群众满意度达到 90% 以上（见表 4-6）。

表 4-6 马乡建档立卡户脱贫情况

马乡	常木村	措麦村	岗吉村	朗巴村	马村	设兴村
203 户	46 户	34 户	31 户	43 户	18 户	31 户
	151 人	129 人	104 人	162 人		98 人
2017 年底所有贫困户脱贫，6 个行政村全部实现脱贫摘帽						

7. 柳梧乡

柳梧新区于 2014 年 8 月 1 日正式托管柳梧乡，下辖达东、德阳、桑达、柳梧 4 个行政村，共有农牧民群众 1601 户 4877 人，建档立卡贫困户 132 户 465 人（其中德阳村 81 户 282 人、达东村 51 户 183 人，见表 4-7），分别占柳梧乡农村总户数和总人数的 8.24% 和 9.53%。

在 2017 年的动态调整中，新增达东村 1 户 2 人，贫困户为 133 户 467 人。近两年，通过大力实施"六脱"措施，贫困户年人均可支配收入由 2015 年底的 2596.23 元增长到 2017 年的 9824 元，增长 2.78 倍，达到了"三有、三不愁、三保障"的要求，柳梧新区除 1 户 2 人新增贫困户外均已达到脱贫标准。

表 4 – 7 柳梧乡建档立卡户脱贫情况

柳梧乡	德阳村	达东村	桑达村	柳梧村
132 户 465 人	81 户 282 人	51 户 183 人	0	0
2017 年，实际减贫人口 132 户，465 人				

二 堆龙德庆区脱贫攻坚总体情况

堆龙德庆区下辖 5 乡 2 镇，30 个行政村，全区户籍人口 5 万余人，流动人口 6 万余人，总人口 11 万余人。2016 年以来，堆龙德庆区牢牢抓住发展、稳定、生态三件大事，深入实施"六大战略"，加快推进拉萨城市副中心、产城融合示范区、城乡统筹先导区建设步伐。截至 2017 年 9 月，全区实现地区生产总值 23.43 亿元，同比增长 12.52%；一般公共财政预算收入 9.9 亿元，同比增长 155.12%；全社会固定资产投资完成 74.74 亿元，同比增长 79.98%；实现工业增加值 8.53 亿元，同比增长 9.8%；实现社会消费品零售总额 7.12 亿元，同比增长 10.05%；实现农村居民人均可支配收入 9300 元，同比增长 21.31%。

如表 4 – 8 所示，堆龙德庆区 1262 户 4387 人建档立卡户贫困人口，绝大部分贫困户人均年收入稳定超过 4265 元扶贫标准线，综合贫困发生率为 0.50%（其中东嘎镇 0.1%，5 人；乃琼镇 0，羊达乡 0.336%，2 人；古荣乡 1.28%，84 人；马乡 0，德庆乡 0.2%，189 人）、脱贫人口错退率 0、贫困人口漏评率 0、群众认可度达到 90% 以上；已实现"三不愁"、"三有"和"三保障"的脱贫标准。

表 4 – 8 堆龙德庆区自验脱贫情况

堆龙德庆区	建档立卡贫困户	脱贫人口	剩余贫困人口	三率一度			
				贫困发生率	错退率	漏评率	群众认可度
2017 年	1262 户 4387 人	1213 户 4187 人	49 户 200 人	0.50%	0	0	90%以上

（一）"三不愁、三有、三保障"情况

打赢脱贫攻坚战是全面建成小康社会的底线目标。为实现这一宏伟目标，自治区政府结合脱贫攻坚工作实际，制定了高于国家的脱贫标准，即实现"三不愁、三有、三保障"，来确保全区贫困人口真脱贫、脱真贫，确保贫困县全部脱贫摘帽。

1. "三不愁"情况

"三不愁"指不愁吃、不愁穿、不愁住。基本生活不愁，有粮有油有肉吃、有水有奶有茶喝，买得到、买得起，吃得上、吃得饱，满足基本的营养需要；衣着穿戴不愁，家庭每人每季有 2 套以上随季更换衣服，冻不着；住房不愁，有宽敞明亮、实用，没有安全隐患的住房。

根据调研总体情况分析，得出堆龙德庆区受访户"三不愁"的整体情况，受访户家庭基本可以做到不缺吃穿，其中，建档立卡贫困户有 97% 表示饮食有保障，96% 表示穿衣不愁；非建档立卡户有 93% 表示饮食有保障，90% 表示穿衣不愁。

如图 4-1 所示，在满足基本营养需要时，建档立卡户与非建档立卡户差异较小，从营养物食用频次可以看出非建档立卡户"经常食用肉蛋奶制品"占比 34%，低于建档立卡户的 43%。肉、蛋、奶等营养物食用情况上，建档立卡户与非建档立卡户生活水平差异较小。这也说明了建档立卡以来，建档立卡户的生活水平有明显的提升，建档户与非建档户生活水平的差距在缩小。

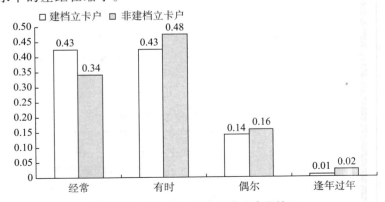

图 4-1　肉、蛋、奶等营养物食用情况

在"穿衣不愁"方面，建档立卡户和非建档立卡户都达到一年四季有两套以上衣服穿。建档立卡户与非建档立卡户中，自己购买是主要的衣服来源分别占87%和91%，说明农牧户在消费水平和消费观念上有很大改善；在社会捐赠方面，建档立卡户比例略高于非建档立卡户，但比例差距很小，说明直接给钱、给物式的帮扶已经很少，社会在帮扶贫困群体方式上有了很大转变（见图4－2）。

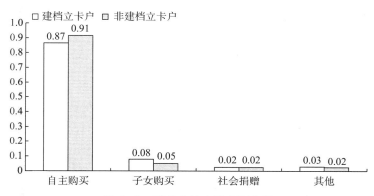

图4－2　脱贫户的衣服主要来源

住房方面100%的建档立卡贫困户和非建档立卡边缘户都能够得到保障，其中，建档立卡户有2处以上住房的占比达29%，这也是因为建档立卡户中有很大占比是易地搬迁户；非建档立卡户有1处住房的占比达96%（见图4－3）。

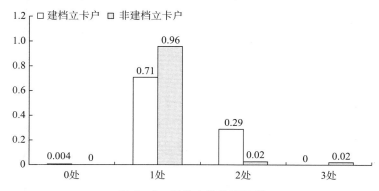

图4－3　脱贫户的住房情况

2. "三有" 情况

"三有" 即 "有技能、有就业、有钱花"。"有技能" 指贫困家庭劳动力至少有一人免费接受过先进适用技术技能培训，至少有一人掌握一门以上实用技术。"有就业" 指贫困家庭成员中至少有一人有比较稳定的就业岗位（含生态岗位），有相对稳定的收入。"有钱花" 指贫困家庭有相对稳定的收入（含政策性补助和补贴），年人均可支配收入稳定、超过贫困线，有购买基本生产资料和生活物资的资金。

（1）有技能

从参加劳动技能培训情况来看，建档立卡户与非建档立卡户对于学习先进的劳动技能积极性不高，参加技能培训的比例较低，本次调研的受访户建档立卡贫困户和非建档立卡户在就业中参加过技能培训的分别为35%和21%（见图4-4）。

可以看出，建档立卡户参加培训的比例高于非建档立卡户，可能的原因是政府在对建档立卡户技能培训上做了很多工作，在政策上略有倾斜，希望提高建档立卡户的自我发展能力。但是，从劳动技能培训转化为增加就业能力的情况来看，254户建档立卡户中只有54户表示参加过技能培训；82户非建档立卡户中只有29户表示参加过技能培训。

（2）有就业

本次调研的受访户中建档立卡贫困户有85%的家庭至少有一人可以实现稳定就业，非建档立卡边缘户中有88%的家庭至少有一人可以实现稳定就业，就业率普遍较高。

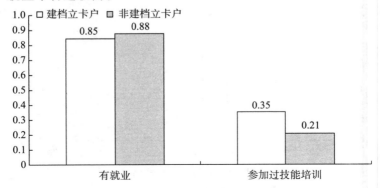

图 4-4 有就业的参加技能培训情况

从就业情况来看，大部分建档立卡户在转移就业和生态补偿岗位的政策下都已实现稳定就业，有稳定的收入来源。建档立卡户与非建档立卡户就业占比也比较接近，这说明政府针对解决建档立卡户就业问题，提供了大量的政策性岗位（生态岗位）及公益性岗位。但同时也要密切关注一些家庭收入不稳定的建档立卡户和非建档立卡户，以防建档立卡户和非建档立卡户出现返贫的现象。

（3）有钱花

根据受访户收入与支出情况调查，建档立卡贫困户 2017 年家庭人均纯收入最低为 3934.4 元，最高达到 116372 元，平均为 17038.4 元；非建档立卡边缘户家庭人均纯收入最低为 3498.9 元，最高达到 152145 元，平均为 17882.3 元。

从受访户房屋状况、家庭摆设、日常支出消费等判定，家庭真实收入符合调研数据反映情况。对脱贫前后家庭收入情况对比发现，绝大多数贫困户 2017 年家庭总收入较脱贫前提升幅度较大，从收入来源看，外出务工、资产性收入等稳定收入有了较大提升，占到了一定比重，绝大多数脱贫户可实现稳定越线，返贫风险较小。

3. "三保障"情况

"三保障"即"义务教育有保障、基本医疗有保障、社会保障有保障"。"义务教育有保障"指贫困家庭适龄子女享受 15 年免费教育，执行当时自治区统一标准；大学生实行免费教育，不因家庭经济困难辍学、退学。"基本医疗有保障"指县乡村三级医疗卫生服务体系比较完善，县区有医院，乡镇有卫生院、至少配备 1 名全科医生，行政村有卫生室、至少有 1 名医生，贫困家庭人口基本医疗保险参保率达到 100%，有病能医，不出现因病致贫返贫。"社会保障有保障"指有意愿的五保对象集中供养率、孤儿集中收养率达到 100%；贫困家庭"应扶尽扶、应保尽保"，享受扶贫政策，参加养老保险等社会保障政策。

（1）义务教育有保障

教育方面，调查的 254 户建档立卡户中，6～16 岁的孩子（义务教育阶段）不上学的有 8 户，占比为 2.94%，这 8 户没有正常上学的原因主要为不想上学和身体不允许，其中 4 户不想上学，4 户因身体原因辍学，没有因为负担不起而辍学的现象，说明政府在落实教育政策方面没有打折扣。82 户非建档立卡户中，仅有2户由于身体原因而没有正常入学，占比为1.94%，低于建档立卡户，其他家庭在落实义务教育政策方面较以往有很大转变。

综合分析，全区实行义务教育"三包"政策，而堆龙德庆区研究制定以教脱贫政策措施，进一步提高贫困学生奖励资助标准，将贫困家庭大学生生活费资助标准由每年3000元提高到每年8000元，对大学生学费、路费实行实报实销。研究制定农村合作医疗精准扶贫优惠政策实施机制，提高大病统筹报销年封顶线，坚决防止因病因学致贫返贫。农牧户让子女入学的积极性逐渐提高，对教育的重视程度前所未有，但是建档立卡户对教育的重视程度与非建档立卡户相比，仍有差距。

（2）医疗有保障

在医疗方面，高原特殊地理气候环境和藏民族饮食习惯是一些高原地方病频发的重要原因，调研中发现，高血压、心脏病、胃病和风湿性关节炎是主要患病类型，建档立卡户中有重病和慢性病病人的家庭有64户，占25.19%，其中得到过救助的有22户，占34.38%；2017年有大病病人的家庭有40户，占15.75%，其中35户去医院治疗，并得到了一定比例的医疗救助，没有因看不起病而得不到及时救助的（见图4-5）。非建档立卡户中有重病和慢性病病人的家庭有10户，占12.20%，其中得到过救助的有3户，占比为30%；2017年有大病病人的家庭有13户，占15.58%，其中6户去医院治疗，并得到了一定比例的医疗救助。从建档立卡户与非建档立卡户患病比例来看，差异较大，说明建档立卡户中因病致贫占有一定的比例。

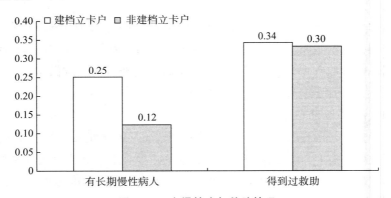

图4-5 患慢性病与救助情况

座谈时了解到，新农合已经基本全覆盖，除规定的报销比例外还有各项民生工程，剩余的由本级财政贴补，农牧民重大疾病可以通过大病保险与民政临时救助实现全部报销，县级医院基本实现建档立卡贫困患者住院先诊疗后付费，通过多种措施保障提高健康扶贫成效。但是实际入户调查发现很多医疗报销需要村里或者乡政府提供证明才可以，然而很多时候由于村民的文化程度有限，在获得相关证明上有困难。同时，农户去私人诊所就诊的现象比较普遍，这也给报销带来很大的困难。

（3）社会保障有保障

社会保障方面，堆龙德庆区以防止返贫为保障，以保脱贫成效。率先在全市实施低保线和脱贫线相统一的"两线合一"政策，研究修订《堆龙德庆区农牧区最低生活保障实施细则》，在现有补贴基础上，提高了三类低保人员补助标准，帮助829名无劳动力贫困群众通过以保脱贫措施实现脱贫。进一步完善覆盖城乡居民的社会保障体系，建档立卡贫困户实现应保尽保，低保户、五保户等生活保障兑现率达100%。

总体来看，受访户基本能不愁吃、不愁穿、不愁住，有技能、有就业、有钱花，享受义务教育、基本医疗、社会保障。

（二）基础设施和基本公共服务情况

1. 基础设施情况和基本公共服务总体情况

堆龙德庆区基础设施和基本公共服务方面：96.85%的农牧户家中人畜饮水安全，87.40%的农牧户家中四季供水有保障，90.16%的农牧户家中群众取水方便安全，96.06%的调研村内耕地灌溉有保障；调研村的群众生产生活用电均有保障，实现了村内的亮化；县内97%的调研村通硬化路，调研的自然村94%可通农用车辆，且四季通畅率达到94%；86%的调研村通信基础设施完善，通信畅通；全县各乡镇邮政网、金融网均能覆盖，91%的调研行政村也均覆盖广电网和互联网，且设施健全、服务稳定；89%的调研村有学前教学点且配备2名专职教师，乡镇均有完全小学；全县100%的调研行政村均有图书室和文化活动场所，98%的村每年至少开展3次以上文娱活动；100%的调研行政村有卫生室，治疗常见病的基本药物齐全，至少有1名村医，县内100%的乡镇均有卫生院且至少配备1名全科医生；94%的调研村的低保、五保、新型农村合作医疗和大病保险、养老保险、残疾人等保障对象精准，覆盖率达到100%，政府为94%的调研村提供技术推广服务（见图4-6）。

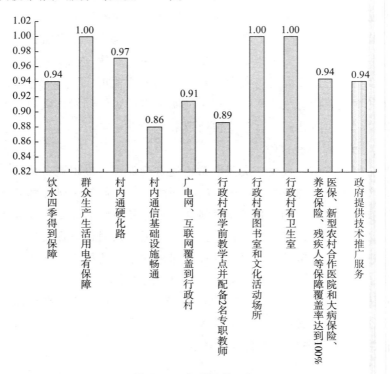

图4-6　十项提升工程

2. 安全饮水情况

综合分析，本次调研的建档立卡贫困户中有87.40%饮水四季可以得到保障，90.16%认为取水方便程度高，100%认为水质质量很好；除45.67%无耕地家庭外，92.75%认为耕地灌溉有保障；非建档立卡户中有91.46%饮水可以得到保障，95.12%认为取水方便程度高，100%认为水质质量很好；除50%无耕地家庭外，95.12%认为耕地灌溉有保障（见图4-7）。

堆龙德庆区整体饮水情况良好，饮水安全有保障，尤其是经过一系列的保障措施后，农牧民群众饮水和耕地灌溉得到了很大改善，可以满足群众生产生活的需要。

3. 受教育情况

在调研建档立卡贫困户中，有6~16岁子女上学的家庭占97%；丰丰档立卡户的家庭占99%（见图4-8）。建档立卡户和非建档立卡户上不起学的原因主要是身体条件不允许，其中，先天性残疾占比最多。

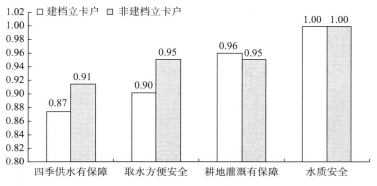

图4-7 调研受访户家庭饮水情况

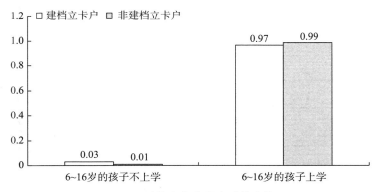

图4-8 受访户家庭子女受教育情况

由于西藏对农牧民子女从学前到高中教育均实行包吃、包住、包学习费用的"三包"免费教育政策，因此大学前教育费用在脱贫户家庭支出中占比不大。因此，堆龙德庆区子女上学的教育费用不是制约贫困户形成的原因，也即是常说的因学致贫压力不大。同样的，政府需要针对身体条件不允许而上不了学的家庭，给予关照和提供帮助，从而提升扶贫成效。

4. 住房情况

（1）房屋结构

建档立卡贫困户房屋结构以石木结构为主的约占19.83%；砖混结构

的约占 28.68％；土木结构的约占 7.97％；砖木结构的约占 3.94％；钢混结构的约占 39.58％；受访户住房为土坯和其他结构的非常少，其中土坯结构的约占 3.94％，其他结构的为 0.79％。非建档立卡贫困户房屋结构以石木结构为主的约占 57.31％；土木结构的约占 10.98％；砖混结构的约占 12.20％；砖木结构的约占 1.22％；钢混结构的约占 16.85％；土坯结构的约占 2.44％；没有其他结构（见图 4-9）。

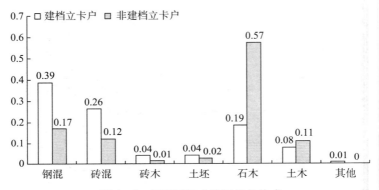

图 4-9　调研受访户房屋结构构成

　　房屋结构为石木、钢混、砖混的所占比例很高，说明堆龙德庆区的整体住房条件很好，住房保障相对完善。同时，由于政府安居工程的实施，全区农民的住房情况已经得到了非常大的改善。

　　（2）房屋安全性

　　建档立卡贫困户，有 96％ 表示住房安全，不存在危房。非建档立卡贫困户有 95％ 表示住房安全，不存在危房（见图 4-10）。因此，堆龙德庆区脱贫户房屋结构与安全情况良好，脱贫户的住房安全性与整体条件十分优越，尤其是建档立卡贫困户由于享受相应的住房保障措施多于非建档立卡户，住房安全性和整体条件要略高于非建档立卡户。

　　5. 易地搬迁情况

　　堆龙德庆区有两处搬迁点，分别是桑木搬迁点和波玛搬迁点。受访的所有建档立卡户中有 116 户是搬迁户，占调研总户数的 45.67％。有 72.41％ 的已经完成搬迁，其中，2016 年完成搬迁的有 56 户，2017 年完成搬迁的有 28 户。有 81.03％ 的搬迁户认为易地搬迁后，家庭收入有提高，87.93％ 的搬迁户认为自己面临的主要问题是通过搬迁得到解决的（见图 4-11）。

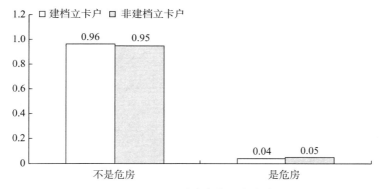

图 4 - 10　调研受访户房屋安全情况

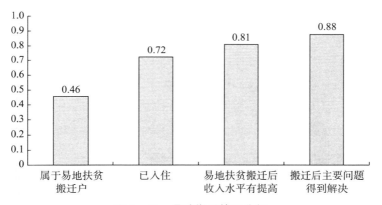

图 4 - 11　易地搬迁情况分析

易地搬迁后，搬迁户的收入来源变得更加多样化，由以前单一的务农为主导的收入源逐渐变为以务工、务农双重主导的收入源。

其中，务工的占比高达 74%，务农的占比为 12%。非政策性收入源的总占比为 86%（见图 4 - 12）。

在政府主要帮助解决的问题上，有 68.97% 的搬迁户认为搬迁后就业问题得到了解决；有 14.66% 的搬迁户认为搬迁后医疗问题得到了解决；16.38% 的搬迁户认为搬迁后孩子教育问题得到了解决（见图 4 - 13）。

堆龙德庆区在安置易地搬迁时，协同推进搬迁户的群众就业工作，尤其是以桑木、波玛搬迁点为中心，安排了工业园区、经开区、"香雄美朵"产业园区等重点产业，通过搬迁户的劳务输出和岗位就业的方式带动搬迁群众稳定就业。未脱离当地政府提倡的搬迁户实现"门口就业"，确保易地搬迁贫困群众每户至少有 1 人实现稳定就业。

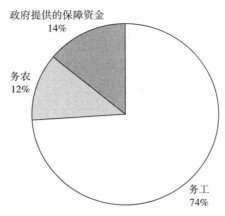

图 4 – 12　易地搬迁后的家庭收入来源

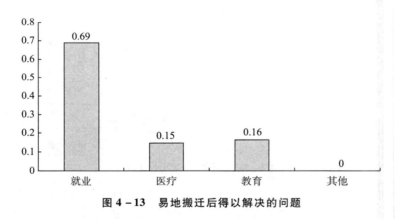

图 4 – 13　易地搬迁后得以解决的问题

三　堆龙德庆区脱贫攻坚取得的成效

2016 年初核定建档立卡贫困户 1068 户 3945 人，贫困发生率为 14.5%。堆龙德庆区围绕区、市"两年脱贫、三年巩固"目标，通过各项脱贫措施的落实，2016 年实现 425 户 1404 人贫困户脱贫。2017 年通过建档立卡动态调整工作，确定建档立卡贫困户 1082 户 4125 人，其中 657 户 2721 人建档立卡贫困户系未脱贫人员，贫困发生率为 9.98%。堆龙德庆区通过落实自治区相关政策，采取以业、以迁、以保、以教、以助、以补等脱贫措施，对建档立卡贫困户进行针对性的帮扶，基本实现了全区建档立卡贫困户脱贫摘帽，并通过一系列的保障措施和巩固措施减少返贫发生率，因病、因学、因灾、缺劳力、缺土地及其他致贫原因已基本消除。截至2017年，剩余未脱贫建档立卡贫困户657户2721人全部自愿提交申请脱贫。从县级入户复核情况来看，全区657户2721人建档立卡贫困户最低人均可支配收入达到4265元以上，基本实现了"三有""三不愁""三保障"，全部符合贫困户脱贫条件。20个行政村所有脱贫指标均符合贫困村退出条件，贫困发生率为3%。

四 堆龙德庆区精准扶贫亮点案例

案例一 援藏项目惠民生

堆龙德庆区羊达乡现代设施农业示范园

羊达乡现代设施农业示范园是中央第五次西藏工作座谈会召开之后，堆龙德庆区整合所有援藏资源和资金实施的一项促进农牧民增收，农牧业增效，辐射带动力强的民生项目、援藏项目。

一、项目建设基本情况

项目建设总投资3567万元，其中援藏资金投入3467万元，占地865亩，建成高效日光温室360栋。园区现种植的品种分"五大类"（藏药材、花卉、蔬菜、瓜果、食用菌），40多个品种。

二、项目建设主要做法

羊达乡党委、政府结合园区实际情况调整充实了羊达设施农业示范园管委会，成立了羊达设施农业示范园党支部、羊达乡蔬菜种植农民专业合作社。充分发挥园区对羊达乡及周边经济发展的带动、辐射作用，园区党支部带领园区各种植户实现了"三个统一"（即统一农资采购、统一销售、统一种植）。开辟了党员示范温室、党员带头温室、民族团结示范温室。党员示范户：为最大限度地提升农产品的附加值，增强农户抵御风险的能力，对部分附加值高技术相对成熟的农作物，由园区党支部带领党员进行示范；党员带头户：对部分附加值高但技术上有一定风险的农产品，由园区牵头组织党员进行试种，待技术成熟后再由党员向群众进行推广；羊达园区党支部还在园区设立民族团结示范种植户。吸收农牧民群众加入园区合作社，让广大农牧民群众直接参与园区管理。合作社秉承"服务农民为主、农民利益至上、合作社可持续发展"的理念,采取以"党委主导、政府引导、党员带头、群众参与、整乡推进群众增收"为主线,按照"政府＋合作社＋基地＋院校＋农户"的经营机制运行。

三、项目扶贫成效

项目建成运行6年来,形成总资产4000万元,年产无公害蔬菜360万公斤以上,年产值1800万元以上,年利润总额500万元以上,直接受益群体123户372人(土地流转收入124.9857万元,户均收入1.016万元),带动215户农户致富增收(临时性用工),产业工人11人。2016年为羊达乡种植户减免租金19.6万元(56栋温室,每栋3500元),2016年带动精准扶贫户41户,帮助群众获得现金收入41.1万元,户均收入1万元,帮普村取得红皮土豆种植收入21.9万元。

案例二　本土企业现活力

堆龙善财综合福利服务有限公司

堆龙善财综合福利服务有限公司成立于2007年,由堆龙德庆区乃琼镇村民、共产党员边巴创办。公司位于乃琼镇加木村,主营业务为页岩石、方解石开采,石粉、糌粑和食用油等产品的加工出售。公司目前有企业员工65名,其中村里的贫困群众25名。多年来,公司一直以带动村民改善生活条件,带动村民发家致富为己任,坚持回馈村民、回馈社会的理念,把公司绝大部分利润都投入到改善村民生产生活条件、帮扶困难村民、带动贫困户增收中来,表现出了高尚的企业情怀和无私的企业精神。特别是精准扶贫精准脱贫工作开展以来,公司在带动贫困户脱贫致富、带动整村脱贫摘帽中发挥了突出的作用,做出了巨大的贡献。

一、心系乡亲,回馈社会

为彻底解决村里困难群众的就业增收问题,2010年公司贷款300多万元,给村里的20户贫困户集中购买了20辆货车,安排在公司采石场参与运输工作,月人均工资达到5000元以上,为贫困户提供了长期稳定的收入来源,有效地改善了贫困户的生活条件。

公司在自身的发展过程中长期关心、支持本地村民的教育、医疗、卫生等事业，先后投入 200 余万元，支持当地的乃琼镇小学、加木村小学校园建设，改善教学条件；从 2008 年起至今，每年都替全村所有村民缴纳"农村医疗保险"个人承担部分；为本村的孤寡老人、重病病人等捐资 50 余万元；自公司成立至今，只要是村民们有困难向公司求助，不管是哪方面的困难，公司几乎都是有求必应，至今先后共向村民们借出 250 余万元；为改善村民的用电条件，在还未创立公司之前，公司创始人边巴就自己出资修建了村里的第一个水电站，多年来一直免费为村民们供电，至今已免费供电长达 12 年之久；公司成立后一直主动为村民们承担额外电费，2015 年共为村民缴纳电费 17.5 万余元；为改善村民的饮水条件，2012 年公司出资 30 余万元，免费为村民们修建了自来水，极大地改善了村民们的饮水条件；为改善村民们的农业生产条件，2015 年公司出资 5 万元，资助全村购买收割机，方便农业生产。

在大力帮助本村脱贫致富的同时，公司也不忘回馈社会，积极承担社会责任。2008 年汶川地震时向灾区捐资 2 万元；向羊八井地震灾区捐资 5000 元；向玉树地震灾区捐资 1 万元；向甘肃地震灾区捐资 3 万元。另外也积极向偏远地区贫困群众献爱心，2011 年为日喀则定日县协格尔镇贫困户购买 17 万余元的生活所需品，等等。

二、真心帮扶，带头致富

精准扶贫精准脱贫工作开展以来，堆龙善财综合福利服务有限公司积极响应党和政府的号召，进一步投入大量的资金、提供就业岗位，不遗余力真心帮扶贫困群众。

2016 年，公司在原有的贫困户运输队基础上，又通过无息借款的方式，出资 240 万元为 25 户贫困户购买了 5 辆大型货车供其使用，通过这种方式确保贫困户有长期稳定的收入来源。另外，在"百企帮百村"扶贫帮困捐资活动中，公司慷慨解囊，拿出 100 万元现金，以实实在在的资金来支持加木村的脱贫攻坚工作，为贫困户脱贫致富提供了有力的资金支持。为进一步吸纳村里的贫困户实现就业，增加就业岗位，近期公司又联合加木村村委会在村内选址创办菜籽油加工厂。

项目已经开工建设，建成后年产量将达到 2000 吨，能有效吸纳 20 多名贫困群众就业。

堆龙古荣朗孜糌粑有限公司

堆龙古荣朗孜糌粑有限公司位于堆龙德庆县嘎冲村，距县城约 22 公里，紧临青藏公路，具有良好的区位优势。公司创建于 1993 年，正式挂牌于 2004 年 6 月 15 日，民营企业性质。公司自创建以来，受到了自治区、拉萨市、堆龙区委、区政府的重视与关怀，受到了各有关部门资金、物质的大力扶持，特别是从 2005 年以来，公司进入超常规发展时期，2005 ~ 2013 年通过各有关部门的资金扶持及公司投入相关建设资金共计 1902 余万元，进行了固定资产建设（包括水磨坊、水磨、水渠、青稞炒制车间、青稞收储仓库、成品仓库、水、电、路、青稞炒制设备、青稞分选设备、其他配套设施），通过一系列建设，使公司成为西藏自治区颇具规模的糌粑加工龙头企业。

公司现有生产厂区占地 18 亩，有备用发展地 20 亩（羊达工业园区）。有生产设备 70 余台（套），年设计产能 8500 吨成品糌粑，现有总资产 4673 万元，其中固定资产净值 2409 万元。

一、带动农牧民群众增收情况

（一）公司安排 86 个当地农户在公司厂区长期务工，人年均工资 3 万元，86 个农户年务工总收入 258 万元。

（二）公司安排 224 个农户从事水磨加工糌粑及其他季节性务工，他们从糌粑加工及其他季节性务工获得加工费及季节性务工费 1050 万元以上，户均年达到 4.6 万元。从 1993 年至今，糌粑加工农户及长期务工农户（310 户）累计获得收入 6773.5 万元。

（三）截至目前公司带动建档立卡贫困户 12 人就业，月工资 4700 元，每人年收入 5.64 万元。

二、公司历年公益活动情况

（一）捐赠周边村民 8.6 万元用于购买农具及维修村道路。

（二）1993 年至今，公司对学校、特困户群众、五保户及灾区群众共捐赠 58 万元。

（三）1993 年至今，公司对农户无息借款，年均 40 万元，共 800 万元以上（主要用于购买农具、重建新房、购买粮食、学费、药费等）。

（四）1993 年至今，310 户农户年均收入 21.85 万元，累计 6773.5 万元。

（五）公司成立 20 周年之际，为贫困大学生捐赠 30 万元，为低保户捐赠 10 万元，为朗孜村（自然村）群众捐赠 45 万元；共计 85 万元。

党建工作促扶贫

堆龙德庆区高度重视、统筹部署，驻村工作有序推进。一是强化组织领导，延续以区委书记为组长的活动领导小组，统筹协调开展全区驻村工作；建立完善县级领导联系乡（镇）、村工作机制，对联系点的强基惠民活动及各项工作总协调、总负责；明确乡（镇）属地管理原则，加大派驻单位人、财、物方面的帮扶力度，形成了一级抓一级、层层抓落实的工作局面。二是强化资金保障，堆龙德庆区财政为 15 个驻村工作队下拨办公经费、油料补贴共计 60 余万元。三是强化人员保障，根据第五、第六批工作队交接相关要求，协调自治区、拉萨市、堆龙德庆区及时选派 125 名优秀干部进驻 30 个行政村开展工作，其中自治区级驻村工作队 4 个，成员 20 名；拉萨市级驻村工作队 11 个，成员 54 名；堆龙德庆区级驻村工作队 15 个，成员 60 名；驻村工作队中党员 101名，预备党员 1 名，团员 8 名，群众 15 名，兼任下沉干部 5 名。

创先争优，建强基层组织，夯实党在基层的执政基础。各驻村工作队始终将建强基层组织、夯实基层基础作为头等大事来抓，通过协助村党支部抓基层骨干队伍、工作制度、场所阵地建设，不断提高基层党建工作科学化水平，充分发挥基层党组织的龙头作用。一是继续大力开展乡、村、组内部制度规范化建设和"强党固基扶村"工作，协助村"两委"建立完善"三会一课""四议两公开""村规民约"等组织制度，有效促进村级党组织规范化建设。二是结合"两学一做"学习教育和"一树两抓三比四提高"活动载体，指导村级党组织严格落实

"三会一课"、"四议两公开"、村级民主管理、党务村务财务公开等工作，协助村"两委"撰写会议纪要300余篇，其中涉及经费开支140余项，帮助他们树立规范工作程序意识，不断提高议事决策水平；组织村组党员干部集中学习180余次，邀请各级党校老师到村组办专题讲座60余场次，组织500余名党员群众参观各类教育基地30余场次，有效助推党员知识结构转型升级，使广大党员坚定理想信念，增强党性观念。三是以提升党员整体素质为基本原则，举办党员培训班3期，涉及党员149人次，做到学习培训全覆盖，协助村党支部发展预备党员221人，培养入党积极分子292人，按期转正244人；深化拓展"三个培养"，协助村"两委"把24名致富能手培养成党员，把34名党员培养成致富能手，把47名党员致富能手培养成村组后备干部；大力实施"无职党员设岗定责、有职党员履职尽责"，完善承诺践诺制度，壮大了基层党员队伍，增强了基层党组织的战斗堡垒作用。四是协助村"两委"建立完善30支党员志愿服务队，开展环境卫生整治80余次、政策法规宣传140余次、治安巡逻700余人次、帮助42户缺乏劳动力家庭完成春播工作、劝导农用车非法载客等违反交通法规行为15次。五是结合驻在村实际和派驻单位优势，通过开设"双语班"、理论学习班、实地参观学习等方式，提升村组干部文化水平和服务能力，为村"两委"班子成员上文化课93学时，上党课45学时，上政策理论课74学时。六是深入开展"三互"活动。驻村干部与村干部、下沉干部结成"三互"对子，互相帮助、互相学习、互相监督，帮助他们迅速转变角色，深入了解驻在村重点难点问题，搞好"传帮带"、交心谈心、经常性提醒，在融洽彼此关系的同时，使基层党组织的学习管理工作群众化、具体化、经常化，努力形成齐心协力谋发展的良好氛围。

强化措施，维护社会稳定，为经济社会发展提供坚强保障。一是利用各大节日节庆、走村入户时机，组织群众开展揭批十四世达赖集团反动本质活动，使群众认清是谁在造福西藏、造福西藏各族人民，是谁在祸害西藏、祸害西藏各族人民，坚定群众听党话、跟党走的信心和决心。广泛开展民族团结宣传、进步创建活动，大张旗鼓表彰先进民族团结家庭和个人，使"三个离不开""五个认同"深入人心、落实到行动中，自觉促进各民族交往交流交融。二是全面掌握村情社情，定期排查矛盾纠纷，建立矛盾纠纷档案，协助村"两委"妥善处置，对重点领域排查300余次，化解矛盾纠纷86件，及时将安全隐患扼杀在萌芽状态。三是协助村"两委"开展创新社会治安综合治理工作，深化自治区"十项维稳措施"，坚定不移地开展反分裂斗争，制定维稳预案，共指导村"两委"制定应急处突预案90份、维稳制度30条，组织维稳演练30次，组建联防队30支，排查各类安全隐患143件，处治112件，移交相关部门11件，涉及金额52万元；充分发挥"双联户"作用，协助村"两委"在村级设立人民调解委员会，各组、各联户单元中设"人民调解员"，共排查矛盾纠纷137件、调解137件，涉及资金5.4万元；开展治安巡逻320次，登记流动人口624人次，搜集情报信息51条。四是加强法律宣传，积极协调上级公安、检察、司法等部门开展法律宣传活动，发放宣传资料，张贴宣传标语，使群众知法、懂法、用法，学会用法律武器维护自身的合法权益，增强群众的公民意识、法律意识、法治意识。

发挥优势，搭建平台，促进农牧民群众增收致富。各工作队始终以解决群众最关心、最直接、最现实的利益问题为重点，根据每个村的实际情况，结合自身专业特长和派驻单位优势，大力发展特色农牧业，加快发展高原种植业，提高群众农业生产种植养殖水平，增加群众收入。一是找准制约村组发展的瓶颈因素和关键问题，协助村"两委"厘清发展思路78条，找准发展路子51个，制定、完善、实施经济发展规划18项。二是结合包虫病综合防治工作协助村"两委"积极开展牲畜防疫，力争全年不发生重大疫病，同时，协助并监督兑现各类惠民补助，开展草原生态保护补助奖励机制，保持草畜平衡，为畜牧业健康发展提供保障。三是依托净土健康产业、项目建设和"321凝心聚力党建工程"，充分利用派驻单位优势，开展技能培训8次、415人次，实现劳务输出256人次，增加现金收入90余万元，努力实现驻在村户户有门路、人人有活干、经常有收入。四是因地制宜，深入挖掘岗吉村青稞酒酿酒厂、措麦村养殖场等资源以及乡镇区位优势，通过汽车运输、零售、藏戏表演等方式，努力拓宽群众增收渠道。五是根据群众的不同专业技术特长，多方沟通协调，组织群众到企业、合作社、"香雄美朵"、农业设施园等就业，消化富余劳动力，增加群众现金收入。六是以"联户增收、联户平安"工作为依托，发挥能人带动作用，整合经济资源，扩大经济效益，帮助驻在村发展集体经济实体5个。

立足实际，解决问题，努力为群众办实事好事。一是强化资金保障，根据相关要求，堆龙德庆区为区乡联合派驻的15个工作队分别安排办实事经费15万元，用于开展帮扶慰问、解决群众生产生活实际困难。二是建立民情档案，工作队将村组干部、群众代表、党员代表请到村委会，召开专门会议，倾听他们的意见建议；深入群众家中、生活生产一线，实地了解群众关心的热点、难点、反映强烈的问题，全面掌握村情民意，找准工作的着力点和突破口。三是开展技能培训，各工作队充分发挥自身优势，协调上级相关单位组织农牧民群众进行种植、养殖、加工、驾驶、厨师、木工等技能培训，努力做到每人掌握一门实用技术，为群众就业打下坚实基础。四是落实惠民项目，一年来，各工作队发挥派驻优势，协调落实惠民项目19个，涉及资金589余万元，工作队协助落实2016年"短平快"项目3个。五是落实"三就""两保""六通"等民生突出问题10件，为群众解决现实困难314件，实现就业、再就业256人次，投入资金507余万元，协助开展"五下乡"活动3场次。六是真情慰问送温暖，在重大节庆节点，慰问五保户、贫困户、"三老人员"和困难群众2132人次，发放价值80余万元的慰问品和慰问金。七是大力推进"党员干部进村入户、结对认亲交朋友活动"，全区驻村工作队派出单位和队员与驻在村贫困群众结成对子，定期走访，帮助解决实际困难、制定脱贫计划。

强化监督，严格把关，确保党的惠民政策落实到位。一是宣传好惠民政策，利用集中宣讲、个别宣传、发放宣传资料、广播等形式，广泛宣传党的强农惠农政策，使群众明白政策、用好政策，共组织群众开展政策宣传50余场次，参与群众2万余人次，发放藏汉"双语"政策明白卡2万余本，确保每户一本全覆盖，发放宣传资料2.4万余份，开辟惠民知识宣传栏19期；在"两降一升"工作中，宣传孕产妇住院分娩补助奖励政策和孕期保健等知识72场次，参与人员2046人次，登记孕产妇 383 名，帮助 193 名孕产妇到医院分娩，杜绝了孕产妇在家分娩的现象。二是落实好惠民资金，协助村"两委"做好各类惠民政策落实和项目管理，监督各项资金使用、发放、项目进展等工作，并将相关情况及时公示，确保各项补贴奖励政策落到实处，真正让群众得到实惠，不断提高群众的幸福指数和获得感。

柳梧新区以业脱贫工作

柳梧新区以产业项目带动为抓手，以增加群众现金收入为目标，狠抓群众增收渠道。一是项目施工期务工性收入。达东村旅游开发项目一期，2016 年施工期建档立卡群众参与 3400 余人次，实现务工收入 42.2 万元，人均增收 5275 元；达东村经济果林项目种植面积 250 亩，种植期投劳 624 人，实现务工收入 52.8 万元；达东村河滩地公益林项目，种植期投劳 176 人，实现务工收入 55 万元；德阳村经济果林项目，种植面积 1050 亩，种植期投劳 252 人（贫困户有 57 人），兑现德阳运输车队运输费 163.1 万元，直接务工收入 152.5 万元，人均增收 12900 元；德阳村经济果林二期项目，种植面积 200 余亩，种植期投劳 500 余人，直接务工收入 165 万元，人均增收 3500 元。二是项目运营管理期工资性收入。达东村旅游开发项目运营期，柳梧和美乡村民俗文化旅游公司（以下简称柳梧和美公司）通过保洁、保安、服务员、后勤行政等岗位吸纳 70 余名群众就业，其中建档立卡户群众 12 人，月均收入 3000 元以上；达东村经济果林项目后期管理维护为 8 名建档立卡户群众提供固定就业，年均收入 36000 元；达东村河滩地公益林项目，通过管理维护为建档立卡户群众提供固定就业岗位 2 人，确保年收入 7000 元以上；金银花观光带项目，通过管理维护为建档立卡户群众提供固定就业岗位 2 人，年均收入 36000 元；德阳村经济果林一期，通过后期管理维护提供固定就业岗位 43 名（贫困户 33 名），月均收入 2500 元；经济果林二期项目，通过后期管理维护提供固定就业岗位 11 名（贫困户 2 名），月均收入 2500 元。

第五章　东嘎镇的社会历史回顾

东嘎镇，拉萨市堆龙德庆区辖镇，位于该区东部，区人民政府驻地。东嘎镇镇址并没有设立在东嘎村，而是设立在该区人民政府所在地的朗嘎欧西村，东嘎村距镇政府约2.5公里，因此"东嘎"只是用其名而非用其地。按照传统习惯，历史上东嘎宗宗址就不在东嘎村，1959年后设东嘎区，撤区并乡后为东嘎乡，其区、乡政府地址也都在朗嘎欧西，因此改镇名为东嘎，是沿袭对地名使用的历史传统，顺理成章。

东嘎宗，因东嘎村而得名，系藏语"白山坡"之意，曾名洞嘎、洞卡等。原宗址在今东嘎镇东北不远的阿姆孜姆山上，1717年，被蒙古准噶尔部侵毁，后迁至山下达泽。1956年11月，东嘎镇曾隶属自治区筹备委员会下之东嘎宗办事处；1959年8月民主改革期间建立了中共东嘎区委员会；同年9月，成立区人民政府，隶属于与堆龙德庆县合并前的西郊区；1960年2月，西郊区与堆龙德庆县合并，成为堆龙德庆县的一个区，在区之下，分别以三个大的村庄为中心，建立了东嘎乡、朗嘎欧西乡和桑木乡；1962年建乡，1969年10月成立东嘎区革命委员会；1970年改称人民公社，1978年7月成立东嘎区公所；1984年复乡；1988年建镇，镇下属各乡撤销，建立9个行政村。1994年8月行政村进行调整，合并为3个，它们是东嘎、朗嘎欧西和桑木，下有17个自然村，各自建立村民小组，选举村民组长。

镇人民政府驻地南嘎村。2010年全镇5443人，有藏、汉两个民族。经济以农业为主，牧业为辅。耕地面积4511亩，种植青稞、小麦、油菜、蔬菜等。2010年农作物产量为212.27万斤，其中粮食产量为112.78万斤，油菜产量为16.09万斤，薯类产量为83.4万斤。牧业饲养有牦牛、绵羊、山羊等，2010年猪、牛、羊肉总产量为101.4吨，牛奶产量为54.8吨。牧业总收入达到122.86万元。有草场和林地。有镇办水泥厂和建筑队。辖区内有中学 1 所、小学 3 所，有镇卫生所。318 国道经此境。

东嘎镇随着所依托的拉萨市的发展而逐渐与农业分离，随之，各项基础设施、商业、交通运输业等建设发展起来，逐渐实现产业结构和农业劳动力的转移。但这个过程是被动的。

一 历史沿革和行政建制

1951 年西藏和平解放以来，西藏农牧区经历了几次阶段性明显的重大社会变迁。变迁以西藏和平解放为起点，尤其是 1959 年民主改革，使西藏的社会制度发生了根本性的改变。东嘎（东嘎宗）镇作为城郊农区，外来因素对其影响是显而易见的。为了探究这些因素如何影响或改变着这个社区的传统因素，笔者首先引用了 1956 年由全国人大民族委员会组织的西藏少数民族社会历史调查组赴藏调查资料。1959 年西藏民主改革前夕，在中国科学院哲学社会科学部的领导下，中国科学院民族研究所、中央民族大学（学院）及其他单位又增派人员充实了调查组力量，深入西藏很多地区，编写了《藏族社会历史调查》，其中包含东嘎（东嘎宗）镇实地调研的相关资料。和平解放 60 多年来，尤其是民主改革 50 多年来东嘎（东嘎宗）镇历史变迁的基本轨迹，从微观变迁折射出西藏农牧区走向现代的侧影。

（一）历史沿革

《西藏六大地方》一书记载：公元 7 世纪，吐蕃松赞干布时期，卫藏分四区，堆龙属卫之内。9 世纪吐蕃分裂割据时期，堆龙属向无从考证。元朝萨迦派统治藏区时，西藏分为 13 万户，堆龙属蔡巴赤本；帕竹和藏巴统治藏区时期，觉木隆和东嘎各设有一个宗。五世达赖所著的《西藏王臣记·杜鹃歌言》记载："……此后，不久前摄政大王（指：帕木竹巴）的军队到雄波热时，亚加布仁青扎西介绍大王军时说：嘎、夏两地被大王所占领，夏巴下属觉木隆和吉雪也如如本，嘎（甘）丹巴下属德庆（现达孜县）和吉曲河上游南北两岸，亚加布分管柳吾宗事务……"后来东嘎和堆龙两地，一段时期隶属于藏巴第巴。五世达赖掌管西藏地方政权后，莱德豁堆正式归为曲六级僧侣管理的宗堆。1954 年，西藏地方政府把大部分宗豁收为噶厦直接管理，孜、雪两部门对该地轮流派宗本（县官），一直到民主改革前的堆龙莱德宗堆雪仲娘美索朗旺久为止。

东嘎宗建宗，距今已有300年左右，即第五世达赖喇嘛时期。当时的宗建于阿姆孜姆山上，其后，清朝康熙五十六年（1717）蒙古准噶尔部入侵西藏时被毁，宗址才迁到山下，现在山上旧宗址的断墙残壁尚历历可见。

18世纪中叶，清朝中央废除郡王制，批准七世达赖喇嘛建立噶厦，管理西藏地方各级政府。噶厦之下，设立雪列空，雪列空是总管布达拉宫财产及拉萨郊区各宗政法的机构，节制各宗本。东嘎宗就是由雪列空管辖的，但是只派雪列空的一个俗官来宗处理日常事务，并未派任正式的宗本。后来藏政府派噶东却杰充任宗本七八年。在1954年以前，达赖喇嘛开始决定东嘎宗宗本全由藏政府派孜仲（僧官）充任。到1955年，噶厦设立了基巧（相当于专区）级的"拉萨专署"，节制东嘎等宗及谿卡头人。噶厦制度直到1959年才彻底废除。

东嘎宗堆辖区包括：东起东嘎卓玛山角南至吉曲河坝的罗堆林卡一带，西起巴昌一直南至祥顿山角、吉曲河、念唐黑洞等，东到雪沃一直到南边柳吾、念唐，西北与莱德相连。东嘎宗堆下面堆龙河两岸各设有3个总管和1个百村总管，要对上述6个总管每年分派税收等工作任务。东嘎宗堆内还设有两个佐扎，僧属佐扎设为闸库谿嘎，私属佐扎是拉鲁羊达谿嘎。过去东嘎宗由雪列空掌管时派一名雪仲来管理，宗谿收归噶厦直接管理后，原西藏地方政府轮流派一名僧俗人员来管理。民主改革时期，该宗（县）的宗堆（县长）是孜仲格桑贡嘎。

东嘎宗下属各村归属为：闸普（属哲蚌罗晒林）、（达巴果吉私属），加入（属乃琼札仓），马卡（属哲蚌果芒仓），仲巴杰、鲁布（属强欧巴私），帮古（公属），热察（属宇拓），撒马卓、仲晒（属哲蚌果芒札仓），夏巧（属乃琼寺），羌马夏（属哲蚌贡布康参），昌东（属哲蚌邦布热康参），通嘎（属哲蚌达多拉布章），仁青岗（属察荣私），哈达（属斋康私），羊达（私属拉鲁），普布杰、达岗（属宇拓私），孜巴仲（属亚谿平康私），达姜（属哲蚌德央），郎仲、曲日尖（属哲蚌罗晒林），仁青岗（剧准），东嘎、达莱（私属），亚乃（属哲蚌德央）甲日莱、康吉（属哲蚌罗晒林），欧珠定、吉日康萨（属哲蚌罗晒林），加罗、康萨、桑嘎郭（私属庄园），牧延郭（属哲蚌果芒），加林郭（属达扎寺），阿牙郭（公属），欧喜康萨（属贡德林寺），新萨郭（朗嘎欧喜私属），嘎东（属嘎东寺），李鲁（公属和哲蚌罗晒林各占一部分），桑母（属哲蚌基苏），曲康马布（剧堆），芒马郭（属达扎寺），加布（属哲蚌果芒康参），色日马（属色拉麦札仓和哈尔东康参），卓母（属乃琼寺），色杰谿嘎（属色拉寺杰札仓），剧巴谿（属剧堆），祥顿（属哲蚌果芒札仓），朗木堆（属德木拉布章），点仲谿（属孜郎杰札仓），马热谿嘎、竞马谿嘎、加木谿嘎、萨马卓（属乃琼寺），甲热谿嘎（属哲蚌哈尔东康参），嘎朱谿嘎（属乃琼寺），色麦谿嘎（属色拉麦札仓），阿里拉布章谿嘎（属阿里拉布章），白定（萨琼私属），留布肖、羌马（属觉木隆札仓），达尔东（属哲蚌基苏），色马（属孜郎杰札仓），降母（属哲蚌罗晒林），江嘎、雄巴拉曲（属哲蚌哈尔东康参），贡巴萨（属乃琼札仓），康萨强、桑东麦、达雄谿、卓普（属哲蚌基苏），多莱郭（当巴司康私属），加马（属哲蚌德农），仲穷（属觉木隆札仓），热母杰（属孜郎杰札仓），夏克郭、甲郭、仲堆、桑仲郭、堆若热（属乃琼札仓），甲勒谿嘎（属剧堆），加亚（属热真拉布章），桑东麦、刚郭谿嘎（属哲蚌罗晒林），恰嘎、岗德林（属孜郎杰札仓），岗日扎谿嘎（属哲蚌喇嘛日基），岗康萨（属哲蚌基苏）等。历史上上述百村各设有总管和村长。百村总管的主要任务是：传达执行噶厦和孜益仓、雪列空等上级机关下发的大小布告，为上级大小官员出差时，解决交通工具，待各项费用计算进账后，满 6 个月报给噶厦。

上述各村中除公属领主外，私属和寺属谿卡每年按规定往雪列空上交一定的公粮，并分点炒青稞磨制糌粑送往拉萨雪列空。各官员和军人公事出差时按通行证，由各点提供马役、住处、驮畜、马仆、厨役等。仆役叫外差，为各点领主种田或跑腿叫内差。公事出差的官员从拉萨到朗孜，然后到莱德时可以住宿，这种一日马程所规定的住处叫加处（意为驿站），平时按官员级别的高低各点备有不同的房屋和床位等设备。每次上级官员到来时，各地总管手拿哈达迎接官员，并上前问好。传送公文的人统称阿仲，平常到各站时订有如下规定，如：东嘎到朗孜、朗孜到马尔、马尔到德庆等站时换马仆，但私事外出不具路证时，无须提供各种仆役。仆役分有公、私、寺庙的四条恰钦（指马恰、夏堆欧恰、加约细钦恰、追恰等）。上述四恰是减差四大条例，即：破落发誓减，差户破落、陈年旧债、发誓明心无力支应者，可以减轻；汉营入伍减，在第二汉式兵营中有一人当兵者可以减轻；僧官任职减，僧官在地方政府中实际供职者，可以减轻；达赖批准减，十三世达赖辛卯年（1891）丈量土地时获得批准者，可以减轻七个杰赞，除色拉寺、哲蚌寺、甘丹寺、上下密院、郎杰札仓、乃琼礼仓各属谿卡有特殊情况外，内差按各属谿卡完成。1830 年，原西藏地方政府在卫藏一带清查人口，厘定土地和徭役租税复查后成定清册。民主改革以前原西藏地方政府基本纲领性文件《铁虎清册》记载说：原堆龙德庆宗属杠屯（注：人畜支应运输、劳作的徭役和财物税时计算差地面积单位，通常以两杠为一屯）总和：曲谿（寺属庄园）共出一百零六点五分之一屯；各私属出三十点六分之零点三屯；公属出六十点五又三分之一杠；按一屯二杠法计算，共达三百三十二点五杠多，平均曲谿占 63.85%，私属占 18.07%，公属占 18.08%。上述杠屯徭役算法只是原莱德谿堆范围内实行，但是它不包括东嘎和柳吾谿堆下属。

1954 年，西藏地方政府设立 6 个总管（基巧）和 103 个宗、谿，管理西藏地方。其中，在今堆龙德庆地域也设有东嘎宗堆，归卫区总管，乃由雪列空直辖。

1956 年 4 月，自治区筹备委员会成立，西藏地方政府设 6 个地级基巧办事处，拉萨基巧办事处下依旧设有东嘎宗级办事处。1957 年 8 月，东嘎和堆龙德庆宗级办事处撤销，其所辖宗、谿直接隶属拉萨基巧办事处。1957 年 8 月，东嘎宗级办事处撤销。

1959 年 3 月，西藏地方上层反动集团发动武装叛乱。3 月 20 日，驻拉萨人民解放军奉命平叛，拉萨成立军事管制委员会（简称"拉萨军管会"），对其辖区实行军事管制，并撤销雪列空、朗孜厦列空等西藏地方政府所设各级旧政权。9 月 10 日，成立堆龙德庆县人民政府（简称"县政府"），直接隶属拉萨军管会。10 月，拉萨军管会和基巧办事处撤销，建立拉萨市，县政府隶属于拉萨市管辖。

1960 年 1 月，成立拉萨市人民政府，县政府隶属于拉萨市人民政府管辖。2 月，拉萨市人民政府撤销拉萨市西郊区，将东嘎并入堆龙德庆县。县政府下设东嘎区等 6 个区。1965 年 7 月，县政府更名为堆龙德庆县人民委员会。1969 年 9 月，堆龙德庆县成立革命委员会，代行县人委职权。东嘎区亦成立革委会。

1980 年 6 月，各公社革委会改称人民公社管理委员会。1981 年 11 月，撤销县革委会及其下属各级革委会，恢复成立县人民政府和各区公所。

1984 年 11 月，撤销各人民公社管委会，恢复各乡人民政府建制。1987 年
5 月至 1988 年 8 月，根据自治区党委和自治区人民政府《关于加强基层政
权建设的决定》和市委、市政府的要求，县委、县政府从有利于基层政权
的巩固和行政管理，有利于区域经济和各项事业的发展，有利于加强基层党
组织建设和政权建设的角度出发，大刀阔斧进行撤区并乡建镇工作，将原来
6 个区、35 个乡撤并，组建为 11 个乡、1 个镇、89 个行政村。1993 年 5 月，
自治区在堆龙德庆县进行综合改革试点中，将原 11 个乡、1 个镇和 89 个行
政村合并组建为 5 个乡、2 个镇、35 个行政村。原东嘎区所属的通嘎乡、帮
普乡、羊达乡并为羊达乡，东嘎乡、南嘎乡、桑木乡并为东嘎镇。

（二）东嘎宗的农奴制政治制度

吐蕃灭亡后，卫藏地区"宗"的地方行政建制的出现，标志着西藏封
建农奴制政治制度的形成。在堆龙德庆范围内，帕竹政权统治时期建立的
3 个宗，即德庆宗、东嘎宗和柳梧宗，就是西藏农奴制度的一个组成部分。
东嘎宗在今日的东嘎镇。在堆龙德庆县范围内，民主改革前有大小谿卡
（即庄园）72 个。

在封建农奴制社会，官府、贵族、寺院"三大领主"及其代理人占有
东嘎宗地方全部牧场、荒地、山川、河滩以及绝大部分耕地、牲畜和农
具。领主及其代理人凭借占有的土地和其他生产资料以及特有权力，通过
对庄园土地的经营管理和乌拉差役、高利贷盘剥等手段对农奴进行残酷剥
削。领主庄园分为"雄"（即政府庄园）、"格谿"（即贵族庄园）和"曲
谿"（即寺院庄园），并将庄园土地划分为自营地、份地（差地）两部分。
自营地由领主委派"强佐""涅巴""谿本""谿堆"（均为三大领主的大
小管家、小官员，即三大领主的代理人）直接管理，份地则分派给农奴使
用，条件是为领主承担劳役、实物和货币等差税。领主经营自营地的方法
大致有两种，一是利用差巴户支应内差的无偿劳役、堆穷户的无偿乌拉差
役和庄园朗生的奴隶劳动，将其置于监工的监督下，在领主的自营地上集
体劳作；另一种是将自营地的一部分交由庄园的朗生耕种，一部分分别分
配给差巴户和堆穷户耕种，收获全部归领主，以抵所支应的劳役。差巴户
领种 1 藏克份地，一般要给领主耕种 1.5 藏克自营地；堆穷户领种 1 藏克
份地，一般要给领主耕种 2 藏克以上的自营地。差巴领种的份地一般是自己
耕种，部分差巴将份地租给堆穷户耕种一部分。出租的土地，有的收实物地

租，一般 1 藏克地收 2~3 藏克粮食，上等地收 4~5 藏克粮食。有的不收实物而让堆穷户出劳役为自己耕种土地，即为劳役地租。堆穷户耕种的"租地"，是庄园主利用堆穷户的无偿劳役耕种庄园的自营地而给的一种生活依靠地，承担的是纯粹的劳役地租，其支应的劳役比差巴户要重得多。

藏语的"乌拉"和"差"包括徭役、赋税、地（畜）租等。堆龙德庆境域内的乌拉、差分两大类，一类叫"刚捉"，意为"用腿走路"（即"乌拉"劳役差），包括人、驮牛、马驴所支应的劳役；一类叫"拉顿"，意为"用手拿出去"（即"差"），包括实物、货币。堆龙德庆境域内农奴负担的乌拉、差十分沉重，名目繁多，通常在二三十种以上，主要有"萨差"（土地税）、"玛岗差"（军差）、"传召费用差和柴火差"、"驻藏大臣衙门差"（粮食和副食，如肉、鸡蛋等）、"敬神差"（寺院僧人的念经费用）、"人役税"等。

此外，领主还规定有内差和外差。内差是贵族、寺院庄园的农奴为庄园领主所支应的差，主要是农奴自带耕畜、农具、口粮为领主耕种自营地。内差又分为常年差和临时季节差。农奴耕种十多藏克份地，要出一个常年差，支应常年差的农奴要住在庄园内，全年为领主干活。临时季节性劳役是根据庄园领主的需要随时进行摊派，主要有修房差、运粮差、耕牛差、锄草差、秋收差、打场差、烧饭差、磨糌粑差、砍柴差、背水差等。此外，还要缴纳实物，如酥油、阿嘎土等。外差是地方政府所派的差，主要包括三方面内容：一是无偿提供人力、畜力运送持有地方政府马牌的一切人员和物资，并为其无偿提供食宿；二是无偿为官府、寺院充当修建工程的杂役；三是缴纳地方政府所需的一切物资，如粮食、酥油、牛羊肉、药材、皮张、食盐、茶叶、鸡蛋、扫帚等。

以桑通曲谿大差巴康撤江为例。康撤江（房名）是岗根布的首富差户，在整个东嘎宗也是数一数二的富户，全东嘎宗的人提起康撤江来没有不知道的。康撤江全家共 6 口人。土地及财产情况是，根据不同的调查对象所提供的材料（包括土地数字、耕地块数、作物收获量等）进行初步折算，1956 年时估计康撤江家占有土地数字约为 500 克。这些土地有以下几种不同的来源。

一是桑通曲谿乌拉差地 2 岗（因其子在达赖文工团任职，减免一岗，故只去一长年佣人支差即可）；二是哲蚌吉索的出租地；三是藏政府玛岗地6.5岗（内5岗是临时兵差。一个是扎吉代本的兵差，半个是古松代本的兵差，与另一大差户路马家合支）；四是哲蚌寺驴差地少许。

这样多的土地，要比一般的谿卡庄园土地还多，只是在土地来源和经营方式上二者有其显著不同之处。

康撒江家的其他财产，可分为：一是房屋及其他不动产：二层石楼一座（包括经堂、住房、厨房、库房等共20余栋），牛、羊、马、驴、鸡圈各一，青稞场一，林卡一大一小（新旧林木约万余株，面积经过我们的丈量共约30亩以上），佣人住房9间。二是牲畜（马8匹、驴6匹、驮骡10匹、骑骡1匹、牦牛46头、耕牛13头、乳牛20头、羊160只），公鸡10只、母鸡40只，另有狗8只。三是水磨一盘（详见作坊手工业项）。

佣人情况为：康撒江完全是靠剥削佣人以进行土地经营的。康撒江家的佣人可以分成两种，即长年佣人和临时佣人。长年佣人是康撒江家佣人中的主体，来源有以下几种：一是康撒江向哲蚌寺吉索送礼，请求吉索扩大伲的佣人数目，吉索便调派他下属百姓到康家做佣人，这些佣人一般是终身性的，不得擅自离去。做康家的佣人也有为寺庙支差的性质，如康撒江家的长年佣人扎西顿珠系哲蚌吉索在彭波地区的百姓，30年前康撒江主人给哲蚌吉索在彭波地区的头人送礼（多少不详），该人即将扎西顿珠转到康撒江家为佣人。二是自幼失掉父母的小孩，被收养下来的。三是穷苦无依前来投奔，而被收留的。四是长年佣人所生之子女（如夫妻同是康撒江的佣人，所生子女也都是康撒江的佣人，如丈夫是康家佣人，妻在外户支差或为佣，所生子女按性别不同各投所属，即子归康撒江家，女归妻家主人，反之亦然）。

长年佣人的待遇分为：成年佣人（指十七八岁至丧失劳动力以前的男女壮年佣人）：年给口粮18克，外衣1件，裤1条，鞋帮（料子）1双。未成年佣人（指七八岁至十七八岁，能干轻便活计的男女佣人）由主人管吃，不发口粮和工资，年发外衣1件、鞋底1双。幼童佣人（指七八岁以前的幼童）由其父母自理生活。至于临时佣人也是干长年的活，都是自己投上门来，也住在康撒江家，区别是可以自由离去，但佣人本身的差役负担概归自理，年给工资5克。此外，在农忙时找些临时帮工，早去晚归。每日工资藏银5两或糌粑1批并管饭吃。

不论哪种佣人，在工作的时候主人都派有监工（管家翁堆）在旁督促工作，以防佣人懈怠，如因怠工被主人发觉，和豁卡的乌拉一样，轻则斥责，重则打骂，据调查，几乎每个小佣人都被打过。打人例由主人动手，器物有棍子、板子、马鞭等，拳打脚踢更是经常的事。打人的时候还叫了其他佣人来看，用以示众。据佣人扎西顿珠说："主人打骂佣人的事，数都数不清。"西藏和平解放后，打人的事据说已不像过去那样多了。

佣人每天早上天不亮即起床，主人供给糌粑稀粥一次，然后开始做活。上午、中午、下午，各抽出一定时间吃糌粑，喝清茶（都是由自己收入项下支出）。耕地佣人在耕地时主人发些茶和酥油，并给两次不太好的藏酒喝，晚上再由主人供糌粑稀粥一次。佣人从早到晚没有一点为自己工作的时间，即使在晚上未睡前也要为主人捻毛线。

康撒江的佣人分工很细。具体有饲养驴、骡兼驮运东西的2人、放奶牛的1人、放牦牛的1人、放羊的1人、喂牛的1人、喂马的1人、烧火背水的1人、耕地的3人、喂狗喂鸡的1人、看磨坊的1人、主人贴身随从1人。

以上每人各司其职，秩序不紊。秋收时，男女佣人须一同下地收割，回来以后，由男佣人轰牦牛踏场，打青稞，扬场都是女佣人的事，其他如割柴、背草、驮粪等工作没有规定。

长年佣人终身依附在康撒江家，一般不许离开。佣人反抗主人的事情不存在。如果实在不愿意在康撒江家为佣，可以到哲蚌寺吉索那里去请求另派新差，吉索有时允准，有时不准，但佣人都不愿这样做。

收入与支出方面：农作物的收获是康撒江家收入的主要部分。据他家耕地佣人次珠说，康撒江家每年作物收获量大致为：青稞2000克、小麦1000克、豌豆1000克、蚕豆1000克、菜籽100克，作物收获共计5100克。其他收入有：一是磨坊，除代人磨手工外（详作坊手工业项），并且自磨极细上好糌粑运至拉萨出卖给尼泊尔商人，每袋售价10秤藏银，但售量不详。二是债息，过去放得多，后每年仅放二三百克（因利率降为借七还八）。有些旧债，债户偿还不起，尽管主人占堆多次催讨，也不易收回，所以不愿外借。三是禽畜各项收益如鸡蛋、酥油、羊毛、牛粪、赶脚等。四是4500克种子作物的秸草收益。

康撒江家全年的支出项目中较大的几项：一是哲蚌寺吉索年租300克。二是1.5个兵差（每人年发27克青稞，共计40.5克），每人年发银匠50

枚，共计75元（折青稞7.5克，共计青稞42克）。三是5个临时兵差上缴藏政府每年共计50克。四是佣人每年供给为成年佣人口粮304克；临时佣人口粮并工资184克；未成年佣人口粮（每人每月按5克计）计42克，佣人每日早晚两次稀粥（每日按16批计算，每年合288克），佣人衣服（每人折价3克），计99克，以上共计917克。五是每年制藏酒用青稞200克。六是四口人的每年生活费用（包括衣、食等生活必需用度支出）300克。七是牲畜饲料（每日1克）计360克。八是接待宾客，请喇嘛念经及其他杂项支出，每年计200克。合计支出共2369克。

从以上数字看，康撒江家每年的支出总数只抵收入的2/5左右，同时，支出项目中30%的佣人供给，本是佣人的必要劳动，不应该算作是康撒江的支出。由此可见大差巴康撒江对佣人的剥削量是十分惊人的。

（三）行政组织

宗本1人，由噶厦委派，对上执行噶厦政令，对下处理司法诉讼，分派政府差役到各根布。宗本3～4年一任，可以连任。东嘎宗所辖范围内的庄园多数为曲谿，即寺院庄园，寺院直接派代理人经营所属庄园，宗本只管行政。宗本之下有佐扎或甲措根布1人，成为宗本的助手，甲措根布之下有6个根布（相当于村主任）。在宗政府里，还有信差和驿差。信差从农奴中征选，被选中者要向宗政府立下字据，宗政府拨给土地5克作为薪酬，免去宗里的杂差，随时听候宗本调遣。东嘎宗是一个大的驿站，担负着噶厦沟通西藏内外信息和政府物资运输的重任。有专人负责驿站的公文传递和组织物资运输的重任，噶厦拨给驿差地给负责此差役的人耕种，作为薪俸，驿站组织人力和牲畜运输。养马差，在差巴户中固定一户，出一人常年为宗政府养马和干杂务，这一户差巴在宗内的其他杂役负担免去。炊事差，由全宗差巴轮流负担，为宗本背水、烧茶、磨糌粑。此外，全宗各个庄园差巴家的牛和毛驴都一一登记造册，如有运输任务，便于调遣安排。差巴还要负担维护拉萨至印度电线杆的劳役。

1. 宗本

东嘎宗在西藏不算是个大宗，宗本只由一人充任，不设副职。宗本由噶厦委派，对上执行噶厦政令，对下处理司法诉讼，分派政府差役到各根布。宗本3、4年一任，可以连任。东嘎宗所辖范围内的庄园多数为曲谿，即寺院庄园，寺院直接派代理人经营所属庄园，宗本只管行政。

宗本的任期期满由藏政府另派孜仲充任。但宗本在任期内工作做得好，可以由根布、豁卡头人和百姓联名向藏政府请求准予连任。

过去噶东却杰任宗本时，宗本的待遇和供给全由噶东寺支付。1956年西藏政府派孜仲充任宗本，拨给土地大小12块（每块可下种1~4克青稞）作为薪俸地。耕地所需人力和畜力，由各根布下面的百姓轮流担任，但需给予工资。每年土地收入，除支付耕地工资并由宗本留下105克以作薪俸外，余数须全部上缴政府。

宗本的具体事务只是下达政府的政令，处理一些民事、刑事诉讼以及向下属各根布派支差役等。据说东嘎宗的豁卡以曲豁（即寺庙庄园）居多，各自为政，宗本的实权并不大。

2. 佐扎

乡村官员，全宗两名，由政府任命。佐扎承办宗本下达的各项事务，仲裁民事纠纷，参加宗本召集的会议。其职权地位比甲措根布高，可以处理案件，检查派差；宗政府开会议事时，两个佐扎必须都出席，如二人中有一人缺席，会议便须改期召开。

佐扎也是世袭职，最早是由群众推选出来，然后由藏政府任命世袭。本宗的两个佐扎一个出自贵族豁卡（由拉鲁豁卡的头人出任），一个出自寺庙豁卡（由哲蚌寺吉索的差户扎布出任）。佐扎好像乡间的士绅，没有什么物质待遇，无固定薪俸，因公出差所需各项费用由宗政府向人民摊派。

3. 甲措根布

具体帮助宗本的是甲措根布，他秉承宗本的意旨向下属6个根布传达命令，很像秘书一类的职务。

甲措根布不由藏政府派充。据了解，很久以前东嘎宗的各个根布唯恐宗政府向下摊派差役时不够公允，他们共同商量决定推选一人出来，在宗政府为各根布公允办事。最先被推选出来的是汤呷豁卡的头人，各根布商妥给他免了差役负担，并且还给他一块薪俸地（数字不详），这就是最早的甲措根布。以后，这个职务逐渐变成世袭职，即由汤呷豁卡的头人充任。

1956年在职的甲措根布名叫桑丹，他任该职已有3年时间。他原是东嘎宗的一个商贩，并兼做巫师。后来，他与汤呷豁卡的头人走动甚勤并商妥，由汤呷豁卡雇用桑丹在宗中任甲措根布，每年给他工资青稞18克，每月还给酥油10两，砖茶1块，差役免支，但薪俸地仍由汤呷豁卡自行经营。另外，他的待遇除薪俸地外，每年秋收后还可以向下属 6 个根布的各个黢卡索取薪俸粮，据说每年可收入青稞 50～60 克（1 克约合 14 公斤）。估计实际收入远比这个数字多。

4. 根布

东嘎宗下属有 6 个根布（相当于村主任）：

觉木隆根布。头人名慈尼俄朱，又名索朗俄朱，由贵族色穷派任。

项敦根布。头人名罗锥，由哲蚌寺贡茫札仓项敦康村派任。

岗根布。头人名当真，由藏政府派任。

甲布根布。头人名白马，由哲蚌寺贡茫札仓派任。

桑噶根布。头人名平错琼佩，由巴朗宗宗本土登晋美（孜仲，属色拉寺）派任。

朗仲根布。头人名彭错，由哲蚌寺阿巴札仓派任。

根布头人的职责只是秉承宗政府的命令下达各个黢卡，自己不能单独发号施令。他们的任务是执行宗政府的命令，催收差税，摊派劳役。根布由不同的领主委派：岗根布由宗政府（官家）委派；觉木隆根布由色琼家（贵族）委派；项敦根布和甲布根布由哲蚌寺贡茫札仓委派；朗仲根布由哲蚌寺阿巴札仓（寺院）委派；桑噶根布由色拉寺所属的巴朗宗宗本委派。根布世袭，父传子继，无子时可由上门女婿继承。根布也是农奴，种的差地仍然要缴租税，剩余的归根布所有。

所有的根布头人都是世袭职，即死后由儿子继承，没有儿子可由招赘女婿继承，子女都没有时则由领主另派新任。根布头人都有世袭的土地（藏吾叫"帕新"），如岗根布的头人当真有 100 克种子左右的"帕新"，但每年须向下列机构缴纳定额的负担，藏政府 50 克；哲蚌寺吉索（总管）29 克；哲蚌寺德央札仓 5 克。

根布头人除世袭土地收入外，每年可以向本根布的各黢卡及各差户索取薪俸粮。据岗根布的头人当真称，他每年可以收入 6 克青稞的薪俸粮（实际上收入要比这个数字多）。

5. 黢卡

黢卡，即庄园，东嘎宗共有大小黢卡（包括差民聚落）72 个。其中大部分为寺庙黢卡（约占总数的 82%）。其中又以哲蚌寺占的庄园最多，此外色拉寺、乃琼寺、觉木隆寺、打龙扎寺、功德林、布达拉宫、噶东寺等也占有少量庄园。其次为贵族谿卡（约占总数的12%），再次是官家领主。东嘎宗没有藏政府的谿卡，只有藏政府的差民聚落，为数很少（约占总数的6%）。

通过上述各级政治组织和经济组织，形成封建农奴制的完整统治系统：噶厦—雪列空—宗—甲措根布—根布—谿卡。

各根布下属谿卡的隶属关系见表5-1至表5-6。

表 5-1　甲布根布所属谿卡

谿卡名	隶属关系	谿卡名	隶属关系
囊俄	斋岗堪穷（四品孜仲）	甲布	哲蚌寺贡茫札仓
噶东	噶东寺	亚奈	同上
甲里赛	哲蚌寺罗色林札仓	俄西康萨尔	功德林（寺）
德央	哲蚌寺德央札仓	东嘎	藏政府差户
乌球顿	哲蚌寺罗色林札仓	大毕	同上

表 5-2　岗根布所属谿卡

谿卡名	隶属关系	谿卡名	隶属关系
桑通	哲蚌寺吉索	然目切	布达拉宫南杰札仓
西堆沃	哲蚌寺活佛地	甲尔公	功德林
岗康撒	哲蚌寺	甲拉	举堆札仓（上密院）
刚过	哲蚌寺罗色林札仓	乃琼	乃琼寺
加马	哲蚌寺德央札仓	充炯	觉木隆寺
日惹	哲蚌寺堪布公有	卡呷	打龙扎寺
丹巴（滴及）	哲蚌寺	巴美赞康	日惹谿差户
甲雅	色拉寺活佛地	秋古贤洛	藏政府差户
岗	布达拉宫南杰札仓		

表 5-3　觉木隆根布所属谿卡

谿卡名	隶属关系	谿卡名	隶属关系
色穷	色穷（贵族）	甲拉	哲蚌寺贡茫札仓
色拉麦巴	色拉寺麦札仓	江卡	同上
撒马	布达拉宫南杰札仓	塞琼琼	同上

续表

豁卡名	隶属关系	豁卡名	隶属关系
噶竹	乃琼寺	哲蚌阿巴	哲蚌寺阿巴札仓
炯马	哲蚌寺罗色林札仓	贡巴	觉木隆寺

表 5 - 4　项敦根布所属豁卡

豁卡名	隶属关系	豁卡名	隶属关系
项敦	哲蚌寺贡茫札仓	打朱	打龙扎寺
花马	同上	乃琼（一）	乃琼寺
举巴	举堆札仓（上密院）	乃琼（二）	同上
乞拉吉巴	色拉寺吉札仓	乃琼（三）	同上
堆垅	哲蚌寺贡茫札仓	乃琼（四）	同上

表 5 - 5　朗仲根布所属豁卡

豁卡名	隶属关系	豁卡名	隶属关系
朗仲	哲蚌寺	下究	乃琼寺
卡达	折康（贵族）	仲塞	哲蚌寺
扑不气	宇妥（贵族）	羌木夏	同上
拉鲁	拉鲁（贵族）	汤呷	哲蚌寺活佛地
舌人呷	不详	秋洛介	哲蚌寺阿巴札仓
昌独	不详	达江	哲蚌寺德央札仓

表 5 - 6　桑噶根布所属豁卡

豁卡名	隶属关系	豁卡名	隶属关系
色拉	色拉寺吉札仓	却马	某贵族
萨奠	哲蚌寺吉索	桑康孔	哲蚌寺贡茫札仓
雄内栋	藏政府差户	日麻	色拉寺麦札仓
刎布休	哲蚌寺	卓麦	色拉寺吉札仓桑洛康村
则布休雅打	同上	古藏	哲蚌寺共茫札仓供汝康村
汤杰	桑多颇章（贵族）	扎鹿	巴昔（贵族）
创巴中	尧西颇章（贵族）		

（四）宗政府旧制简述

东嘎宗宗政府的一些旧规旧例有以下几个方面。

1. 信差

东嘎宗有两个专门给宗政府送信的差人，每人负责 3 个根布的来往信件，每逢宗政府有命令向下属 6 个根布传达，都是由这两个信差负责传送。信差从农奴中征选，被选中者要向宗政府立下字据，宗政府拨给土地 5 克作为薪酬，免去宗里的杂差，随时听候宗本调遣。

1956 年调查时，据信差囊夏口述资料，他担任这一工作已经有 12 年了。初来时这里原来的信差出缺，他向宗政府请求担任此差并立有字据。双方商妥，宗政府拨给他土地大小 4 块（共可下种 5 克），房屋 1 间，作为他支信差的待遇，另外，不再支宗里的其他杂差。宗里的信差每月平均出勤约 60 次；有时一天要出差几次，也有时几天一次也不出。遇有紧急函件不分昼夜随到随送，稍有拖延或是抱怨，便会遭到宗本的打骂。送信多半靠走路，骑马的机会不多。宗里虽有常驻的差马，但有时不让信差骑乘。西藏和平解放前，社会秩序不好，路上常有土匪持枪抢劫，如果不幸遭遇，轻则被劫去牲口，剥光衣服，重则被土匪杀害。和平解放后，情况较好些，但仍有个别土匪不时出没。

囊夏家共计 5 口人，除宗给的土地 5 克外，自己还有 1 克种子地，1955 年因欠债过多，出典给达赖喇嘛的牧羊人，典期 5 年，折本利藏银500 两。每年尚须借债 20 克才能勉强维持生活。

信差在送信的余暇可以替别人做临时佣工，宗本并不过问；也可以离去不当此差，只需把土地和房屋交还宗政府即可。

2. 喂马差或养马差

在差巴户中固定一户，出一人常年为宗政府养马和干杂务，这一户差巴在宗内的其他杂役负担免去。此外，宗本外出时要做其随从。

由于赛塔洛常年派一个人在宗中支差，宗政府把赛塔洛为宗中应支的杂差一律豁免。双方商妥，喂马差长期由赛塔洛负责，不再更换。这对他们双方都有好处。

喂马人的供给，全由赛塔洛支付，除管吃外，每年尚发工资青稞 6 克，上衣下裤及外衣各一件，夏、冬帽各一顶，靴一双，宗政府则不给予任何待遇。

1956 年调查时，给东嘎宗宗本喂马的人名叫丹巴建增，是东嘎宗七岗差尸之一，达则·赛塔洛家的佣人，任此差已有 2 年。丹巴建增家 5 口人，有土地 7 块，共可下种 34 克。

3. 厨役差（也叫炊事差）

宗政府的厨役由东嘎宗的 7 岗差户轮流担任，每岗轮值 1 个月。届时或派自己家的佣人去支，或雇请别人代支，住在东嘎宗的扎西巴锥，便是替各差户代支官府差役的专人，不过因雇佣工资过高（每月需 30 元），很多差户都是自派佣人前往支差。

厨役的职务是专为宗政府做饭、烧茶、背水、磨糌粑等。此外，全宗各个庄园差巴家的牛和毛驴都一一登记造册，如有运输任务，便于调遣安排。差巴还要负担维护拉萨至印度电线杆的劳役。

4. 驴差

全宗各谿卡的有驴户都要负担支差，全宗驴数在宗中造有清册，如有任务时，由宗政府分配给各根布，再由根布分配到各谿卡，由谿卡内部再进行平均的调配。

5. 驿差

东嘎宗是一个大的驿站（驿路交通详见后文"交通"），担负着噶厦沟通西藏内外信息和政府物资运输的重任。有专人负责驿站的公文传递和组织物资运输的重任，噶厦拨给驿差地给负担此差役的人耕种，作为薪俸，驿站组织人力和牲畜运输。驿差或称外差，也称"大乌拉"。

支驿差的人都种有藏政府驿差土地，种驿差土地的人，只支驿差不出地租。和平解放前，驿差的摊派极重，公路通车后，驿差已较前大为减少，据驿差差户扎布云丹称，驿差已较和平解放前减少了 4/5。

驿差可以缴款折干，每岗驿差差地可以年缴藏银 40 秤代替支差（指纸币计算单位"多则"，即藏银 50 两，亦写作"品"）。

6. 牛差

专运藏政府的粮食及其他物品。

支牛差的原则是，凡 22 驮以内的牛差，统由藏政府的差户支应，自22 驮起改由贵族和寺庙的谿卡平均负担。平时的牛差，以小宗为主，多半在 22 驮以内，超过 22 驮的大宗运输不多。

7. 官员出入境差

藏政府的官员因出差经过本宗时，其所需的牲口、草料等要由本宗各类差户负责支应。原则是，四品以上的大官由贵族和寺庙的谿卡负责，四品以下的官员由藏政府的差户负责。

和平解放前，英、印官员也支乌拉，只给一些运输脚价。

8. 维护电杆差

自拉萨经山南通往印度的电话线路，有一段通过东嘎宗的境内。宗政府划定区段，要各谿卡的老百姓负责电杆的维修工作。

9. 司法制度

因事诉讼，两造必须向宗本行贿。贿赂少的要挨打，贿赂使得多定操胜算。

审讯案件时，宗本坐在高垫上，原、被告跪在地上，皂隶（打人的）持刑具站在一旁。如系刑事案件，审讯过后将犯人交由本宗七岗政府差户轮流看管。犯人逃跑事件时有发生，为避免犯人逃跑，经常把犯人毒打一顿，使之难以行动。

宗中打人的刑具共有3种：一是木棍，一是皮鞭，一是皮制圆形的打嘴板。皂隶也是由七岗差户轮值。

告状要交手续费，不论原、被告都要交纳，但数目不多，每方只交4个小铜板，还不到半两藏银。

案件的处理要看情节的轻重，情节重的要向藏政府雪列空请示，轻的可以由宗本自行处理，很多情况下是打一顿后即释放。

（五）人头税

人头税从15岁开始缴纳，到60岁截止。一般说来喇嘛和为领主支差的百姓不缴纳人头税，只有不支差的百姓才缴纳人头税。

缴纳人头税的百姓有各种不同的类型。

（1）达赖的百姓：属布达拉宫管辖，每年10月15日到布达拉宫纳人头税一两藏银，由布达拉宫在证据上加盖一红色图章。缴纳人头税之后，可以不支差、不纳税，官府不得扣押，自由往来各地，只是死后须将贵重财产上交布达拉宫。获得此种待遇的人不多。本宗桑通曲谿的曲扎是这种百姓。

（2）专业的铁匠、氆氇匠、裁缝、屠宰匠等因为无地无差都要纳人头税。

（3）虽属领主百姓，但当时未给领主支差，须向领主缴纳人头税。如曲扎之妻杨吉，本是哲蚌吉索的百姓，她自彭波地区初来桑通谿时没有为寺庙支差，所以每年须向哲蚌吉索纳人头税 5 两藏银。日后如支差时可以请求豁免。

人头税的税额没有一定，少则半两藏银、多至 7 克青稞都有。

（六）寺庙

东嘎宗境内，较大的寺庙有 3 座。

觉木隆寺，位于觉木隆根布区，建寺于拉萨三大寺之前 200 多年，是西藏有名的古刹之一，当时属噶举派（白教），后转属格鲁派（黄教）。

该寺有喇嘛 125 人，属哲蚌寺贡茫札仓管辖。如贡茫札仓发放布施，该寺僧众可以照例分得一份，贡茫札仓如有修建或需要人力的事情，该寺僧众有义务前往支差。

该寺有堪布 1 人（名达沃曲扎，年 62 岁，属贡茫札仓项敦康村），协敖 2 人，翁则 1 人，有 2 个谿卡：觉木隆谿卡和充炯谿卡。

噶东寺，位于桑噶根布区青藏公路线的北山坡上，建寺于拉萨三大寺之前约 200 年，当时属宁玛派（红教），现属哲蚌寺贡茫札仓，规定喇嘛人数为 75 人，住持即噶东却杰。

打龙扎寺（又名桑黎寺或德隆寺），位于岗根布区南山麓下，原系一“日初”（小寺），仅有喇嘛 8 人，为打扎活佛的寺。1941 年，打扎继任摄政后，该寺始渐昌盛。现有喇嘛 75 人，亦属哲蚌寺贡茫札仓。有 4 个谿卡：除卡呷、打朱外，另 2 个不在本宗。

（七）交通

青藏公路和新建的拉萨至泽当公路（现称为中尼公路，即国道 318线）分别经由东嘎境内，交通尚称便利。

沿堆龙曲两岸各根布与谿卡间都有小路交通，大都在河岸及水渠的两侧。

过去藏政府的驿路交通，有大站、小站两种，大站须将牲口先集中到拉萨，再由拉萨分派各地：东至墨竹工卡，南至泽当，西北至堆龙德庆，北至打则（彭波），西南至曲水。

小站以东嘎为中心：东至拉萨，南至聂塘，西北至娘孜（东嘎与堆龙德庆交界处）。

东嘎境内的堆龙曲，自西北向东南流下，水势湍急，深浅不定，河槽有宽有窄，不能行舟。横跨堆龙曲上的铁桥，系20世纪30年代由贵族擦绒督工修建的。钢材、水泥自印度运入，民工都是东嘎宗的百姓，拉泽公路通过此桥，因桥身年久失修，桥上木板多已腐朽，已进行加固工程，可以通行汽车。

（八）商业、贸易

1956年之前，东嘎宗全境没有任何集镇，只有一两户卖砂糖的小摊，老百姓都是把柴草、牛粪驮往拉萨出售，再买回茶叶酥油等日用品。现将重要商品的交易情况分述如下。

粮食：粮食买卖，有用货币购取的，亦有以实物折换的。1956年11月每克青稞价格需要大洋10元。

酥油：1956年因牛场缺雨，酥油的产量不多，价钱很贵，1954年每藏斤酥油要200两藏银左右。过去牛场的人，把酥油驮至黎卡，用2.2克青稞即可换到1藏斤酥油，根本不能换到，牛场的人亦很少来了。

牛粪：牛粪价格不断涨，截至1956年每驮牛粪由20两藏银涨到30两。如用青稞到牛场换取牛粪，每克青稞可换到7~8驮。

茶：和平解放后茶叶价格降低了2/3以上，并较和平解放前容易买到。

图5-1 被领主索康·旺钦格烈迫害的奴隶次仁卓玛

沱茶：和平解放前每坨需 45 两藏银（3 元），1956 年时只要 15 两（1元）便可买到一坨。

巴琼（小砖茶）：和平解放前上等的每块 90 两藏银，中等的 60 两，1956 年每块售价 27 两藏银。

巴钦（大砖茶）：和平解放前每块需藏银 70 多两，1956 年只要 30 多两即可买到。

牲畜：1956 年时的价格大致为，耕牛 200 元，上好走驴 400～500 元，普通骡子 400 元，上好骑骡 1800 元，普通马 500 元，骑乘马 1200 元。

盐、碱：多半是用青稞换取，当时牧民在秋收将盐、碱驮到本地来，一般 2 克青稞换 1 克碱，15 克青稞换 1 克盐。

二　社会生产力发展状况

（一）土地情况及农作物

东嘎宗境内河渠纵横，颇具水利灌溉之便。旱地较少，水浇地约占全部土地的 4/5，山地极少，土壤多属黑色壤土（滨河地带有砂质壤土），土质肥沃。据说堆龙曲北岸的土壤比南岸更好一些，当地人民习惯把土地分成 4 等，一等地都在堆龙曲北。据 1956 年调查，东嘎宗计算土地的单位，有以下几种。

以克种子计算土地面积：播种 1 克种子的土地面积，称为 1 克地。这是最普通的土地计算单位。

岗——支差地的单位，一般分为两种。（1）差岗：为领主支一份差役，领主授给一个单位面积的土地叫作“差岗”。差岗有大有小，以东嘎宗各谿卡的乌拉差岗而论，每岗合 7～8 克种子，据说最早规定每岗为 30 克种子，但是 1956 年东嘎宗的政府差岗每岗是 50～60 克种子。虽然贫者和富者差役的负担都是一样，但是富者的差岗地一般比贫者大。（2）玛岗：为藏政府支一兵差，藏政府授给一个单位面积的土地，叫作“玛岗”。玛岗地要比差岗的大，一般为 20～25 克种子，但因多年来玛岗地已经和各种差地混在一起，不容易分清，因而每个玛岗地的具体单位面积很难确定。

东嘎宗的主要农产品有青稞、小麦、蚕豆、豌豆、油菜籽等。作物产量每克地平均可产 15～16 克，中等土地可收 7～8 克，下等土地若有水利灌溉可收 3~4 克。

蔬菜主要有萝卜、白菜、马铃薯等，葱很少，莴笋因受土壤限制不易长大，莲花白（包心菜）尚无人会种。种蔬菜主要是为了自己吃，出售很少，蔬菜的种植在整个农业生产中所占的比重不大。

（二）生产工具

1956 年东嘎宗农民使用的几种主要工具，调查如表 5-7 所示。

表 5-7　东嘎宗 20 世纪 50 年代农民使用的主要农具

序号	名称	质料	用途
1	铁铧木犁	木制	犁地
2	铡刀	铁刀、木架	铡青稞穗或草等
3	连枷	木质	打青稞
4	二齿杈	木质	堆青稞
5	六齿木杈	木质	堆干草
6	十六齿耙	木质	耙草
7	镰刀	木柄铁刀	割
8	小手锄	木柄铁锄	锄草
9	手磨	石	磨少量粮食
10	浅筛	木质	筛簸工具

以上农具都是本族匠人自制。

耕畜及其他。耕畜主要是牛，耕牛多是牡犏牛。以桑通谿卡为例，16 户寺庙差民中占有耕牛者，只有 1 户计 6 头（康琼卡布家），谿卡本身和大差巴康撒江家占有耕牛计 27 头，每于耕地季节，差民们要向耕牛占有者借牛耕地，然后以变工方式偿还（详见"劳动力"项）。

应用在农业生产方面的运输工具只靠牲畜驮载，全无车辆。运输牲畜主要是驴，其次是骡，用以驮粪运粮比较快速，牦牛、黄牛虽也可供运输之用，但速度慢，用者较少。

（三）劳动力

在男女性别的分工上，男子专司耕地，女子播种，收割时男女一同下地，打场时男子专司轰牛踏场，女子专司脱粒扬场，各司其职有条不紊。

七八岁至十几岁的孩童多半是放牧牛羊或帮助大人做些轻便活计。

在劳动力的使用与分配上有时会显得不够，特别是农忙季节。请人帮工是很经常的，这多半是本于互助的精神。帮工由主人管饭吃，另外每日也给少量工资，一般是藏银2两，割青稞时给5~7两。

牛工换人工的情况是：一对耕牛可换8个农忙人工日或16个非农忙人工日。这种换工，借牛户要负责耕牛的饲料和耕地人的饭食，耕地人每日吃6次饭。未下地前先吃一餐糌粑、酥油茶。犁地时送去藏酒一壶。上午再吃一餐糌粑、酥油茶。中午吃锅饼、肉、藏酒和酥油茶，另外还要送鼻烟吸。下午吃糌粑、酥油茶。回家以后再吃一顿糌粑、酥油茶。以上6次饭、酒约需藏银85两才能办到，耕牛的饲料尚未计算在内。

（四）耕作技术

（1）作物栽培、收获季节（藏历）：2月初播种蚕豆和油菜籽种。4月15~20日播种小麦和青稞。8月20日收油菜籽。9月初收割青稞、小麦、蚕豆等。

（2）犁地：以二牛耦耕拽犁，耕牛颈上横架一根木杠，一人掌握犁把。每日每犋耕牛一般牵犁5克地，多者犁7克，犁地深度仅达15厘米。

犁地时采用"花耕"法，即先纵犁，然后横犁，再后又纵犁。因为犁铧小只有用"花耕"法犁地，才能把地犁松、犁透。

犁地的次数，因作物而异。青稞地每年要犁三四次，即收割后，未结冻前（无牛户不犁），过年后（正月），播种前浇水后；小麦和豌豆地，每年只犁两次，即收割后与下种前。

（3）施肥：肥料种类有3种，灰肥——包括草木灰、牛粪灰；人粪尿；厩肥——即马、驴、羊等牲畜粪肥。

人粪肥多是有钱的人家到拉萨去驮运。普通差户主要还是依靠厩肥和灰肥。每年只施肥一次（秋种前），绝少追肥。

（4）播种：按垄播种。在东嘎宗，我们没有了解到有漫撒种的情况。

（5）中耕除草：每年只作两次中耕，一次是麦苗长到约10厘米的时候，另一次是麦苗长到20厘米的时候。有钱的人家在麦子尚未吐穗的时候再做一次，计3次。除草时所用的工具是小手锄，没有长柄耘锄。

（6）打场：把收割来的青稞平铺在场上，赶成群的毛驴或牦牛在场中轮番踩踏，经过五六次的翻动大部分麦粒即可脱出（未脱粒的要用连枷打脱），然后用六齿杈扬场，最后再用筛簸麦粒。

打场的牦牛有很多来自藏北牛场，每年牛场的人定期赶牦牛驮运盐、碱等土产前来，把盐、碱换得青稞后，就在当地为各户赶牛打场，在打场的几天中，由主人管饭和酒，不给工钱，临走时，主人要向牛场来的人献哈达，并且还要给牛角上挂哈达，以示感谢。

（7）水利灌溉：沿堆龙曲两侧开有大小水渠，用以灌溉田地。灌溉时没有固定的次序，上游多在白天浇地，下游则多在晚上浇。

蚕豆地每年要浇七八次或者更多，小麦、豌豆（合种）要5次，青稞比较耐旱，浇3次就可以了。

另外，雨水对于作物的生长关系很大，如果藏历5月时，雨量充沛，作物会长得很好，缺雨则会导致歉收。

（五）几种克、批的容积调查

克有几种，标准的克叫作"登兹卡如"，克底下有藏政府的烙印。每通典谿克合20批（标准批也叫"登兹卡如"）。

桑通曲谿乌拉差户曲扎家的"登兹卡如"克，上宽38.5厘米，底宽32.0厘米，高15.0厘米（俱系内缘，下同）。

图5-2 民主改革前，流浪拉萨街头的乞丐

除此，各谿卡和各较大差巴家还有很多大小的克、批，规格极不统一，仅桑通曲谿大差巴康撒江家的克、批即各有两种：克一，上宽42.0厘

米、底宽 32.0 厘米、高 15.0 厘米；克二，上宽 41.0 厘米、底宽 33.0 厘米、高 14.0 厘米。批一，上宽 14.0 厘米、底宽 14.0 厘米、高 4.5 厘米；批二，上宽 16.0 厘米、底宽 16.0 厘米、高 4.0 厘米。

三　土地经营方式

（一）曲谿的经营方式

拉萨三大寺的每个札仓、康村都有自己的庄园。另外，寺院还有一种公共庄园，归吉索掌管。寺属庄园，藏语称为"曲谿"。

曲谿的释义是，供养佛与僧众，宣扬佛法的庄园。这些庄园土地的来源有的是施主捐赠的，也有的是直接由政府封赐的。

每个曲谿都由头人负责经营，根据课题组在东嘎宗岗根布的了解，头人的任免有以下两种情况：

一是寺庙派人（多是喇嘛）经营，定期易人。这种情况较多。

二是曲谿向寺庙请求经营，定期、定额向寺庙缴纳租金，期满由寺庙收回土地。

曲谿属寺庙所有，寺庙是曲谿的土地和百姓的领主。所有曲谿的土地绝对不许买卖，所属百姓，除非弃家逃亡，也不许离开谿卡他往。

曲谿经营土地的主要方式是谿卡的所属百姓征用长年乌拉为谿卡从事农作，谿卡给支差的差户一小块份地，收入归差户自理。乌拉为谿卡工作口粮自备，除耕地的犁铧由谿卡准备外，其他一切农具也概由乌拉从家中带来。乌拉在谿卡内工作是在谿卡头人的监视下进行的，乌拉的必要劳动（即乌拉本人及其家庭生活所必需的劳动）和为谿卡的剩余劳动，无论在时间上和空间上都是彼此分开的。

曲谿向寺庙请求经营，定期、定额向寺庙缴纳租金，期满由寺庙收回土地。对这一事件，1956 年调查时也作了举例说明，如：充炯谿卡头人扎西的父亲原任乃琼谿卡的头人，死后由乃琼寺将谿卡收回。1956 年春扎西的岳父康撒江·占堆代扎西向觉木隆寺说情，请求接管充炯谿卡土地。事前向寺方首脑（堪布一人、协敖二人、翁则一人）自上而下层层送礼，共约藏银 200 秤（折银圆 666 元），寺方允准，立有字据，字据内容大致如下：

立约人扎西，今接管觉木隆寺所属充炯谿卡，计土地大小 83 块可播种 350 克，百姓 7 户连同豁卡所有财产，规定每年纳租金 825 克，不得拖欠，如有拖欠准寺方将豁卡收回。此约规定期限六年，期内豁卡之百姓、财产均由扎西经营、支配，寺方不得过问。

  立约人 扎西

  中保人 占堆

  另外，觉木隆寺豁卡所有土地、百姓、房屋、家具、树木及其他一切财产开具清单，加盖印记，交由扎西掌管。

图 5 - 3 传统耕作方式——二牛抬杠

（二）贵族豁卡的经营方式

基本同曲豁，以 1956 年调查为例。

拉鲁豁卡（西藏大贵族拉鲁嘎察家族的豁卡，该家族建在拉萨附近的壮观宅第的名称）的头人索朗次典是贵族拉鲁的佣人，任头人已 7 年。他最初来豁卡任头人时与拉鲁订约期限是 6 年。1955 年期满，索朗次典又向主人请求再继续管理 6 年，获拉鲁允准。

索朗次典在豁卡的主要职责是监督为豁卡支差的乌拉进行农事操作，兼代拉鲁放债。他每年要向拉鲁缴纳租金 1000 克青稞左右。

拉鲁豁卡有 30～40 户百姓，300 多克地，据调查，索朗次典每年除上缴租金外，尚可剩余 400～500 克。

（三）政府差户土地的经营方式

东嘎宗没有政府的豁卡，只有政府差户，分别经营着政府的差地。

差地的经营方式全由差户自行经理（每年须向藏政府缴纳租金），对政府支应一定的差役。差户经营差地主要是靠对佣人的长年剥削。如 1956 年调查时，住在东嘎宗宗政府所在地的老百姓，一共有 27 户，这 27 户中只有 9 户领有政府的差地（总数是 7 岗，见表 5－8），其余户数都没有土地，需各向其领主缴纳人头税（参前"人头税"项），以帮工为生。

表 5－8　1956 年东嘎宗差户的房名及占有土地情况

房名	占地数	房名	占地数
打过	1 岗	夏当	1/2 岗
堆仓	1 岗	夏绪	1/2 岗
南霞	1 岗	强夏	1/2 岗
达则	1 岗	强农	1/2 岗
甲马	1 岗		

差户取得土地（包括所住房屋）要向藏政府订立字据，字据上写明土地数字、年缴租金数额、支差项目等。一式两份，一份存于藏政府，一份由差户自己保存。

以当年打过家了解到的一些情况为例，打过是东嘎宗差岗户之一，在这 7 个差岗中是比较殷实的一户。

打过家的佣人除极个别的外，概属长年佣人。长年佣人的来源主要有二：一是穷苦无依的人前来投靠，订立字据愿做长年佣人（须不是逃亡者）；二是长年佣人所生之子女。

打过家当时有 25 个佣人，其中 15 人尚未成年，这 15 人中只有 5 人能干些轻便活计。

待遇方面：不论成年与否，能干工作与否，在生活方面统由打过家负责，只是在待遇上稍有不同。一是成年佣人，指 15 岁以上能干一般活计的佣人，以及年老逐渐或已经丧失劳动力的佣人。每月发青稞 1.5 克（计每年 18 克），每月发给一小撮酥油和茶，每年发给内、外衣及裤子各一件，靴一双；二是未成年佣人，指 15 岁以下的能干轻活以及不能干活的孩提佣人，每日发糌粑两顿以吃饱为准。他们的衣服由主人及小孩父母各负担一半，以穿暖不受冻为准。每日早晚佣人吃一顿"土巴"（稀饭），每半个月左右吃面团子一顿，都由主人供给，不在佣人收入项下扣除。

佣人的分工比较简单：耕地兼赶车 1 人、烧火 1 人、背水 1 人、饲养牲畜 1 人、放奶牛挤奶 1 人、放羊 1 人和主人贴身随从 1 人。

未成年的佣人则每天去拾牛粪、柴草，早出晚归。

佣人并不是绝对不许离开打过家，如果向主人请求离去也是可以的。但须缴纳青稞 40 克，以作赎身费，并且每年向主人缴纳人头税 10 两藏银。

佣人死后，其属于私人部分的财产，在佣人内部拍卖，得款请喇嘛念经超度，死者如有家人，由家人负责料理丧事，如无家人则由主人负责。

支差情况：打过家除年缴差地租金外，主要的负担是支差。和平解放前，每天须向拉萨支人差（最多时每天须支 5 个人差）做工，向聂塘支牛、马差（最多时要 3 匹马），传送藏政府的信件并运输粮食及其他物品，除此常例之外，临时性的差役和向宗政府支的差还很多。

到了 1956 年时，支差情况有了很大的改变。差役较前减轻了约 2/3，每月只支差四五天便行了，过去几乎每天都有差支。打过家的主人认为拉萨至泽当的公路畅通以后，支差的负担要轻些。

以上是东嘎宗主要的土地经营方式，同时还夹杂着各种不同类型的土地。

（1）玛岗地：即藏政府所属的兵差地。差户为藏政府支一个兵役差，藏政府授给差户一个玛岗地。

（2）驴差地：哲蚌寺授给差户少量的差地，要差户为哲蚌寺支应驴差，授地多少不定，差额亦随授地多少而异。

（3）出租地：有以下几种形式。

① 定额实物租：如果是自己有地无力自耕，让给别人代耕，秋收后每克地只讨回 1 克粮食，如果是出自佃地人的请求，租额没有规定，通常是好地 1 克年租额 3 克，次地年租额 2 克。如果是租佃寺庙的土地由于他们用大克收租往往较原定租额更高。

1956 年据佃地人桑通曲豀百姓计晋·杨吉谈，哲蚌寺收租的克很大，租额 27 克，实际上要 30 克才够。另外，缴租时寺庙借口检查粮食成色拿去 0.05 克尚不计在内。

② 对分租：种子、劳动力都由佃地人负责，收成对分，这种方式以互助的情况较多。

至于租地的手续，一般都是由佃地者向出租者送些钱和礼品（无规定），谈妥租额、期限后订立字据，有时还要中保人。

③ 以工代租：桑通曲谿氆氇匠拉巴，每年为大差户康撒江家织氆氇一个多月，能织氆氇 10 ~ 15 卷，每卷氆氇长 10 ~ 14 庹不等，1 庹约合 4 市尺，换得康撒江家 2.5 克土地，耕地由康撒江家代耕，其余农事自理，每年尚需缴纳租金 7 ~ 8 克。在织氆氇期间由康撒江家供饭食和藏酒（酩），无工资。

（4）出典地：有以下两种形式。

① 一般典地：典地者托人或自己出面向出典人送礼或钱，谈妥后立有字据，字据上写明双方姓名、土地名称及数量、典期、典价等项，多半要有中保人。典价没有一定，主要看典地者生活困难与否，一般是 1 克种子的土地，年典价青稞 4 ~ 5 克或 5 ~ 6 秤藏银。典期无论多长，必须一次交清典价。

② 债典地：将土地典给债权人，以偿积债，也要立有字据（详见桑通曲谿债务项）。

（5）寺庙：贵族谿卡中担任驿差的差民，因逃亡或绝嗣遗下来一批土地，由当时的驿差差民经手出租给谿卡差民共同耕种或个人耕种，这一批土地统由驿差差民承担下来，秋收时所收的租金，由驿差差民按支驿差的岗数分得。

1956 年东嘎宗共有上述土地将近 10 岗之多，每岗地租金现定为 50 克。当时种此地的人户及租额见表 5 - 9。

表 5 - 9　1956 年东嘎宗出租地情况

户名	宗本	卓麦谿卡	色拉谿卡	色穷谿卡	卡呷谿卡	南噶汪波	岗康撒
土地数	4 岗	1 岗	1 岗	2 岗多	1 岗不到	8 批	1 专批
租额	200 克	50 克	50 克	12.5 克	800 两藏银	不详	15 两藏银

租金交齐后（规定每年藏历 11 月初二上交），出驿差差户分取，计每个驿差差岗可分得 14 克。

最后谈开荒的问题，据了解最早藏政府禁止开荒，清末张荫棠查办藏事时开始，准许开荒，规定新开荒地 3 年内不负任何负担，从第四年起每克种子的土地要上缴领主租金约 0.5 克。

图 5 - 4　20 世纪 50 年代初期农奴的住房

第六章　民主改革以来东嘎镇的变迁

一　东嘎镇的社会变革与社会制度的跨越

1960 年 2 月，拉萨市人民政府撤销西郊区，将东嘎区并入堆龙德庆县。经过民主改革，反动、黑暗、落后的政教合一的封建农奴制被彻底埋葬，东嘎区的农奴获得了新生。经过民主改革、稳定发展、社会主义改造，东嘎镇发生了翻天覆地的变化。

图 6-1　1952 年 3 月，中国人民解放军 18 军官兵按照毛泽东"进军西藏、不吃地方、屯垦戍边、寓兵于民"的指示，在东嘎宗境内开垦荒地

（一）民主改革

1959 年 3 月 22 日，中央发出《关于在西藏平息叛乱中实行民主改革的若干政策问题》的指示（草案）。根据中共中央、中央军委"边平叛、边改革"的总方针，中共西藏工作委员会和西藏军区从实际出发，采取了"平息一地、巩固一地、再转一地"，"先平息中心地区的叛乱，后平息一般地区的叛乱；先边沿地区，后腹心地区；先公路沿线，后偏远地区；先农业地区，后牧业地区"等具体原则和步骤。东嘎区因属于公路沿线、农业区，所

以，1959 年至 1961 年，进行了一场废除封建农奴制度的民主改革运动。

1. "三反双减"运动

"三反双减"（指反叛乱、反奴役、反乌拉差役和减租、减息）运动首先在叛乱最严重的拉萨、山南、昌都地区的农业区展开。其中包括东嘎区。藏汉族干部组成的民主改革工作组，认真执行西藏工委制定的《关于在当前平叛工作中几个政策问题的决定（草案）》（简称十三项政策）和阶级路线，并根据西藏自治区筹委会关于《西藏地区减租减息办法》，对未叛乱的农奴主及其代理人实行"二八"减租，即当年收成扣除种子以后，农奴收八成，农奴主收二成，废除三大领主在 1958 年以前贷给劳动人民的一切债务；对未叛乱的农奴主在 1959 年贷给劳动人民的新债务则按月息一分计算。

至 1959 年下半年，东嘎区基本完成了"三反双减"运动。运动除了解放奴隶、发放安家粮，还给他们分了房屋、农具以及生活用品。这些世代为奴的人，从此成了掌握自己命运的主人。驻镇工作组根据奴隶安家后面临的问题，帮助他们解决不懂得生产技术、不会安排生活等困难。在此期间，东嘎区和全区各地的农民协会像雨后春笋般出现在广大农村，农村形势发生了根本变化。

2. 划分农村阶级

东嘎区划分阶级时，和西藏农区普遍的标准是一样的：基本划分为农奴主（包括农奴主代理人）和农奴两大阶级。农奴主是指占有大量土地、牲畜和农奴，享有封建特权，不劳动，依靠剥削压榨农奴为生的贵族、土司、活佛和官员。农奴主代理人是指代表农奴主直接统治和剥削农奴，不劳动，剥削量超过全家全年总收入 50% 以上者，如管家、豁堆、错本、佐扎和少数大差巴。这两部分人合计在一起占不到农村总人口的 5%，而 90% 以上的则被划为农奴阶级。其中包括：既受农奴主阶级的剥削又剥削他人，两者相抵，剥削收入占其家庭收入 25%～50% 的，划为富裕农奴。不剥削别人还受别人剥削的，或者既受到剥削又剥削别人的，纯剥削收入不超过家庭全年总收入 25% 的划为中等农奴。其余 70% 完全受剥削的均划为贫苦农奴。

3. 土地改革

1959 年西藏制定的土地制度改革政策和措施，与内地当年土地改革的办法有很大不同。通过宣传党的土改方针政策，广大农奴、奴隶认为土地等生产资料被三大领主占有，是世代受苦的根源。他们说：要挖掉穷根栽富根，做土地的主人。

分配土地是一项政策性很强的工作，各地坚持做到了以下三点：（1）以乡为单位计算出人均耕地面积，然后再以村为单位，在照顾原耕地的基础上，按耕地数量、质量、远近进行分配，抽多补少、好坏搭配。（2）尽可能满足贫苦农奴和奴隶对土地等生产资料的要求，予以照顾。（3）贯彻团结中等农奴（包括富裕农奴）的政策，他们原来耕种农奴主的土地，原则上不动，让他们经营好；只对个别富裕农奴原耕土地超过当地人均数1倍以上的，经过协商，将多余的土地抽出进行分配；对于民主改革中自愿还俗的喇嘛（僧人）和释放回乡的叛乱分子，与劳动人民一样分给一份土地和其他生产资料。

截至1960年10月，东嘎区分配土地的工作基本完成，翻身农奴和奴隶分到了耕地和其他生产资料，实现了耕者有其田。次年，土地证发到了农民手中。他们高兴地说：吃了定心丸，永远不再做牛马。

（二）稳定发展

社会制度经过民主改革，从封建农奴制度变成了农牧民个体所有制，分到土地、农具、牲畜的农奴和奴隶在自己的土地上努力生产，互相帮助，并成立农业生产互助组，积极开展爱国丰产运动。至1960年底，东嘎区已建立农牧互助组8个。农牧业生产互助组不断巩固、提高，稳定了农牧民的思想，稳定了个体所有制。农牧民发挥生产积极性，掀起了生产热潮，兴修水利，改革工具，改良土壤，提高生产技术，扩大耕地面积，提高单位面积产量。

1961年4月，中央指出，今后西藏工作必须采取稳定发展的方针。从1961年算起，五年内不搞社会主义改造，不搞合作社（连试点也不搞），更不搞人民公社，集中力量把民主改革搞彻底，让劳动人民的个体所有制稳定下来，让农牧民的个体经济得到发展，让翻了身的农奴群众确实感到民主改革给他们带来的好处。

国家还通过贷款、贷粮等方式扶助贫苦农牧民发展生产，解决他们缺少口粮、耕畜、农具、种子等困难，帮助他们妥善安排生活。进一步密切了党和群众的关系，更加激发了农牧民的生产积极性和爱国热情。

为了认真贯彻中央制定的稳定发展方针，根据西藏工委狠抓干部作风转变工作的要求，东嘎采取整风的办法学习中央文件，畅所欲言，提高认识，统一思想。西藏工委和各分工委作出关于加强调查研究的决定，强调从实际出发。东嘎区党委的主要负责人带头到基层蹲点，开展调查研究，订出具体措施，把党的方针、政策同本地实际情况紧密结合起来，改进了干部的工作作风和思想作风。还加强了组织发展工作，培养和锻炼了一些民族干部。普遍开展了辖区基层选举工作，建立了东嘎区人民代表大会和人民委员会。

　　同时，根据中央和西藏工委的指示精神和有关规定，在辖区内开展了以阶级教育、社会主义前途教育和爱国主义教育为中心的"三大教育运动"。当时的工作报告写道：广大农牧民通过阶级斗争，认识到只有狠狠地打击农奴主阶级的复辟活动，才能保住民主革命取得的胜利成果；通过中印自卫反击战和其他斗争，大家体会到祖国大家庭的温暖，爱国主义热情更加高涨；通过社会主义前途教育，各阶层人民特别是贫苦农牧民，对社会主义有了一定的认识，走社会主义道路的愿望也强烈地表现出来。

（三）社会主义所有制

1. 个体所有制

　　1959年3月，反革命武装叛乱被平息后，中共拉萨市委、市军管会按照自治区筹委会关于进行民主改革的决议，抽调干部组成工作组赴堆龙德庆宗发动广大农奴开展以"三反双减"（反叛乱、反奴役、反乌拉差役，减租、减息）为主要内容的民主改革运动。8月，以工作队为基础，建立中共堆龙德庆县委。9月，建立堆龙德庆县人民政府，组织农奴开展反叛乱、反乌拉差役、反人身依附和减租、减息的群众运动。对堆龙德庆境域内未参加叛乱的领主及其代理人实行和平改革，其土地等生产资料由政府进行赎买；对参叛领主及其代理人的土地等生产资料予以没收，将没收、赎买的土地等生产资料按人口（包括参叛领主及其代理人和家属）进行平均分配，并废除一切乌拉差役和人身依附；废除1958年前农奴所欠一切债务，所有契约文书一律销毁；农奴耕种未叛领主及其代理人的土地，一律实行"二八减租"（农民缴纳的地租额，应在扣除种子之后，交给地主二分，自己得八分）。同时，在农区实行"谁种谁收"、不交公粮的政策，促进农业生产发展。

1960 年 2 月，堆龙德庆县在牧区和寺庙分别开展"三反两利"（反叛乱、反奴役、反乌拉差役，牧工、牧主两利）、"三反三算"（反叛乱、反剥削、反特权，算政治迫害账、算经济剥削账、算等级压迫账）运动。在牧区，对未叛领主、牧主不斗不分，不公开划阶级成分，实行"牧主牧工两利"政策；对参叛领主、牧主的牲畜实行"谁放牧畜产品归谁所有"的政策。在寺庙，严格区分宗教信仰和封建特权的界限，成立以贫苦僧人为主的寺庙民主管理委员会，坚决贯彻宗教信仰自由政策，切实保护爱国守法的宗教界人士。同时，对农区民主改革工作进行复查，为农奴颁发土地证，为朗生发放安家费，解决住房，为分得土地的农奴发放无息农业贷款、贷粮、贷种子以及无偿发放农具和救济粮款，以帮助农奴尽快发展生产。从此，彻底推翻了黑暗、野蛮、反动的封建农奴制度，实现了翻身农奴个体所有制。分到土地、农具、牲畜的农奴和奴隶在自己的土地上努力生产，互相帮助，并成立农业生产互助组，积极开展爱国丰产运动。至1960 年底，全县已建立农牧互助组 304 个，入组 4208 户，占全县总户数的 90.4%；入组人数为 8927 人，占全县农业人口的 95%。

1961～1963 年，县委、县政府按照中共西藏工委制定《关于农村工作中若干具体政策的规定》（即农村 26 条）、《关于牧区当前若干政策的规定》（即牧区 30 条）和中共拉萨市委《当前农业生产互助运动的基本情况和整顿互助组意见》，本着"积极领导、加强整顿、逐步提高"的方针，对所有互助组进行整顿，并在整顿中开展阶级教育、爱国主义教育、社会主义前途教育，组织劳动竞赛，充分发挥互助组的作用，稳定农牧民个体所有制。

1964 年，县委、县政府贯彻中央 5 月工作会议、中共西藏工委 7 月工作会议和市委扩大会议精神，在稳定和巩固互助的基础上，在东嘎区通嘎乡冲色村试办全县第一个初级农业生产合作社。

2. 集体所有制

1965 年，县委、县政府根据自治区、拉萨市部署，在全县开展"四清'（清理账目、清理仓库、清理财物、清理工分）运动，并按照中共中央书记处关于"西藏农业合作化原定是在五年内不搞，现已经过了五年，同时情况已有变化，可以着手搞一点人民公社的试点。第二步如何办，待试点后再定"的指示，在城乡开展社会主义改造和办人民公社的宣传，着

111

手进行试办人民公社的准备工作。7月，在县指导工作的中共西藏工委工作组和"三教"二团工作队在东嘎区通嘎乡试办自治区第一个人民公社——通嘎人民公社。至此，土地、牧场等主要生产资料由农牧民个体所有制转变为社、队两级所有并以队为基础的社会主义集体所有制。

按人民公社《六十条》规定，通嘎人民公社实行计划管理，层层下达计划指标，计划落实到生产队，在国家计划指导下由生产队组织生产劳动，完成各项计划指标任务，并统一向国家交售公、余粮和农副产品。不允许私人从事工商活动，社员的家庭副业和自留地、自留畜产品一般向国营民贸公司和供销社出售，按国家定价交易。公社的劳动管理以生产队为单位划分作业组，并根据劳动作业需要，安排田间作业、饲养作业、农副业作业等。各作业组根据其劳动力的投入每天进行评工记分。强劳力一天一个工记10分、中等劳力9分、弱劳力8分、家庭妇女迟出早归的记7分、未上学的小孩参加一天劳动记6分。如果在正常劳动外有加班加点任务的，视其劳动强度予以加分。劳动工分均实行日清、旬结、月公布、年终按劳计酬。

公社的财务管理由会计和保管员负责，实行财务民主制度，建立财务预决算制度以及审批制度、现金管理制度。其收益分配在年终进行，生产队在全年收入中除去生产费用、上缴税金外，再扣留0.5%的管理费、5%的公积金和2%~3%的公益金，其余全部分配给社员。口粮在完成国家公、余粮任务，扣除集体用的种子、饲料、储备粮之后，采用基本口粮（以人定量）和劳动工分相结合的方法进行分配，一般为"人八劳二'或"人七劳三"的比例。"五保户"和困难户，集体给予照顾。

3. 多种经济所有制

中共十一届三中全会后，堆龙德庆县落实自治区党委扩大会议精神，在集体所有制不变的前提下，允许公社、生产队实行小段包工、包工到组、定额计酬等经营管理办法。

1980年，贯彻执行自治区"减、免、放、保"方针和"五免两减'①

---

① "五免两减"：免征农业税，免征集体、个人工商税，免征社员自留地、自留畜和家庭副业的农牧工商税，免征人民公社社队企业工商税，免除对社员分配收购任务；减轻社员负担，减轻社、队集体负担。

政策。在农区普遍推行"大包干"联产责任制，并建立"口粮田"；在牧区解决"口油畜"①。

1981～1983年，东嘎区在县委的领导下，进一步调整农牧区经营体制，在"大包干"、联产责任制基础上，实行分组作业、包产到户，并扩大社员自留地；牧区实行分组放牧、按畜记分、队有户养，并扩大自留畜。

1984年9月，堆龙德庆县撤销人民公社建制，恢复成立乡人民政府和村民委员会，即东嘎区人民政府。继续免征农牧业税。

1985～1990年，该镇和堆龙德庆县其他乡镇一样，贯彻执行"土地归户使用，自主经营，长期不变"和"牲畜归户，私有私养，自主经营，长期不变"的政策，全面实行家庭联产承包责任制，改变以往单一的公有制结构，从根本上调整该镇的生产关系，促进该镇经济不断发展。

20世纪90年代，在全镇范围内逐步建立和健全统分结合的双层经营体制，解决家庭分散经营在社会化、商品化生产方面遇到的困难。

1994年7月，中共中央第三次西藏工作座谈会后，县委、县政府按照"一个中心、两件大事、三个确保"② 要求，鼓励农牧民进行开发性建设，开垦荒地、荒滩、种粮、种草、种树，实行谁种谁受益的办法，可长期承包，亦允许转让、继承。牧区实行草场承包责任制，把部分草场的使用权落实到联户或户，进一步完善统分结合的双层经营体制，发展适度规模经营和专业经营。

二　收益分配

集体经营时期，东嘎区农村经济组织收益分配本着"国家、集体和个人利益三兼顾"原则，生产收入在上交国家和集体提留部分后以现金形式分配给社员。分配方式全部按劳动工分进行，平均主义现象特别严重。

从1983年开始，随着各种形式生产责任制的推行，分配上的"大锅饭"、平均主义现象逐渐得到控制。实行家庭联产承包责任制后，按"留

---

① 即按人口酥油的基本需要，将集体牲畜划一部分给农户饲养。

② 即坚持以经济建设为中心，抓好发展和稳定两件大事，确保西藏经济的发展、确保社会的全面进步和长治久安、确保人民生活水平的不断提高。

足集体的、剩余自己的"分配方式进行分配（国家对西藏免征农业税），彻底克服平均主义现象，真正体现按劳分配、多劳多得的社会主义分配原则，激发农民群众的生产积极性和创造性，促进农业生产发展。

三 农技与农机具的推广

（一）农技推广方法

1. 技术培训

20世纪70年代中期，堆龙德庆县农技推广部门成立后，东嘎区、生产队均配备不脱产或脱产农民技术员，70年代后期发展成为三级农科网组织，对农民技术员的业务培训成为县农技推广部门每年必须开展的一项常规工作。每年春耕前，以区为单位举办一次3~5天的农民技术员培训班。根据生产要求设置培训内容，以实际操作和现场观察为主，以理论教学为辅，使每个学员回到生产岗位后都能切实发挥作用。

推行家庭联产承包责任制后，乡、村农科组织解体，对农民技术员的常年业务培训工作停止。农业新技术培训对象改为重点抓科技示范户。内容以实际操作为主，理论讲解限于一般性的科普知识。

堆龙德庆县对农业新技术培训工作除坚持抓好农民技术员培训外，还利用县、乡种子工作会和春耕动员会等，向广大农村基层干部和社员群众宣传、讲授农业科技知识，使科学种田逐渐成为东嘎区农民的自觉行为，收到良好效果。

2. 蹲点试验、示范、推广

1981年，县农技推广站建立东嘎农业推广组，以蹲点包乡方式开展农业新技术推广工作。每组具体确定1~2名工作人员在1~2个生产队长期蹲点，与社员同吃、同住、同劳动，负责该乡各项农技推广工作，摸索经验，走出路子，以点带面，影响全区，逐渐铺开，全面普及。

从1985年开始，为适应推行家庭联产承包责任制后新的生产形势要求，东嘎农技组留一人继续留守组内，其余人员派驻他乡，负责指导农技推广。

3. 种试验田

从1965年开始，为普及新的耕作方式和制度，示范推广良种，堆龙德庆县、东嘎区两级党政部门、群众团体掀起大搞农业示范田热潮。辖区内建成的试验田有县委县府试验田、乡镇干部试验田、民兵试验田、妇女试验田、青年试验田等。在试验田种植过程中，广泛采用良种和新的耕作方法，取得成绩后组织广大干部、社员群众现场参观，让典型引路，让事实说话，使干部、群众认识到种田也有学问，只有采用科学方法种植农作物，才能获得高产、稳产。1983 年，试验田种植工作结束。

4. 建立科技示范户

1985 年推行家庭联产承包责任制后，县农技推广部门为适应以户为主的生产经营方式，继续搞好农技推广工作，重点抓建立科技示范户和技术服务。要求乡农技干部在所驻乡建立落实 3 ~ 5 户科技示范户。当年，示范户各项农作物产量普遍比当地其他农户高 20% 左右，有的达到 30% 以上。

（二）改进耕作制度

1. 推行轮作

从 1959 年开始，东嘎区农区农业生产全面推行轮作制度，先点后面，逐步普及。到 80 年代初期，农作物合理轮作制度得到全面推广，推广后轮作方式一般是：青稞—小麦—豆类、青稞—青稞—小麦—豆类、豆类—麦类—豆类、青稞—土豆—麦类、青稞—油菜—麦类等。

2. 增加冬播作物

20 世纪 60 年代初，全区仅有少数村种植冬小麦，亩产一般在 75 公斤左右。进入 70 年代后，经自治区、市、县三级农业技术人员多次试验，全区具有适宜种植冬小麦的自然条件，冬小麦大面积推广具有广阔前景。1975 ~ 1999 年，东嘎镇冬小麦播种面积一直保持在一定亩数上，亩产由1963 年的 106.5 公斤增加到 2000 年的 427 公斤，增长 3 倍。

3. 种植绿肥、饲草

1983 年，农区开始试种绿肥、饲草，品种有箭筈豌豆和苜蓿两种，推行粮草（肥）轮作。从 1983 年开始，每年 8 月底早熟青稞收割后立即复种箭筈豌豆等绿肥、饲草作物，11 月收割作饲草或翻耕入土作底肥。种植绿肥、饲草作物，既培肥地力，又有益于畜牧业生产发展，走农牧结合、相互促进的道路。但限于劳力不足等原因，该项工作未能在全镇大面积推广。

4. 改进耕作方式

传统上，全镇大部分地方的耕作方式一般是：对麦类作物和豌豆等，先把底肥均匀地撒于耕地表面，然后撒种子，再用犁翻耕，将肥料和种子同时翻在土中，接着打碎土块。对蚕豆，也是先把底肥均匀地撒在耕地表面，采用耕犁沟播种，即先耕一犁，把种子撒入犁沟，再耕第二犁，将第一犁沟内种子盖住，第二犁沟内再撒入种子，如此反复，直至耕完播完。秋收后，对土地立即翻耕一次，直待下年春播；或者不耕翻，丢荒休闲。

从1959年开始，东嘎和堆龙德庆境域内其他乡镇一样，耕作方式逐渐得到改进——在上年秋季耕翻基础上先撒肥，再耕翻一次，然后进行机播或耕犁沟条播。因藏犁耕地比较浅，仅为9厘米左右，所以耕地一般采用步犁和机耕两种，很少用藏犁。

5. 加强中耕除草

传统上，东嘎对麦类作物一般在6月初进行一次中耕除草，在抽穗后再除一次草；从1959年开始，全县农作物中耕除草工作得到加强，普遍进行1~2次，部分作物进行3次。从80年代开始，全镇普遍试行化学灭草，一般应用燕麦畏除草剂，节省了农民劳动时间，提高了劳动效率，收效良好。

（三）肥料

1. 农家肥

农家肥又叫有机肥，常用的有厩肥、人粪尿、灰肥、油渣和绿肥，主要用作底肥，是辖区内农业的"当家"肥料。绿肥作物，东嘎区从1976年开始试种，1979年进行小面积示范。1982~1985年，绿肥作物停种。从1986年开始，恢复种植绿肥作物一直到现在。

2. 化肥

化肥，即无机肥。镇辖区内施用的化肥种类有氮肥、磷肥和钾肥三种。氮肥包括硫酸铵、尿素和碳酸氢铵，以尿素为主大面积使用；磷肥是过磷酸钙，被广泛使用；钾肥开始试验性应用。

氮肥主要用于追肥。1965年，东嘎农区开始将尿素应用于农业生产，半农半牧区和牧区尿素用于人工草场建设，此后全区大面积推广。从1974年开始，东嘎农区试用硫酸铵和碳酸氢铵化肥。

（四）高产栽培技术

1. 青稞高产栽培

青稞是全镇主要粮食作物。从1960年开始，全区年播种面积和总产量均保持在粮食作物播种面积和总产量的一半以上。该区特定的自然条件要求青稞品种具有早熟、耐寒等特性，20 世纪 80 年代后期种植藏青 320 青稞，平均亩产达到 430 公斤左右，当时在全区属较为高产的。

2. 冬小麦高产栽培

冬小麦是全镇第二主产粮食作物。1960～2000 年，也出现了不少高产典型，如 1976 年，肥麦平均亩产达到 305 公斤左右。

3. 油菜高产栽培

油菜是堆龙德庆县主要经济作物，也是东嘎区的主要经济作物之一。从 1959 年开始种植，大田生产水平长期低而不稳，但也有高产典型：东嘎区种植的青油 4 号亩产 282 公斤。

（五）农机具

东嘎镇地方传统农业用具主要为木制藏犁（有些富裕差巴户也有铁制藏犁）、木耙、木铲、木圆角等，种植采取撒播方式，脱粒用牦牛踩场，少数地方还保持着刀耕火种、烧荒肥田的原始生产方式。

和平解放初期，中共西藏工委为堆龙德庆境内的农牧民无偿发放铁制犁、铁耙、锄头、镰刀、斧头、羊毛剪等新式农具，帮助农牧民发展生产，提高生产效率。

1960 年 1 月，为解决农活多、劳力不足的矛盾，在县委的领导下，全区积极发动和组织开展农具改革运动。全区组织铁木技工，创造和改进犁铧、打场木杈、石磙、木锹等农具 10 多种。之后又改造了旧式步犁，制造犁铧、木齿耙、铁齿耙和推广新式步犁等。

70 年代至 80 年代，区里的拖拉机数目逐渐增多，许多农户自购拖拉机，除用于耕地外，还从事运输。

至 2010 年底，东嘎镇农用机具有拖拉机 84 台（其中大中型拖拉机 66 台、手扶拖拉机 18 台）、联合收割机 10 台、扬场机 10 台、机引播种机 12 台、机引犁 35 台、喷雾器 18 台、水磨 1 台。

第七章　东嘎镇经济发展

一　东嘎镇社会主义所有制的建立

（一）个体所有制的建立

1959年3月，反革命武装叛乱被平息后，中共拉萨市委、市军管会按照自治区筹委会关于进行民主改革的决议，抽调干部组成工作组赴堆龙德庆宗发动广大农奴开展以"三反双减"（反叛乱、反奴役、反乌拉差役，减租、减息）为主要内容的民主改革运动。民主改革后，拉萨市建立西郊区政府，管辖包括东嘎区在内的3个区，东嘎区驻地设于羊达村。3月，以工作队为基础，建立中共堆龙德庆县委。9月，建立堆龙德庆县人民政府，组织农奴开展反叛乱、反乌拉差役、反人身依附和减租、减息的群众运动。对包括东嘎在内的堆龙德庆境域内未参加叛乱的领主及其代理人实行和平改革，其土地等生产资料由政府进行赎买；对参叛领主及其代理人的土地等生产资料予以没收，将没收、赎买的土地等生产资料按人口（包括参叛领主及其代理人和家属）进行平均分配，并废除一切乌拉差役和人身依附；废除1958年前农奴所欠一切债务，所有契约文书一律销毁；农奴耕种未叛领主及其代理人的土地，一律实行"二八减租"（农民缴纳的地租额，应在扣除种子之后，交给地主二分，自己得八分）。同时，在东嘎实行"谁种谁收"、不交公粮的政策，促进农业生产发展。1959年，东嘎区粮食产量75万公斤，农业总收入21万元，人均纯收入108元。

1960年2月，拉萨市政府撤销西郊区，将包括东嘎区在内的3个区并入堆龙德庆县，堆龙德庆县人民政府搬迁至东嘎区。1960年2月，堆龙德庆县在牧区和寺庙分别开展"三反两利"（反叛乱、反奴役、反乌拉差役，牧工、牧主两利）、"三反三算"（反叛乱、反剥削、反特权，算政治迫害账、算经济剥削账、算等级压迫账）运动。东嘎区属于农区，仅剩下寺庙没有改革，在东嘎寺庙中严格区分宗教信仰和封建特权的界限，成立以贫苦僧人为主的寺庙民主管理委员会，坚决贯彻宗教信仰自由政策，切实保护爱国守法的宗教界人士。同时，对东嘎区民主改革工作进行复查，为农奴颁发土地证，为朗生发放安家费，解决住房，为分得土地的农奴发放无息农业贷款、贷粮、贷种子以及无偿发放农具和救济粮款，以帮助农奴尽快发展生产。从此，东嘎区在中国共产党的领导下彻底推翻了黑暗、野蛮、反动的封建农奴制度，实现了翻身农奴个体所有制。

分到土地、农具、牲畜的农奴和奴隶在自己的土地上努力生产，互相帮助，并成立农业生产互助组，积极开展爱国丰产运动。

1961～1963年，堆龙县委、县政府按照中共西藏工委制定的《关于农村工作中若干具体政策的规定》（即农村26条）和中共拉萨市委《当前农业生产互助运动的基本情况和整顿互助组意见》，本着"积极领导、加强整顿、逐步提高"的方针，对所有互助组进行整顿，并在整顿中开展阶级教育、爱国主义教育、社会主义前途教育，组织劳动竞赛，充分发挥互助组的作用，稳定农牧民个体所有制。1964年，堆龙县委、县政府贯彻中央5月工作会议、中共西藏工委7月工作会议和市委扩大会议精神，在稳定和巩固互助的基础上，在东嘎区通嘎乡冲色村试办全县第一个初级农业生产合作社。全区无论是粮食总产量还是年末牲畜存栏比1959年均有大幅增长。

（二）集体所有制的建立

1965年，堆龙县委、县政府根据自治区、拉萨市部署，并按照中共中央书记处关于"西藏农业合作化原定是在五年内不搞，现已经过了五年，同时情况已有变化，可以着手搞一点人民公社的试点。第二步如何办，待试点后再重定"的指示，在城乡开展社会主义改造和办人民公社的宣传，着手进行试办人民公社的准备工作。7月，驻县指导工作的中共西藏工委工作组和"三教"二团工作队在东嘎区通嘎乡试办自治区第一个人民公社——通嘎人民公社。至1970年8月，东嘎区土地、牧场等主要生产资料由农牧民个体所有制转变为社、队两级所有并以队为基础的社会主义集体所有制，使广大农牧民走上了合作化道路。

东嘎区农牧业合作化的总体进程，即社会主义经济制度的确立过程，基本遵循了自愿互利、典型示范和国家帮助的原则，实现了由临时合作、季节性互助和常年互助组，发展到半社会主义性质的初级农牧业生产合作社，再发展到社会主义性质的农牧业合作社的逐步过渡。

在东嘎区进行的社会主义改造，实际上是中国共产党引导和领导西藏人民开展农业合作化运动，用社会主义的集体制代替个体劳动者私人所有制的首个尝试。这是一次极其深刻的社会制度大变革运动，这一改进把大多数人都纳入社会主义的组织形式之中。通过以合作化为主的社会改革，使过去长期处于封建农奴制度下的东嘎区人民跨越了社会发展阶段进入社会主义，这就从根本上消除了剥削制度，使落后的生产关系得到改变，铲除了产生和维护贫困落后的社会土壤，为进一步发展社会生产力带来了从未有过的有利条件。但是在东嘎区社会主义改造试点是在"文化大革命"十年挫折中进行的，因而在一些方针、政策上也受到不少"左"的指导思想的影响，出现了阶级斗争扩大化，生搬硬套内地经验，片面追求"一大二公"，大搞分配上的平均主义等错误倾向和行为，在一定程度上束缚和挫伤了群众的积极性，破坏了农牧结合的经济结构，使群众生活遇到困难。

总之，社会制度改革的完成，不仅标志着东嘎区从封建农奴制社会跨越到社会主义社会发展阶段，而且也是中国共产党创造性地运用马克思列宁主义关于民族问题的基本原则解决西藏民族问题的一次成功实践。

（三）以公有制为主体多种经济所有制并存的所有制形式的建立

中共十一届三中全会后，堆龙德庆县落实自治区党委扩大会议精神，在集体所有制不变的前提下，允许公社、生产队实行小段包工、包工到组、定额计酬等经营管理办法。

1980 年，东嘎开始贯彻执行自治区"减、免、放、保"方针和"五免两减"① 政策。推行"大包干"联产责任制，并建立"口粮田"；1981年至 1983 年，全县进一步调整农牧区经营体制，东嘎区在"大包干"、联产责任制基础上，实行分组作业、包产到户，并扩大社员自留地；1984年9 月，堆龙德庆县撤销人民公社建制，恢复成立乡人民政府和村民委员会，继续免征农牧业税。

---

① "五免两减"：免征农业税，免征集体、个人工商税，免征社员自留地、自留畜和家庭副业的农牧工商税，免征人民公社社队企业工商税，免除对社员分配收购任务；减轻社员负担，减轻社、队集体负担。

1985 年，堆龙德庆县贯彻执行"土地归户使用，自主经营，长期不变"和"牲畜归户，私有私养，自主经营，长期不变"的政策，全面实行家庭联产承包责任制，1987 年 10 月，全县开展撤区并乡建镇工作，经拉萨市人民政府批准，由原东嘎区 3 个乡组建成立东嘎镇。1987～1990 年，新成立的东嘎镇继续贯彻"两个长期不变"政策，改变东嘎区以往单一的公有制结构，从根本上调整东嘎镇的生产关系，促进镇经济不断发展。年人均纯收入由 1981 年的 281 元，提高到 1990 年的 561 元，提高了近 1 倍。

20 世纪 90 年代，是东嘎镇逐步建立和健全统分结合的双层经营体制的一段时期，解决了家庭分散经营在社会化、商品化生产方面遇到的困难。1994 年 7 月，中央第三次西藏工作座谈会后，县委、县政府按照"一个中心、两件大事、三个确保"① 要求，鼓励农牧民进行开发性建设，开垦荒地、荒滩、种粮、种草、种树，实行谁种谁受益的办法，可长期承包，并允许转让、继承。东嘎镇积极贯彻落实县委、县政府的决定，进一步完善了统分结合的双层经营体制，发展适度规模经营和专业经营，使市场经济体制下的多种所有制经济开始发展。东嘎镇党委、政府鼓励农民结合当地实际，调整产业结构，加强基础设施建设，大力发展种植业，兴办乡镇企业，推广新品种，使用新技术。这个时期，该镇种植啤大麦，为拉萨啤酒厂提供原料。到 2000 年，境域内兴办东嘎水泥厂、水泥预制厂、藏龙家具厂、天龙陶瓷厂、康达汽贸城、堆龙渔庄、林琼岗渔村等乡镇企业。

2001 年，中央召开第四次西藏工作座谈会，从经济发展和社会稳定两个方面提出了西藏在新形势下的历史任务，进一步推动西藏由计划经济向市场经济的转变。市场经济要求经济主体的自由化，体现在所有制结构上，便是多种所有制并存，尤其是非公有制经济的发展。东嘎镇积极贯彻落实这一发展方针，大力发展非公有制经济，全面落实鼓励支持非公有制经济发展的各项政策措施，改进政府服务，为非公有制企业创造平等竞争的法制环境、政策环境、市场环境和人才环境。非公有制经济的发展使东嘎镇传统单一的公有制经济结构得到了调整和改革，也改变了单一的农牧

---

① 即坚持以经济建设为中心，抓好发展和稳定两件大事、确保西藏经济的发展、确保社会的全面进步和长治久安、确保人民生活水平的不断提高。

业经济，使经济结构更加多样化。

二　东嘎镇产业发展

东嘎镇在产业的很多方面都区别得不是太严格，如第二产业、第三产业在东嘎镇都没有严格的界线划分，因此我们对东嘎镇产业的分析，也没有严格按照三次产业来划分。

（一）产业发展变迁

东嘎镇属河谷开阔形地貌类型，为堆龙德庆县农业生产基地，主要是青稞、小麦、豆类区，水热条件好，热量居全县首位，多年年均降水量440毫米以上，其中4月至10月降水量占全年的91%左右。适宜冬小麦、春小麦、青稞、蚕豆、豌豆、中熟油菜、多种蔬菜生长，粮食生产比重大，是全县粮食主产区。

1. 农牧业发展

粮食生产。经过民主改革，全镇人民努力发展生产，粮食生产连年获得丰收。全镇人民彻底改变民主改革以前食不果腹衣不遮体的状态，人民生活水平开始提高。1964年，粮食总产量达944万公斤，单产约88公斤，分别比1959年增长39%和33%。

受"文化大革命"的影响和干扰，加之遭受干旱、冰雹、霜冻等严重自然灾害，全镇农作物播种面积减少，单产降低，粮食生产水平下降。

1972～1980年，全县农业生产处于稳定而略有发展阶段，无大起大落现象。县委、县政府围绕农业生产，在农区狠抓良种培育与推广和示范、应用化肥施肥技术；大力开展坡改梯、加厚土层等农田改土群众运动；加强水利设施建设，改善生产条件，保证生产稳定发展。1981年东嘎区青稞产量约73万公斤，小麦约79万公斤，分别是1959年青稞、小麦产量的2.05倍和2.12倍。

1981～1986年，东嘎区在粮食生产上虽然继续狠抓病虫草害防治，增加农业投资，但播种面积没有得到保障，青稞、冬麦等几项主要作物的良种推广工作实际效果不如70年代，良种退化、杂化现象严重；实行家庭联产承包责任制后一段时期内，对粮食生产管理和领导有所放松，许多农用设施无人管，不能用，抗灾保收能力减弱；不注重精耕细作，播种季节出现大呼隆现象，亲戚、朋友间相互帮耕、抢耕，邻里间比进度、比速度，质量差。使播种面积不断减少，单产水平下降，从而影响总产，加之水灾和旱灾，全区粮食生产处于徘徊状态。以 1986 年为例，1986 年粮食总产346.5 万公斤，比 1985 年减少 17%。

从 1986 年开始，全县农业生产稳步增长。农业生产在保证粮食作物播种面积的基础上，注重增加科学技术含量。围绕农业生产，狠抓病虫草害防治、良种的推广和应用、化肥施肥技术的应用，不断增加农业投入，大力开展农田改土基本建设和水利设施建设，改善农业生产条件，特别是百亩、千亩大片冬麦栽培技术的推广，培养了大批农民农业技术队伍，从而保证了生产稳定发展。1987 年青稞产量 108 万公斤，小麦产量 81 万公斤，到 2000 年青稞产量达 151 万公斤，小麦产量达 206 万公斤。

进入 21 世纪以来，东嘎镇遇到了发展机遇，在该镇辖区范围内拉萨市和堆龙德庆县政府大力实施工业园区建设，东嘎镇土地基本都被征用，使得东嘎镇面临着发展其他产业的机遇。到 2010 年东嘎镇总耕地面积仅剩下4511.32 亩，粮食产量只占全县的 5%。

经济作物生产。1959 年东嘎豆类产量 15 万公斤，马铃薯产量 3 万公斤，油菜产量 3.2 万公斤。经济作物生产历程大致经历如下几个阶段。

1959~1964 年，经济作物年播种面积和总产都在不断增加。从 1965年开始，经济作物种植面积下降。1968 年，由于遭受冰雹袭击，经济作物单产最低。1971 年，经济作物产量逐年回升。1984 年，经济作物播种面积逐渐增多。2005 年，东嘎镇土地面积逐年减少，经济作物面积有一定程度的下降，到 2010 年经济作物面积仅有 1943 亩，仅占全县的 8.2%。但通过发展蔬菜大棚等特色经济，产量却有 797 万公斤，占全县的 13.8%。

畜牧业生产。由于东嘎镇属于农业区，在西藏，没有纯粹的农业区这一特有的区情，农村每家每户总要养殖牲畜来满足日常的消费需求，但是不像纯牧区有数量较多的牲畜养殖，因此东嘎镇牲畜存栏数很少，可以忽略不计。到 2010 年东嘎镇年末实际牲畜存栏仅占全县的 1.2%。

2. 特色产业

运输业。1959 年后，随着县、乡、村公路的修建，全县运输业蓬勃发展。广大农牧民生产生活资料由原来人背畜驮逐步发展到马车运输、拖拉机运输和汽车运输。1983 年，国家允许个人购买汽车后，东嘎汽车运输能力进一步扩大，逐步形成国家、集体和个体汽车运输体系。到 2010 年，东嘎镇拥有大客车 7 辆、大货车 75 辆、小货车 20 辆、出租车 96 辆。汽车运输业收入达到 1179.40 万元。

建筑业。和平解放后，建筑业一般只有小型民用建筑，建筑施工范围极其狭小，每年完成的投资额相当有限。

70 年代起，东嘎境内比较大的建设项目一般都由外来施工队伍承揽。为增加建筑业收入，1981 年，由县政府支持，组建东嘎建筑队，作为全县唯一的建筑公司，其人才及技术从内地引进。但由于困难较大，到 1985 年自行解散。至 2008 年，东嘎镇成立了东嘎建筑公司、东嘎民生建筑公司等 3 个初具规模的村民合作组织，通过发展运输和建筑施工业，到 2010 年共有建筑业单位 99 个，年收入 967.44 万元。

民族手工业。历史上，东嘎境内有一些零星民族手工业户，主要以家庭作坊形式进行经营。1959 年，民族手工业主要从事卡垫、氆氇和铁木加工。1962 年 6 月 18 日，县政府召开全县手工业者代表会议，手工业进一步得到发展。"文化大革命"开始后，手工业受到影响。80 年代起，民族手工业开始得到恢复、发展，至 2000 年，形成了种类多、产品多的手工业生产格局，满足了群众日常生活需求。"十一五"以来西藏自治区把民族手工业确定为全区的支柱产业，得到各种优惠政策的支持，东嘎镇的民族手工业得到了长足的发展，到 2010 年从事民族手工业有 67 户，从业人员 67 人，收入达到 24.3 万元。

个体商业。历史上，东嘎境内商业均为个体商业。内地商人往返于德庆、东嘎、乃琼和柳梧等地。在内地商人的影响下，堆龙德庆地方随之产生民间商人和寺庙商人。1950 年时，私营商业主要分布于楚布寺、德庆寺和东嘎三地，共有工商户（包括个体手工业者）69 户，约 210 人，有固定资产 7 万元（藏币），流动资金 3 万元（藏币）。寺院经商人员有 30 余人，资金总额（含驮牛折价）达百万元（藏币）之多。私商经营烟、酒、糖；布料主要为土布，另有少量印度细呢、毛料；日用品只有少量针、线、瓷碗、木碗等日用商品，东嘎境内仅有少数人经营刀、镰刀、锄、小斧等商品。

1959 年后，随着民主改革等一系列重大社会政治变革，东嘎境内的个体商业逐步被国营商业和供销合作商业所取代。

中共十一届三中全会后，随着改革开放的不断深入发展，东嘎境内个体商业重新兴起并逐步得到发展。1980 年，在国家决定免征西藏农牧业税和解除农副产品统购、派购任务，鼓励和扶持城镇个体经济发展之时，甘肃临夏和四川西部部分农民贩运蔬菜、水果、猪肉、禽蛋等农副产品和小百货、服装到东嘎境内销售；饮食服务业也逐步活跃起来。1983年以来，东嘎境内个体商业、从业人员、流动性私商不断增加。此外，2010年底，东嘎镇共有县粮食局、拉萨水泥厂、地热地质大队、拉萨东嘎农产品批发市场等多个集贸市场和散市场。其中拉萨东嘎农产品批发市场是拉萨市的大型农产品批发市场，位于堆龙德庆县东嘎镇桑木村，是国家级81家大型农产品批发市场之一。该批发市场建于2007年，于当年投入使用，是西藏自治区农产品批发的龙头企业。这些市场的建设提高了当地人民生活水平，增加了就业机会，对繁荣市场经济、方便群众生活、进一步为全区服务起着重要作用。

到2010年全镇有从事包括饮食业、服务业、修理业、批发零售业、印刷业、出租业等多门类多产业的个体商业，其中餐饮业69户，从业人数71人，总收入达51.02万元；出租业461户，总收入达270.2万元；批发零售业41户，从业人数41人，总收入达18.5万元。

3. 多种经营和企业发展

多种经营（副业生产）。从1959年开始，县政府积极引导农牧民群众发展以工、副业为主的多种经营生产，并对农牧民群众发放低息或无息贷款进行扶持。

60年代，西藏开始在东嘎区试办第一个人民公社，多种经营由社队集体开办，个体手工业者被组织起来集体生产，外出务工也必须由生产队指派人员，其收入均交社队评工记分，参加社队统一分配。当时，在特定的历史条件下，堆龙德庆县商品奇缺，多种经营经济收益良好。东嘎区多种经营主要是组织劳力承包全民所有制单位的简单建设工程，如砌围墙、修厕所、盖车库、建平房、打土坯、打石头、搞运输（马车、手扶拖拉机），加工面粉、制糌粑、制菜油。东嘎区还组织创办铁木加工厂、缝纫厂和卡垫厂等。

1984年，堆龙德庆县认真贯彻中央和自治区发展农牧经济的各项政策，积极开展放宽搞活、实行"两个长期不变"政策，初步出台简单的优惠政策，让农牧民设法治穷致富。县委、县政府引导群众解放思想，更新观念，树立"无工不富、无商不活"的思想观念，鼓励农牧民群众广开门路发展以工副业为主的多种经营。在税收上给予适当减负照顾，在资金上给予贷款进行扶持。在优惠政策的鼓励和支持下，东嘎区（镇）农牧民群众开始购买拖拉机和汽车搞运输，开办商店，开办餐饮店，个体经营户如雨后春笋般地涌现出来。

1995年，堆龙德庆县召开全县乡镇企业多种经营会议，号召与会者要进一步认识乡镇企业、多种经营在全县国民经济中的重要地位，全面贯彻落实国务院《关于加快中西部地区发展乡镇企业的决定》和自治区人民政府《关于大力发展乡镇企业的决定》。会后，东嘎镇党委、政府对现有的乡镇企业加强管理，理顺关系；对在建项目和正在筹划的项目进行科学论证，使其上规模、上档次，力争办一个成一个；组织农牧民积极开展多种经营，抓好"菜篮子"工程，利用对口支援搞好农牧民劳动技能培训，千方百计增加群众收入。

1998年，堆龙德庆县利用"雪顿节"等重大节日，在拉萨市就自身优势开展广泛宣传，大力开展招商引资活动。同时，提出"以乡镇企业为龙头，以多种经营为羽翼，坚持多轮驱动，超常规发展"的发展思路，创造宽松的投资环境，制定优惠投资政策，努力挖掘财源，大力培养人才，积极培育市场。"十五"时期在多种经营生产中，堆龙德庆县以东嘎镇为中心，把传统养牛、养鸡、养猪转变成发展城郊型经济的养牛专业户、养鸡专业户、养猪专业户；把土地出租给外来人员经营变为自己种植塑料大棚生产经营；把当初只能简单从事建造平房的农民建筑队转变为有组织的可以盖两层以上楼房的建筑公司。

"十一五"时期（2006～2010年），在县委、县政府的坚强领导下，在北京市的无私援助下，东嘎镇党委、政府紧紧围绕"一产上水平、二产抓重点、三产大发展"的经济发展战略，大力推进"一城、两区、三基地、六大支柱产业"建设，不断加快工业化、城镇化、农牧业现代化进程，多种经营不论是在规模还是在数量上都保持跨越式发展的势头。到2010年，通过政府扶持和招商引资的形式助推以家庭民俗旅游、农村小宗经济为主的特色产业在东嘎兴起，全镇多种经营收入达到126.79万元。2010年，桑木奶牛养殖基地建成，年创收可达近100万元，极大地增加了桑木村群众的现金收入，并辐射带动周边各村大力开展村集体养殖业，促进了地方经济发展。家庭养殖、苗圃种植、蔬菜大棚等特色经济和小宗经济也不断发展，为群众创造了大量经济收入。

企业发展。20 世纪 80 年代末期开始，为了充分发挥东嘎镇是县驻地和拉萨近郊优势，镇党委、政府引导广大农牧民治穷致富，支持鼓励和引进项目资金，积极配合县委县政府采取适当倾斜政策（主要在税收、工商方面的优惠政策），使招商引资工作呈现出强劲的发展势头。由于西藏特殊的区情，驻地在东嘎镇的大多数企业都属于县政府管理，大部分税收上缴县财政。属于东嘎镇集体企业很少。

（1）堆龙东嘎水泥厂

1993 年 10 月 28 日，堆龙东嘎水泥厂建成投产。初期，生产 425 号普通硅酸盐水泥，年生产能力 1.5 万吨。1995 年，进行第一次扩建，新投资 1200 万元，使其年生产能力达到 3 万吨以上；1999 年 8 月进行第二次扩建，并对其进行综合技术改造，随即将企业改制成股份制企业，扩建、技改和改制后采用先进的科学管理和生产设备，并新增生产 525 号普通硅酸盐水泥。1998 年，该厂生产的 425 号普通硅酸盐水泥获得国家建筑材料工业局颁发的"全国工业产品许可证"，425 号、525 号两个标号的水泥产品多次经自治区技术监督局、国家水泥质量监督检验中心抽样检查，全部达到或超过国家规定标准。该厂生产的水泥产品广泛用于西藏广大地区各大建筑工程，深受用户好评。该厂多次荣获国家、自治区先进企业荣誉称号，并被确定为全国第六届民运会西藏赛区标志产品。2000 年，该厂实现工业产值 3596.08 万元，实现利润 368.59 万元，上缴税金 251.51 万元。

2010 年，堆龙东嘎水泥厂实现工业总产值 5421.83 万元，工业增加值 1556.09 万元，实现利税总额 1209.8 万元，拥有固定资产总额 17130.08 万元，有职工 357 人。

（2）东嘎哈达厂

东嘎哈达厂原为个体作坊。1994 年，投资 80 万元进行改制和扩建，成为股份制经济实体。1995 年，该厂有从业人员 15 人，总产值 4.2 万元。

1997 年，该厂从业人员下降到 13 人，总产值为 8.1 万元。后因企业负债率高、管理不善、经营无方、发展前景差而停产。2000 年，该厂被拉萨市藏龙家具厂兼并。

（3）堆龙德庆县东嘎村林琼港渔村

位于金珠西路南侧与国家级经济技术开发区主路段交叉处，是集水上餐

图 7 - 1 堆龙东嘎水泥厂一角

饮与草地娱乐为一体的旅游景区。1999 年 10 月，该渔村建成，总投资为 70 万元。2000 年，有职工 12 人，营业收入为 23.1 万元，为东嘎村支柱产业。

（4）堆龙德庆县陕甘宁加油站

1995 年开始修建，1996 年建成营业，时有职工 10 人，当年总产值 345.5 万元，营业收入 195.5 万元，上缴税金 8.15 万元。到 2000 年底，该企业从业人员上升至 15 人，总产值达到 443.37 万元，营业收入达 251.4 万元，上缴税金 9.82 万元。

（5）堆龙渔庄

堆龙渔庄位于七二五油库西侧、青藏公路北侧，1996 年修建，总投资 300 万元。1997 年，该渔庄从业人员有 35 人，总产值超过 40 万元，营业收入突破 100 万元，上缴税金 1.8 万元。该企业是集餐饮娱乐为一体的服务性企业，年接待宾客数万人次。

2000 年，该企业营业收入达到 29.2 万元，上缴税金 9.5 万元。

（6）拉萨远大建材有限责任公司

拉萨远大建材有限责任公司（以下简称远大公司）是 2000 年 10 月，经拉萨市工商行政管理局注册登记的有限责任公司，注册资金 600 万元，性质为非公企业。公司总部位于拉萨市堆龙德庆县东嘎镇青藏路 17 号。拥有员工 475 人，其中 95% 以上是当地的藏族农牧民。远大公司在董事长兼总经理洛桑金巴先生的带领下，经过 9 年多艰辛创业，现已发展成为生产经营水泥、页岩烧结砖、房地产租赁和物业管理的综合性企业。

远大公司下辖一个水泥厂和两个子公司。水泥厂有3条立窑生产线，年设计能力25万吨。主要生产42.5RMPa普通硅酸盐水泥。子公司分别为西藏红墙烧结砖有限公司和拉萨远大物业管理有限公司。红墙公司拥有一条年产6000万块（折合标准砖）页岩烧结砖生产线，主要生产290毫米×190毫米×145毫米页岩空心砖和240毫米×115毫米×90毫米页岩多孔砖等新型墙体材料。红墙公司生产线技术从中国建材集团西安墙体材料研究设计院引进，具有国内同类企业先进水平。物业公司主要从事房地产租赁和物业管理。其经营的远大商厦是堆龙德庆县的商贸中心，远大停车场是拉萨市西郊最大的停车场和物流中心。

截至2010年12月底，公司资产总额达到1.1亿元，累计上缴税金近5000万元，已连续7年获得拉萨市、堆龙德庆县授予的"纳税大户"光荣称号。2004年，列西藏纳税50强企业第28名，2006年再次荣登西藏纳税25强企业第16名光荣榜。同年，全国工商联和中华全国总工会联合授予公司"全国双爱双评先进企业"的特殊荣誉。2008年，公司获自治区总工会和区安监局组织的"安康杯"活动优胜奖，并进入拉萨市八强企业行列。2010年3月，自治区总工会授予公司"模范职工之家"称号。2010年4月，中华全国总工会授予公司"模范职工之家"和"全国厂务公开民主管理先进单位"。2010年，在中共中央宣传部、文化部、国家广电总局、新闻出版总署等，全国服务农民服务基层文化建设先进集体表彰活动中，荣获"县级文艺院团和民营文艺表演团体先进单位"和"服务农民、服务基层、文化建设先进集体"称号。2011年2月，西藏自治区创建劳动关系和谐企业活动领导小组，授予公司"全区劳动关系和谐企业先进单位"称号。

（7）西藏益民经济发展有限责任公司

2006年3月，依据《中华人民共和国公司法》和《中华人民共和国公司登记管理条例》及相关法律、法规的规定，东嘎村成立了西藏益民经济发展有限责任公司，经营范围包括汽车运输、出租车公司、民族建筑、苗圃花卉、绿化保洁、保安、饮食娱乐等服务业，益民公司充分依靠村组自身力量，壮大集体经济实力，切实解决无地少地群众的生产、生活出路，打消群众顾虑。

此外，还成立了东嘎建筑公司、东嘎民生建筑公司等初具规模的村民合作组织，通过发展建筑施工业增加农牧民现金收入。

（二）产业发展现状

1. 产业结构更趋合理

2010 年底，东嘎镇农作物播种面积为 286 公顷。从表 7－1 可以看出，2010 年第一产业收入 874.00 万元，是 2006 年的 1.09 倍，年均增长 2.09%；第二产业收入 991.74 万元，是 2006 年的 1.27 倍，年均增长 6.12%，其中，工业是 2006 年的 0.29 倍；第三产业收入 2561.92 万元，是 2006 年的 2.03 倍，年均增长 19.39%。由于征地原因，第一产业产值大幅下降，但达到了第二产业稳步发展、第三产业大发展的目的，到 2010 年产业结构为 19.74：22.40：57.86，产业结构更趋合理。

表 7－1 东嘎镇三次产业数据

单位：万元

项目	第一产业	第二产业	第三产业
2006 年	804.52	781.96	1261.10
2010 年	874.00	991.74	2561.92
倍数	1.09	1.27	2.03
年均增长（%）	2.09	6.12	19.39

注：基础数据来自 2006 年和 2010 年东嘎镇农牧业生产情况统计表。

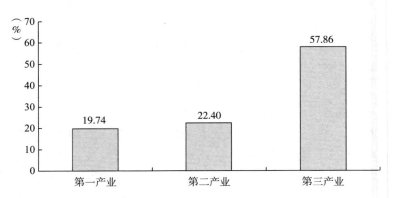

图 7－2 东嘎镇 2010 年产业结构

注：基础数据来自 2010 年东嘎镇农牧业生产情况统计表。

2. 特色产业渐具规模

2010 年以来，通过政府扶持和招商引资的形式助推以家庭民俗旅游、农村小宗经济为主的特色产业在东嘎镇兴起，全镇多种经营收入达到 125.79 万元。2010 年，桑木奶牛养殖基地建成，年创收可达近 100 万元，极大地增加了桑木村群众的现金收入，并辐射带动周边各村大力开展村集体养殖业，促进了地方经济发展。家庭养殖、苗圃种植、蔬菜大棚等特色经济和小宗经济也不断发展，为群众创造了大量经济收入。

图 7 - 3　养鸡场

3. 第三产业收入增加

2010 年 3 个行政村利用村组集体经济实体每年可创收 1430 万元（其中东嘎村 3、4、5 组 600 万元，南嘎村 4 组 380 万元，桑木村 2 组 450 万元）。村民经济合作组织进一步发展壮大，全镇现有东嘎益民公司、东嘎建筑公司、东嘎民生建筑公司 3 个初具规模的村民合作组织，通过发展运输和建筑施工业年创收 520 万元。2010 年东嘎镇农村经济总收入中，家庭饮食商业收入达到 137.51 万元，汽车运输业收入达到 1179.40 万元，建筑业和出租业收入达到 944.65 万元，民族手工业收入达到 67.74 万元。

4. 村集体产业发展实力不断壮大

东嘎镇 3 个行政村在"十一五"期间产业收入不断增加。由于东嘎村耕地基本被工业园区征完，东嘎村 2010 年第一产业收入 15.38 万元，仅是 2006 年的 0.07 倍，年均负增长 47.86%；第二产业收入 389.41 万元，是

2006 年的 1.15 倍，年均增长 3.56%；第三产业收入 991.52 万元，是 2006 年的 2.55 倍，年均增长 26.40%。南嘎村 2010 年第一产业收入 460.20 万元，是 2006 年的 1.76 倍，年均增长 15.14%；第二产业收入 417.56 万元，是 2006 年的 1.59 倍，年均增长 12.32%；第三产业收入 747.26 万元，是 2006 年的 1.53 倍，年均增长 11.13%。桑木村 2010 年第一产业收入 398.42 万元，是 2006 年的 1.19 倍，年均增长 4.47%；第二产业收入 184.77 万元，是 2006 年的 1.02 倍，年均增长 0.53%；第三产业收入 823.14 万元，是 2006 年的 2.15 倍，年均增长 21.10%。除了东嘎村第一产业收入不断下降，其他产业均有一定程度的增长。

表 7 - 2　东嘎镇三个行政村三次产业数据

单位：万元

项目		第一产业	第二产业	第三产业
东嘎村	2006 年	208.16	338.60	388.40
	2010 年	15.38	389.41	991.52
	倍数	0.07	1.15	2.55
	年均增长（%）	- 47.86	3.56	26.40
南嘎村	2006 年	261.83	262.40	490.00
	2010 年	460.20	417.56	747.26
	倍数	1.76	1.59	1.53
	年均增长（%）	15.14	12.32	11.13
桑木村	2006 年	334.53	180.90	382.70
	2010 年	398.42	184.77	823.14
	倍数	1.19	1.02	2.15
	年均增长（%）	4.47	0.53	21.10

注：数据来自 2006 年和 2010 年东嘎镇农牧业生产情况统计表。

（三）产业发展面临的问题

1. 产业收入少

2010 年东嘎镇第一产业收入仅有 874 万元，仅占全县的 4.7%；第二产业收入仅有 991.74 万元，占全县的 37%；第三产业收入 2561.92 万元，仅占全县的 18%。这一收入和内地的一个村相比都显少。当然这是西藏等殊的区情导致的，不过我们把它作为一个问题来谈也是可以的。

2. 产业就业结构不合理

从产业结构来看，虽然呈现出"三二一"结构，但是从就业结构来看是"三一二"结构，相对于第一、三产业就业比重的变化，第二产业就业表现出来的是严重的滞后性，尤其是工业，吸纳劳动力能力很弱。

表 7 - 3　2010 年东嘎镇三次产业相关比重

	第一产业	第二产业	第三产业
产业结构	19.74%	22.40%	57.86%
产业贡献率	5.37%	2.08%	92.55%
产业从业结构	32.68%	6.53%	60.80%

3. 产业贡献率结构不合理

从贡献率来看，第二产业对总收入的贡献率极低，仅有 2.08%，其中工业的贡献率甚至是负数，可见东嘎镇虽然城镇化进程较快，但是工业却很薄弱。虽然第三产业贡献率很高，但第三产业也是低层次上的发展，仅仅停留在交通运输业、传统商业和服务业等低层次上的发展。这主要是一方面村委会及各个小组没有发展经济实体的空间，没有较为典型的集体经济实体作为示范带动，缺乏发展集体经济实体的经验。另一方面，思想上比较保守，市场经济意识不强，导致市场竞争意识薄弱，从而使工业发展缓慢。

通过我们对产业发展的分析，可以看出东嘎镇经济收入的增加经历了跨越式的发展，各项产业都有了长足的发展。同时，产业发展也存在这样那样的问题，但是随着自治区对"三农"工作的进一步重视，加之有利的区域条件，东嘎镇的产业会迎来一个新的辉煌的发展。

三　东嘎镇人民生活

本节主要从农牧民收入、储蓄、消费和消费结构等方面对人民生活进行分析，从这几个方面的历史沿革和现状来展现东嘎镇人民生活。

（一）人民生活的历史沿革

我们选取了几个时点和时段来表述人民生活的历史沿革。

1. 农牧民收入

1959 年后，东嘎农牧民人均纯收入有较大幅度增长，农牧民年人均纯收入为108.43元。1959～1975年，农牧业生产虽有一定发展，但在农牧业收益分配上国家统得过多，在"高积累、低分配"政策指导下，广大农牧民多数年份增产不增收。"三五""四五"计划经济时期，农牧民人均纯收入为130～150元。

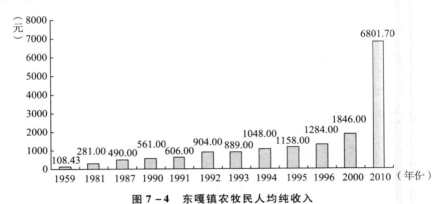

图7-4 东嘎镇农牧民人均纯收入

注：2000年以前数据来源于《堆龙德庆县志》。

1978年后，随着农村经济体制改革，在"以农为主，大力发展多种经营"方针指导下，农村产业结构进一步改善，多种经营迅速发展，农畜产品商品率不断提高，农牧民人均收入大幅度增长。农村经济体制改革和产业结构调整，使农牧业收入结构发生较大变化，到1981年东嘎区农牧民人均纯收入达到281元，是1959年的2.6倍。

1995年，随着多种经营的不断发展，全镇农牧民纯收入高达1158元，是1981年的4.1倍，是1959年的10.7倍。在第三次西藏工作座谈会精神的指引下，东嘎镇进一步解放思想，抓住机遇，加快发展，农牧业和农牧民增收工作进入新的发展阶段，到2000年，农牧民年人均纯收入1846元，是1995年1.6倍，是1959年的17倍，高于全县平均水平。

进入"十五"以来东嘎镇农牧民群众收入不断增加，就业渠道拓宽。截至2010年，全镇实现劳务输出1200万人次，劳务输出总收入达到720万元；农牧民年均现金收入达到5272.66元。通过镇政府的积极协调，顺利完成中巴车退市工作，为失地群众解决长期就业97人、短期就业178人。家庭运输业、经营业、出租业、餐饮业收入大幅提高，农村剩余劳动力转移力度明显加强。到2010年全镇农村经济总收入达到4427.66万元，农牧民所得为 3679.37 万元，同时，农牧民人均纯收入达到 6801.70 元，是 1959 年的 62.7 倍。

2. 农牧民储蓄

1959 年后，随着东嘎农牧民收入的不断增加和生活水平的不断提高，农牧民储蓄也有较大幅度增长。

1959～1975 年，农牧民储蓄余额及各年度净增数额一般都比较小。此后，有较大幅度上升。1978～1995 年，农牧民储蓄余额持续增长。

1995～2000 年，随着银行存款利息的减少，以及国家利用经济杠杆作用刺激消费，农牧民存款余额有所回落。

到 2010 年，随着农牧民收入的不断增加，全镇农牧民存款大幅增加。

3. 农牧民消费

由于缺少东嘎镇消费的历史数据，我们用全县平均数据来说明问题，这主要基于：一是 2000 年以前堆龙德庆县主要的经济活动中心集中在东嘎镇，二是东嘎镇的消费水平也根植于全县的平均水平内。

（1）消费水平

1959 年，全县人均购买消费品支出 80 元。"二五"计划时期和三年调整时期年均增长 1.2%。1965 年，全县人均购买消费品支出 87 元。"三五""四五"计划时期年均增长 2.4%。"五五"时期年均增长 11.2%。1978 年，全县人均购买消费品支出 121 元。

中共十一届三中全会后，农牧业人口在人均收入不断增加的基础上，生活消费支出也有较大幅度上升。"六五"、"七五"计划时期年均增长分别为 10.7%、14.6%。1990 年，全县人均购买消费品支出 740 元。"八五"计划时期年均增长 14.6%。1995 年，全县人均购买消费品支出 812 元。"九五"计划时期年均增长 18%。2000 年，全县人均购买消费品支出 1192 元。同年，全县农牧民人均生活消费支出 862 元，比 1959 年的 71 元年均增长 27.2%；比 1978 年的 107 元年均增长 32.1%；比 1985 年的 463 元年均增长 5.7%；比 1990 年的 636 元年均增长 3.6%。至 2000 年，全县城乡居民购买生活消费品支出水平比民主改革前提高 29 倍，年均增长 24.8%。

东嘎镇作为堆龙德庆县的行政中心，我们认为在消费支出上同样具备上述特征。

（2）消费结构

① 饮食。20世纪60年代至70年代，东嘎居民购买生活消费品以三食为主，副食和其他食品消费支出较少。

80年代开始，随着东嘎镇城乡居民收入水平的不断提高，城镇居民家庭主食用粮比重逐年下降，食用油（包括动植物油）、肉、禽、蛋、酒、食糖、香烟、茶叶以及新鲜蔬菜等比重逐年增加，对糖果糕点、水果、鲜奶制品、啤酒及各种饮料保健食品的需求量也呈大幅度上升。

② 穿。20世纪60年代至70年代，城镇居民收入水平有限，服装主要由棉布、化纤布面料制作，服装支出比重较小。80年代后，职工收入水平迅速提高，人们对棉布、化纤布面料服装的消费量逐年减少，对绸缎、毛料、毛呢面料服装消费量逐年上升。90年代后，人们对穿着更加讲究，穿着消费支出结构发生很大变化，西装、皮革服装、羽绒服装逐渐代替其他服装，高档服装消费趋势逐渐明显。衣着质量普遍提高，式样也从单一的只穿藏装逐渐转到与内地服装、西装等交替穿戴。农牧民购买中高档服装的人日趋增多。藏族服装也比较讲究面料的质量和色彩，逐步由只追求穿暖到讲究时髦、讲究款式和装饰。

③ 家庭用具。20世纪六七十年代，家庭用具除一般木质家具外，开始配备自行车、手表、缝纫机、收音机等。

八九十年代，开始购置录音机、洗衣机、电视机等中高档耐用消费品。至2000年，自行车、缝纫机开始减少，城镇家庭普遍配有照相机、洗衣机、收录机、电视机、电冰箱、空调等高档消费品。

到2010年，电脑、汽车等内地家庭有的在东嘎镇家庭也逐渐出现。全镇职工、居民家庭住户在追求物质生活富裕的同时，也注重对精神生活的改善，用于订购书报杂志、购买文具纸张等方面的支出费用有所增长。城乡居民在生活消费方面的支出逐年上升，购买生活消费品结构也发生了较大变化。

④ 居住。1959年后，随着经济发展、职工工资收入大幅度增加和对退休职工建房补助费的增加，职工及居民家庭居住条件不断得到改善，农村也开始修建房屋。八九十年代，在农牧民生活消费支出总额中，用于新修和改造住房方面的支出日益增多。

"十一五"时期西藏自治区大力实施安居工程，全镇群众住房条件得到改善，生活水平明显提高。到 2010 年，各村被征地群众在县委、县政府及有关部门的指导下顺利完成 735 户的整体搬迁，全镇现有东嘎小康示范村和和平路农民新村两个规模较大、配套设施较齐全的村民居住小区；通过全区农牧民安居工程，截至 2010 年底，共计完成 780 户建设任务；通过自建方式解决住房的有 27 户。东嘎镇 87.6% 的村民都已住上安全的实用房，无论是房屋结构、住房面积、户型设计还是居住环境都有了明显改善；全镇所辖 3 个行政村已基本实现"五通"，即通水、通电、通公路、通电话和电视信号；饮用水安全人口占全镇总人口的 100%；各村村委会相继进行了改扩建，村民文化娱乐设施建设力度不断加大，进一步丰富了群众业余文化生活。

（二）人民生活的现状

针对东嘎镇具体家庭生活的现状，课题组专门到 3 个村去调研，进行抽样调查，一共发放问卷 40 份，收回 38 份。

1. 收入的现状

农牧民收入的具体分析如下。

通过我们的问卷调查（见表 7-4）可以看出，全年最高的家庭收入达到 18 万元，最低收入家庭仅有 4000 元，最高家庭收入是最低家庭收入的 45 倍。通过对表中序号为 20 和 21 的两个家庭进行分析我们发现，20 号家庭正好是收入最高的家庭，21 号家庭正好是收入最低的家庭，两个家庭同样具有 4 口人，只是劳动力不同，收入最高的 20 号家庭仅有一个劳动力，而收入最低的家庭却有两个劳动力。通过我们对个案的分析表明，家庭收入和劳动力多少并不相关。我们对 38 户家庭的全年收入（用 R 表示）和劳动力（用 L 表示）分别取对数，然后通过 EVIEWS 作相关性分析，得出如下相关关系结果：

$$\ln R = 9.679802 + 0.613461 \ln L$$
$$R\text{-squared} = 0.137790$$
$$\text{Adjusted } R\text{-squared} = 0.113840$$

通过我们对收入和劳动力做的相关性分析，可以看出 R^2 和可校 R^2 都很小，说明收入和劳动力数量相关性极小，也印证了我们对个案的分析。这也说明，在当前东嘎镇的农村，只靠劳动力就能致富的时代已经过时了，农村里需要的是新型农牧民，需要有技术、头脑灵活等高素质的新型农牧民。

表 7－4　东嘎镇三个行政村家庭入户调查总结

序号	家庭人口（人）	劳动力人数（人）	全年收入（元）	全年支出（元）
1	4	4	24000	36000
2	9	3	55000	15000
3	3	2	30000	30000
4	3	1	8000	8000
5	5	2	8000	15000
6	4	2	37000	11000
7	5	1	45000	44000
8	6	3	110000	74000
9	4	2	73000	50000
10	4	4	22000	21000
11	5	3	36000	18000
12	7	3	25000	17000
13	6	1	10700	10000
14	4	1	18000	12000
15	3	2	24000	20000
16	6	2	7500	17000
17	2	2	20000	8000
18	6	3	18000	22000
19	6	4	66000	43000
20	4	1	180000	17000
21	4	2	4000	13000
22	2	1	18000	8300
23	5	1	16000	22000
24	5	4	49000	23000
25	7	2	14000	12000
26	2	1	9000	10000
27	2	1	9000	8000
28	3	1	15000	19000

序号	家庭人口（人）	劳动力人数（人）	全年收入（元）	全年支出（元）
29	4	1	7000	22000
30	6	2	100000	67000
31	5	2	9600	10000
32	4	3	30000	26000
33	5	3	20000	25000
34	5	1	14200	16000
35	5	3	32000	23000
36	4	1	23000	25000
37	4	1	24000	17000
38	8	4	96000	87000

农牧民收入的案例：

我们从相关报道中，摘抄一些案例，以便更好地展现东嘎镇农牧民的收入现状，这些案例真实地反映了我们在调研过程中的实际感受。

案例一：

近日，记者刚踏上拉萨市堆龙德庆县的土地，阵阵鼓乐和欢笑声就扑面而来。"这是东嘎镇村民在排练节目，是镇党委为农民增收开辟的又一条路子。"随行的县委宣传部同志说，在"三个代表"重要思想学教活动中，镇党委千方百计为农民增收开辟新门路。今年初夏，镇里与北京一家公司联合开发特色旅游项目，组织村民排练演出具有民族特色的节目，既活跃了农村文化生活，又吸引了游客，增加了收入。

在桑木村热闹的排练帐篷里，正在指挥村民排练的镇党委书记陈峰说：特色旅游服务是增加农民收入的好项目，大家积极性很高，一有空闲就来排练。桑木村有27人参加文艺演出，每人每月至少可拿到300元工资，高的能拿到600元。预计今年仅此一项桑木村人均可增收150元。

40岁的藏胞巴珠告诉记者，他家6口人，前几年每年收入只有5000元左右。这两年县上、镇里的干部不停地来帮助他寻找挣钱的路子，他家的收入一年比一年高，去年已达到1.3万多元。

近两年，镇上首先大做农业结构调整的文章，大力发展藏鸡、藏猪、奶牛等特色养殖，全镇每户平均每年可增收近4000元。镇上还广辟生财门路，根据自身优势和重点工程建设需求，全力扶持村民发展餐饮服务业、运输业，并积极组织劳务输出。

陈峰介绍，东嘎镇共有4514人，去年人均年纯收入已达到2063元。根据目前的发展势头，今年可以达到2200元，有的村还将超过3000元。"实践'三个代表'，就是要让群众感到你是真心诚意为他们谋利益，就是要让他们得到实惠。只会空喊，老百姓是不会信服的。"陈峰说。

案例二：

都说"发展才是硬道理"，但靠什么发展、怎样发展，往往愁死人。为了发展，东嘎村委会主任普琼带着村"两委"班子"马不停蹄"地二访下问，对比先进找差距，迅速厘清了发展思路。

通过大量的走访和分析调查，普琼发现，东嘎村所有的矛盾、问题都集中在失地农民的就业上，失地农民就业问题解决好了，其他的问题就迎刃而解。为帮助失地农民解决就业，普琼多次召开村"两委"会议，组织党员干部帮助群众转变观念，不等不靠，依托市场解决就业，增加收入。

"说了算、定了干、干就干好"是普琼的一贯作风。为群众做出榜样，普琼积极争取县委、县政府的支持，联合村里30多户跑运输的个体户党员，筹集资金100余万元，组建东嘎益民公司，以毗邻东嘎村的拉萨经济技术开发区建设为依托，主动上门联系业务，从事开发区企业的物业服务工作，使公司连年赢利，解决了500多名失地农民的就业问题。

2008年，公司资产总额达240万元，比成立初增加了1倍，组织失地农民劳务输出3000余人次，创经济收入达260余万元。普琼充分利用县政府为和平新村划拨的50亩预留地，修建80间商品房，并将商品房进行招租，在2007年和2008年共获益120万元，村民分红100万元。如今，东嘎村的失地农民已经闯出了一条致富的路子，日子越过越好。

结合正在开展深化创先争优强基础惠民生活动，普琼和村"两委"班子继续想点子、找路子，目前，已经成形的发展规划有六项：一是修建拉萨市西城区公益公园；二是兴办东嘎村校服工厂；三是兴建格桑林卡"藏家乐"；四是扩大林琼岗度假村规模；五是兴建流沙河森林公园；六是组建物业公司。整合益民公司，成立为开发区众多企业服务的物业公司，提供运输、保洁、保安、绿化等服务，可吸收用工100余人。

2. 消费的现状

从调查问卷总结表中可以看出，所调查东嘎镇家庭中，2010 年最高消费为 87000 元，是 39 号家庭，最低消费为 8000 元，分别是 4、17、28 号家庭。

我们先分析 39 号家庭，该家庭有 8 口人，劳动力 4 个，全年收入为 96000 元，可以看出该家庭消费高的原因是家庭人口多。4 号家庭 3 口人，劳动力 1 人，全年收入为 8000 元，消费低的原因是家庭人口和收入少。17 号家庭 2 口人，劳动力 2 个，全年收入为 20000 元，消费低的原因是家庭人口少。28 号家庭 2 口人，劳动力 1 个，全年收入为 9000 元，消费低的原因是家庭人口和收入少，其中人口是主要原因。通过我们的个案分析可以看出，影响消费多少的原因是家庭人口和收入。为了印证个案分析，我们对所有调查家庭消费的影响因素做一个回归分析。我们假设人口（用 P 表示）和收入（用 R 表示）是影响消费（用 C 表示）的因素。因变量和自变量分别取对数。

得出如下结果：

$$\ln C = 5.092451 + 0.409443\ln R + 0.461478\ln P$$
$$(5.967506) \quad (4.572285) \quad (2.223928)$$
$$R^2 = 0.510635 \quad D.W. = 2.272064$$

图 7 - 5　传统的抱石头比赛

从回归结果来看，模型还是较为合理，只是相关性稍差一些，但并不影响我们对问题的说明。家庭人口对消费的影响要大于收入对消费的影响，这和我们对个案分析相吻合。模型结果常数项数值较高，我们认为除了人口和收入对消费的影响外，其他因素，比如家庭人口的年龄、性别、劳动力的年龄、性别、素质等因素对消费的影响更大一些。

通过以上分析可以看出，东嘎镇农牧民无论从收入还是消费结构都有着跨越式的发展，现在东嘎镇的农牧民呈现出生产发展、生活安定、作风文明的一派欣欣向荣的景象。但同时也存在由于劳动者文化素质偏低，自身学习不够，自我积累不足，思想上比较保守，市场经济意识不强，导致收入差距的问题。但是我们相信在东嘎镇党委政府的领导下，东嘎镇农牧民群众的生活会越来越好。

四　东嘎镇经济发展经验总结和展望

（一）经济发展的经验总结

1. 深化改革，稳定和完善政策，是经济发展的根本

最初的农牧区改革，东嘎镇能够紧紧抓住调动农牧民生产积极性这个关键，推行了各种不同形式的生产责任制，到1985年全面实行了"两个长期不变"的政策，以后又根据实际情况，不断地深化。在改革中，坚持解放思想，一切从实际出发，先易后难，不断总结新经验；坚持尊重农牧民意愿，领导与群众结合，坚持改革与发展结合，以改革促发展。十一届三中全会以来，全镇企业虽然有了一定发展，但由于没有把乡镇企业摆二重要位置，认识迟，起步晚，发展慢。邓小平同志南方谈话以后，东嘎镇抓住机遇，把发展乡镇企业作为全镇经济的一个战略重点和最主要的工作来抓，乡镇企业发展步伐加快。全镇上下统一思想认识，进一步解放思想，确立"发展才是硬道理"的指导思想，按照"三个有利于"的原则，有条件要上，没有条件创造条件也要上，根据自治区有关政策和堆龙德庆县的《堆龙德庆县招商引资优惠政策》，加强横向联合，广泛寻求联合伙伴，充分发挥优势，利用有利条件，确立发展项目；多渠道筹措资金，解决资金不足的困难；招揽人才，培训骨干，解决人才缺乏的难题，以市场为导向，乡（镇）办、村办多轮驱动，集体、个体共同发展，建立健全规章制度，引入竞争机制，对全市乡镇企业的发展，起到很大的推动作用。

2. 调整好产业结构，是经济发展的前提

近些年来，东嘎镇重视农牧业和农牧区经济结构调整工作，在失地的

情况下，积极调整种植结构，种植业扩大了油菜籽、蔬菜等经济作物的种植，大力实施城郊种植基地建设，发展养牛、养猪、养家禽等副食品生产。油菜籽和饲料作物，特别是蔬菜有了较快增长；以养牛、羊为主的畜牧业正逐步调整，养猪、养家禽有了好的开端；中小企业进入新的发展阶段，有的已初具规模；交通运输业、商业、饮食服务业等第三产业也出现好的发展势头。东嘎镇能取得今天的好成绩来之不易，很重要的一条经验，就是调整好产业结构，走一产上水平、二产抓重点、三产大发展的产业协调并进的路子，只有这样，才能推动传统的低效农牧业向"两高一优"的农牧业转变，推动农牧区经济由单一的农牧业向二、三产业全面发展的转变，进一步提高农牧民收入水平。

3. 加强党的领导，是深化农牧区改革、经济发展的保证

党的十一届三中全会以来，中央、自治区党委和政府非常重视农牧业、农牧区工作，明确农牧区工作的大政方针，为东嘎镇指明了方向。从县委县政府到镇党委政府几届班子不断提高对发展农牧业重大意义的认识，坚持把农牧业、农牧区工作置于首位，调派得力干部充实农牧干部队伍，坚持每年大中专毕业生和有培养前途的干部下基层锻炼，层层落实目标管理责任制，主要领导经常抓，分管领导专门抓，县（区）领导集中抓，切实加强对农牧业和农牧区工作的领导。

一是始终把加强全镇稳定局势和社会主义精神文明建设放在重要位置。东嘎镇稳定局势的任务十分艰巨，只有把稳定局势和精神文明建设抓好了，才能为农牧区改革、经济建设提供先决条件。这方面，东嘎镇逐步建立和实行领导干部责任制，增强领导干部确保一方平安的政治责任感和紧迫感；加强普法教育，增强农牧民的法律意识和法制观念；坚持对广大党员、群众进行维护祖国统一的思想教育，提高党员和群众反分裂斗争的自觉性；加强防范，强化寺庙管理，对分裂势力的苗头和各种违法犯罪活动，坚持露头就打、露头就治，绝不让其形成气候；重视人民群众普遍关心的热点问题，加强党的方针、政策的教育；加强基层治保、调解组织的建设；抓好军民共建活动，密切军民关系；重视办好农牧区社会福利事业，办好敬老院。

二是转变作风，深入群众，宣传党的富民政策，现场办公为农牧民办实事、办好事，努力为基层和群众排忧解难，镇党委政府在新形势下，围

绕农牧业的改革、发展，加强农牧业生产宏观管理，具体指导和参与各项服务工作，在资金、技术、人员等方面服务于全镇的各项产业。党的领导加强了，就为全镇经济发展提供了有力保证。

（二）经济发展中存在的问题

通过前几节的分析，我们认为东嘎镇是在起点较低的基础上发展的。纵向比，全镇经济发展迅速，这是无疑的，横向比，东嘎镇发展水平与内地及少数民族先进地区差距还很大，经济效益仍处在较低层次，尤其在发展社会主义市场经济条件下，还有较大的差距。农牧区社会事业发展程度很低，尤其是教育、科技、文化、卫生仍不发达。基层干部整体水平不高，劳动者的素质普遍较低，农牧民商品观念、效益观念、市场观念丕很淡薄，传统习惯较为严重。经济基础十分薄弱，各项基础建设滞后，严重制约经济的快速发展。全镇产业虽然结构较为合理，但是第一产业仍然很不发达，二、三产业比重过小，中小企业少，而且仍处于起步阶段。农牧区改革深度仍然不够，对农牧业和农牧区出现的新情况、新问题缺少研究。上述问题，有待在今后深化改革、发展全镇经济中认真解决。

（三）经济发展面临的机遇

1. 政策支持力度加大

中央第五次西藏工作座谈会给予西藏发展一系列特殊优惠政策，确立了对口援藏工作长效机制，支持力度进一步加大。区市县党委七届七次全会进一步明确了经济社会发展的战略目标和发展重点，制定出台了一系列优惠政策与措施，为推动全县经济社会更好更快更大发展提供了强有力的政策保障和支持。

2. 区市县规划定位明确

自治区将中部核心经济区作为全区重点开发区和优先发展区，着重培育以拉萨为核心的青藏铁路和"一江三河"战略发展轴线，努力把中部核心经济区打造成为经济增长区、现代产业集聚区、功能核心区的战略目标以及拉萨市"一核、两带、三点"的发展布局和战略定位，为全镇经济社会科学发展、跨越式发展提供了广阔空间。

3. 明显的区域优势

东嘎镇地处交通要道，东起青藏公路和拉贡公路交叉口，西抵羊达乡，路经县政府和东嘎水泥厂、地质大队、725油库等机关事业单位，是堆龙德庆县最繁华的地段，距拉萨市 12 公里，交通极为便利，城郊型经济形式现已初具规模。得天独厚的区位、地理优势，使东嘎镇群众领先享受到科技现代化带来的便利，生产、生活用电得到了全面满足。"村村通"广播、文化事业全面开拓，程控电话与市话并网，家家户户精神文明生活一改往日的闭塞，再上新台阶，率先向信息化社会迈出了步子，为全面建成小康社会，创造了有利的条件。

（四）经济发展的思路

随着拉萨市"东延西扩、跨河发展"战略目标进一步实施，东嘎镇大部分土地已被县政府发展需要而征收。目前，全镇 80% 的农民完全依靠副业收入维持生计。针对这一情况，要充分依托地理优势，因地制宜、开拓生财之路。积极引导村集体经济，管好、盘好集体土地资产，搞好土地开发，不断开辟村集体资源。

1. 大力发展特色种植养殖业

充分利用剩余的耕地，通过招商引资的方式，在不改变土地性质的前提下，将土地出租给菜农、苗圃商和养殖户，在提高土地收益的同时使更多的劳动力进城就业或从事个体经商。进一步发展全镇的特色产业，提高农牧民的经济收入，尽快使农牧民群众富裕起来。把租不出去的剩余耕地种植特色产品，如藏葱、藏年花、藏芹菜等。从养猪专业户多年的养殖经验入手，带动一部分农户在养殖业上下功夫，在下一步发展中力争成立一个千头猪、千只鸡、千只鸭的大型集体养殖场。进一步加大对特色产品的种植养殖，打造自己特色种植养殖业。

2. 重点发展第二、三产业

随着社会的发展，人民生活水平的日益提高，人们对物质文化生活的要求也越来越高，利用土地资源的优势，建成民俗度假村，从而提高村集体收入，带动全镇第三产业的发展。充分利用县政府划拨的经济预留地，积极创办汽车配件修理厂、招待所和餐饮业，积极创收，解决待业群众的就业问题。利用全镇私人车辆较多，大多从事运输业的契机，成立汽车运输队，由村领导出面寻找工作机会并组织编排车辆进行运输，不但解决个人揽活难的问题，同时进一步提高村级组织在群众中的威信。争取有关部门的审批，投资开办扶民网吧，可有效长期解决 4～5 名待业青年的就业问题。

第八章　东嘎镇社会事业的发展

一　东嘎镇教育事业

清光绪三十三年（1907 年，藏历第十五饶迥火阴羊年），西藏地方政府按照驻藏帮办大臣张荫棠制定的《奏定学堂章程》在拉萨设立学务局，办理包括堆龙德庆地方在内的西藏各地兴学事宜。堆龙德庆地方主要为寺庙教育。民主改革后，堆龙德庆县人民政府于 1959 年 9 月设置文教科管理全县的教育，1960 年 2 月东嘎并入堆龙德庆县后，开始人民教育的发展。

（一）民主改革前的寺院教育

民主改革前，东嘎宗的教育事业十分落后，教育大权被寺庙所控制。寺庙教育不仅是境内社会教育的基本形式，也是学校教育的唯一形式。

寺庙教育是通过寺庙讲授经文来进行教学的。学生入寺学习，必须履行一定的手续，入寺时要有相当资历的僧人作引荐，入寺后再拜有学问的僧人为老师，学习藏文文法、正字法、诗歌基本理论、辞藻、各种应用公文、经典、算术、梵文等。经过一定时间之后，便可进入班次学经，要想最后取得格西学位，还得精通《大般若经》《中观》《戒》《实相》《墨论》等名著。根据僧人不同情况，有的学习绘画、雕塑、刻板、印经；有的学习天文历算等方面的知识；有的参加寺院的杂务劳动。

寺庙教育除培养僧人，还有贵族子弟、奴隶主的小孩。由于学费过高，广大农牧民子女根本无法进寺庙学习。

民主改革前，楚布寺是当时堆龙德庆县（含东嘎宗）境内的最高学府，其他各寺庙愿意深造的学员和僧人既可到楚布寺学习，也可到拉萨各大寺庙进一步学习、深造。

（二）民主改革后的乡村小学建设

1959 年 7 月，东嘎的桑木平叛生产委员会将其所辖的 11 个豁卡合办了 1 所民办小学，首招学生 53 名，并于 7 月 9 日举行了隆重的开学典礼。此为东嘎的第一所小学，也即是堆龙德庆县的第一所小学。接着，于同年 9 月，堆龙德庆县创办了第一批民办小学（即村办初级小学）。

1959 年 9 月 10 日，堆龙德庆县人民政府和西郊区人民政府分别在德庆乡驻地和东嘎村驻地成立；1960 年 2 月两县区合并后，东嘎并入堆龙德庆县。堆龙德庆县人民政府搬迁至东嘎的南岗欧协村，东嘎自此成为县政府驻地。在东嘎辖区内有多所小学。其中，堆龙德庆县中心小学创建于 1964 年，是一所六年制走读完全小学。

从 1959 年下半年创办第一所民办小学起，开始实行校长负责制度，并确立以县教育行政部门为主、教育行政与乡（镇）党委双重领导的管理体制。当时，小学的校长主持校务会议，负责学校的全面工作。教导主任主管教育教学业务，乡中心完小承担对村小的领导和民小的业务辅导责任。"文化大革命"时期，学校工作先后由校革委会、校革命领导小组主持。

办学初期，学校校舍课桌、板凳比较简陋，大多数学校利用单位房作校舍，桌凳不够，由学生自带上课。20 世纪 60 年代初，国民经济处于困难时期校舍更新极少。20 世纪 60 年代中期到 70 年代末，随着国家在教育基建上的投资不断加大，群众资助，单位出资与勤工俭学相结合的原则，许多学校经过整理、修复、更新，教学设备也日趋完善。

从 1959 年堆龙德庆县办起第一所社会主义学校开始，东嘎的"普六"历程就开始了。县委、县政府通过实施"分级管理、分级负责"的管理体制，东嘎区（下辖 6 个乡）狠抓集资办学，动员社会支持教育。并采取多渠道筹资，增加对教育的投入，补充了全社会实施义务教育所需经费的不足，改善了办学条件，增强了全社会的教育意识，使东嘎区的义务教育迅速发展。同时，由于民主改革前，东嘎宗管辖的人口中 95% 以上是文盲，2% 是半文盲。从 20 世纪 60 年代开始，东嘎下辖的乡、人民公社采取办夜校的形式开展了扫盲工作，进行"变朗生为书生"运动，文盲率急剧下降。

（三）1979 年以来的东嘎镇教育发展状况

东嘎镇作为堆龙德庆县人民政府的驻地，农牧民子女的义务教育阶段基本都在教育直属机构完成，东嘎镇的教育发展水平走在其他乡镇的前列。

1．教育机构

堆龙德庆县中心小学。学校占地面积33500平方米，建筑面积2885平方米，绿化面积1455平方米，有幻灯机、数学教具箱、自然教具箱、单双杠、跳马、足球场、篮球场等教学仪器和体育设施，藏书120册。学校设置藏语文、数学、汉语文、思想品德、体育、音乐、自然、劳动等课程，汉语文从二年级开设。学校注重学生德、智、体诸方面和谐发展，开展丰富多彩的课外活动，常年组织学生鼓号队、学生足球队，每年举行一次全校性的田径、足球比赛和文艺会演。学校自创办以来至2000年，共培养小学毕业生2620人，向高一级学校输送新生1962人，132人考到内地西藏班。1990年被评为拉萨市农牧区合格公办小学，1991年被评为拉萨市先进单位。后来，该校被命名为堆龙丰台小学，接受北京市丰台区的对口援助。

姜昆、黄小勇希望小学。成立于1997年8月，是一所走读制村级完全小学。希望小学是在姜昆、黄小勇先生和北京韩建集团的大力援助及县政府的积极配合下建成的，学校设备齐全，建有各种功能教室，有微机等现代化教学设备，开设了藏语文、数学、汉语文、思想品德、体育、音乐、自然、劳动、微机等课程。至2000年，全校共有教学班6个，学生169名；有教职工21人，教师19人，本科学历1人，大专学历15人，中专学历3人。到2010年，学校占地面积16000平方米，建筑面积1563平方米，有足球场、篮球场和乒乓球台等。学校现有图书2521册，绿化面积有1174.9平方米。学校现有6个班级，在校学生192名，其中女生91名，借读生54名、少先队员171名，学生入学率100％，流失率0。现有老师19人，其中女教师11人，少数民族15人；本科学历12人，大专学历7人。该校先后被评为全国"模范希望小学"、市县级"师范学校""精神文明学校"等。

堆龙德庆县中学。创建于1974年，是一所全日制中学，科级建制。校址原在嘎东村，1979年搬迁至东嘎镇南嘎村。学校占地面积144亩。学制为三年，执行教育部颁布的教学计划、教学大纲。开设有藏语文、汉语文、数学、物理、化学、生物、地理、政治、英语、计算机、体育等课程。所用教材除藏文外，均为全国统编教材。从创办至2000年，共招收学生12474人，培养初中毕业生473人，向高一级学校输送新生330人。

2000 年底，全校共有学生 650 名；教职工 77 名，其中专任教师 67 名。

堆龙德庆县农村儿童文化园。位于东嘎镇，由文化部和西藏自治区、拉萨市、堆龙德庆县三级人民政府共同投资 260 万元兴建。1997 年 9 月奠基，1998 年 9 月竣工，总占地面积 4440 平方米，建筑面积 1500 平方米，包括活动中心大楼、停车场、科普园、动物养殖园、游乐园、职工宿舍等设施，共设有健身房、书画室、音乐室等 11 个厅室。堆龙德庆县农村儿童文化园，是西藏自治区首家农村儿童文化园，也是全国蒲公英农村儿童文化园的第 14 家。

2010 年，南嘎七组村民小组筹资 6.1 万元、群众投资 3.9 万元新修了村幼儿园。该村幼儿园有教师 1 名，入园儿童 24 人。同时，东嘎村有一个规模较大的幼儿园，有教师 4 人，入园儿童 120 人。

2010 年，东嘎镇共有教职工 64 人，其中女性 36 人，少数民族 54 人，党员 17 人，学历符合国家规定的有 64 人，学历合格率为 100%。大学本科毕业 14 人，大学专科毕业 46 人，中专毕业 2 人，高中毕业 2 人；职称结构为初级 27 人，中级 27 人；校内校长 1 人、副校长 3 人；接受岗位培训 4 人，岗位培训率 100%。

图 8 - 1　东嘎镇"两基"教育基本情况介绍

2. 教育水平

小学教育：1984 年，东嘎区（镇）适龄儿童 1394 名，适龄儿童升学率 55.88%。堆龙德庆县中心小学自开办以来就是六年制走读学校。完全小学在 1990 年、1992 年先后由三年制改为六年制，或四年制改为六年制。教学点学制一般是二年或三年，学生在教学点毕业后再到各中心小学或完小继续完成学业。姜昆、黄小勇希望小学与中心小学在课程设置上没有太大的差别。主要开设藏语文、数学、汉语文、思想品德、体育、音乐、自然、劳动等课程。其教材除藏语文使用自治区新编教材外，其余均使用全国统编教材。根据拉萨市第五次教育工作会议的要求，决定将东嘎镇下属的桑木、卓麦、加布等三个村作为全县实施初级小学义务教育的试点。①表 8-1 和表 8-2 为东嘎镇小学毕业升入内地西藏班就读的情况。

表 8-1　1985~2000 年东嘎镇内地西藏班就读小学生统计

单位：人

项目 年份	全县		东嘎镇		项目 年份	全县		东嘎镇	
	上线	录取	上线	录取		上线	录取	上线	录取
1985	35	21	25	13	1993	89	70	46	33
1986	42	26	32	22	1994	94	78	61	45
1987	50	38	41	31	1995	70	50	45	25
1988	41	24	21	13	1996	42	40	12	11
1989	51	31	24	15	1997	32	28	10	9
1990	44	33	22	16	1998	40	35	12	10
1991	75	53	43	33	1999	41	35	13	12
1992	61	45	23	16	2000	26	21	8	7

资料来源：根据《堆龙德庆县志》整理。

全镇共有 2 所小学，26 个班级，在校学生 720 人，专任教师 64 人，无代课老师。学校的办公条件优越，小学生生均校舍面积达 10 平方米，无危房，生均图书达 26 册。各学校仪器配备符合自治区规定的标准，配备率达到 100%，基本达到"一无三有六配备"的要求。每年都有相当一部分优秀的小学毕业生升入到内地西藏班学习，其中堆龙丰台小学考上的学生较多（见表 8-2）。

---

① 堆龙德庆县文教局：《关于在桑木等三个村实施初级小学义务教育的意见》，1991 年 8 月 26 日，现存堆龙德庆县档案馆。

表 8－2　2001～2010 年东嘎镇小学毕业生考入西藏班的统计

单位：人

项目 年份	堆龙丰台 小学	姜昆希望 小学	项目 年份	堆龙丰台 小学	姜昆希望 小学
2001	6	6	2006	11	5
2002	14	3	2007	5	2
2003	19	—	2008	7	—
2004	13	1	2009	20	6
2005	6	1	2010	10	1

　　资料来源：根据堆龙丰台小学和姜昆希望小学提供的数据整理，其中姜昆希望小学缺 2003 年和 2008 年的数据。

图 8－2　1998 年 9 月，在东嘎镇建成的堆龙德庆县农村儿童文化园

　　中学教育：堆龙德庆县的中学教育起步于 1974 年，面向全县和东嘎镇（区）招收小学毕业生进校接受中学教育，学制三年。所开设的课程有藏语文、汉语文、数学、物理、化学、生物、地理、政治、英语、计算机、音乐、体育等，其教材除藏语文为自治区新编教材外，其余均为全国统编教材。执行教育部颁布的教学计划、教学大纲，着重对学生进行思想品德教育和基础知识教育，基本技能培训。根据堆龙德庆县人民政府制定的《农村教育综合改革实施方案》及自治区、拉萨市教委意见，制定了学校《职业教育发展的规划》，并在县中学挂牌成立堆龙德庆县职业中学。之后，县中学以"升学有基础，就业有技能"为办学目标，承担起基础教育

和职业教育的双重任务。职业教育课程分为种植、养殖、加工制作、维修4个专业，共设农作物、蔬菜、花木、养猪、养鱼、养鸭、木工、绘画、缝纫、毛线编织、农机维修等11门课程。还建有理发、电脑、舞蹈、书法、写作、乐器6个兴趣小组，学校共有30余亩职教基地。

　　1987年，对堆龙德庆县中学和东嘎等5个区公办小学实行"三包"，解决了部分学生的实际困难，提高了代课教师和民办教师的生活待遇，并对教师实行考评制度，使教师的责、权、利直接挂钩，调动了教师的教学积极性。1994年10月，堆龙德庆县人民政府颁布《堆龙德庆县普及六年义务教育实施方案》，规定：实施义务教育对各乡、镇不划分地区类别，全县采取统一步骤。1997年普及六年义务教育，为2001年普及九年义务教育打下坚实基础。2010年，堆龙德庆县对东嘎镇非义务教育阶段农牧民子女在校生进行奖励。东嘎村有48人获得资助，其中在校大学生21人，高中教育阶段的24人，中专职业技术教育3人。南嘎村有36人获得资助，其中在校大学生13人，高中教育阶段的21人，中专职业技术教育2人。桑木村有42人获得资助，其中在校大学生13人，高中教育阶段的29人。

图8-3　东嘎镇姜昆希望小学学生在吃午饭

　　2010年，东嘎镇适龄儿童入学率和初中阶段入学率均达到了100%，小学阶段辍学率为0，初中阶段辍学率为1%；劳动力平均受教育9年，劳动力初级职业化培训率达到85%；镇级财政对教育事业投入达到7.06万元，占本级财政收入的17.01%，教育事业飞速发展。同时，东嘎镇认真执行上级关于“两基”迎国检工作的通知要求，积极在全镇辖区内开展扫盲、控辍学工作，不断巩固“两基”成果，扫除青少年文盲。先后组织干部职工、学校老师1200余人次参与扫盲、控辍学工作，投入资金3万余元。

二　东嘎镇科技事业

民主改革前，东嘎宗的农作物品种不多，一般都是一年一作，有些谿卡还实行耕地轮歇制，部分农耕地种一年后丢荒2年至3年。东嘎宗没有推广科学技术工作的机构，也没有任何科技活动。如果说有，那也仅指民间的能工巧匠和农牧能人的经验师徒相承和父子相继。

民主改革以来，东嘎镇（区）的科技事业主要依附于堆龙德庆县的农牧业科技发展。堆龙德庆县是个农牧业经济占主导地位的县份，有关科学技术的研发和应用，均围绕农牧业的发展进行。1962年，堆龙德庆县成立农技站，开始农业试验田工作。1966年，县农技站撤销，农技干部下放到各区、社，指导农技工作。1977年，县成立农科所，由8名农技干部组成，重点在农区开展农技推广工作，并成立县、乡、村三级农科网组织。东嘎每个社、队基本有1名不脱产的农技员。1985年，县农科所改为农业技术推广站，工作重点转为农业新技术试验、示范和推广，在东嘎镇设立工作点。2000年，东嘎镇有4名农牧业技术人员。在堆龙德庆县农牧科技局和东嘎镇的共同努力下，东嘎镇的农牧技术的推广取得很好的成绩。

（一）耕作制度的改进

自1959年以来，坚持因地制宜、发展生产，用地与养地相结合的原则，通过示范，全面实行合理轮作，并增加冬播作物，增施肥料，开展中耕、苗期灌溉等耕作技术。以增加冬播作物为例，20世纪70年代，自治区、拉萨市和县的科技人员，在东嘎进行多次试验，证实本县多数地区适宜种植冬小麦，并逐步推广。过去一般习惯采用豆、麦和油菜混播的方法，以弥补地力不足。1984年，技术方面只限于几项农业技术的推广应用，其他生产领域里的技术引进还没有。如蔬菜生产仅限于土豆、萝卜等传统品种，如引进技术大力发展细菜生产，将大有可为。① 1984年，桑木

① 西藏自治区农牧厅调查组：《堆龙德庆县桑木乡社会经济情况的调查报告》，1985年7月15日，现存堆龙德庆县档案馆。

乡（现桑木村）专业户只有两户，专业户发展不快，其原因主要是社会化服务跟不上，其中最重要的是技术服务没有保障。[①] 1984 年，东嘎区改造低产田 305.7 亩，加厚土层 11 亩，种子精选 395438 斤，化肥 410141 斤，每亩平均 25.4 斤。广大科技人员通过试验，得出了肥力能够保持，又可获得丰产的多种轮作制，对促进东嘎镇的农业发展起着巨大的作用。

（二）高产栽培技术

其内容包括因地制宜，精选种子，注重播种质量，精细整地，施足底肥，适时播种，合理密植，蚕豆窝播，余为条播，及时中耕，巧施追肥，防治病、虫、草害等。1980 年，自治区和县人民政府先后为区、社购买配备了种子精选机 19 台，其中东嘎区 5 台。据在东嘎区羊达公社试验：每百斤种子可清除 1~2 斤杂草种子……东嘎区通嘎公社原来 1 亩青稞需种 30 斤左右，精选后，每亩只播 25 斤左右。[②] 长期以来，堆龙德庆县的农业技术人员通过实践，对不同作物实施不同的栽培技术，取得了大量的合理数据，并在广大农村推广，取得良好效果。1983 年引进青稞良种 5500 斤，其中喜马拉雅 6 号 1500 斤，亩产可达 500 斤；藏青 1 号 4000 斤，亩产可达 450 斤，比当地青稞每亩增产七八十斤。仅这两个品种可提供良种 98000 斤，面积 3000 亩。[③] 1985 年，东嘎区种植青稞面积 5000 亩，青稞要着重以喜马拉雅 6 号和藏青 1 号为主……也要推广当地高产当家品种。[④] 1995 年在东嘎镇试种青油 4 号，亩产高达 282 公斤。到 2010 年，全镇仅种植了 46.67 公顷的油菜籽，油菜籽产量为 161 吨，亩产 230 公斤。

（三）开展蔬菜、瓜果和花卉的引种和推广工作

随着拉萨市饮食业的发展和环境绿化、美化的需要，东嘎镇依靠堆龙德庆县邻近拉萨的区位优势，有计划、有步骤地开展"菜篮子"工程的试验和推广工作。1999 年，东嘎镇东嘎村 16 户蔬菜种植户，人均收入已达 2500 元；东嘎镇人均收入 1819.06 元，比 1998 年增 288.06 元。在农牧局、

---

① 西藏自治区农牧厅调查组：《堆龙德庆县桑木乡社会经济情况的调查报告》，1985 年 7 月 15 日，现存堆龙德庆县档案馆。

② 堆龙德庆县农科所：《堆龙德庆县推广机械选种的情况简报》，现存堆龙德庆县档案馆。

③ 堆龙德庆县人民政府：《通嘎农业技术承包现场会简报》，1983 年 9 月 3 日，现存堆龙德庆县档案馆。

④ 堆龙德庆县委驻东嘎区工作组：《东嘎区备耕生产情况简报》，1985 年 3 月 10 日，现存堆龙德庆县档案馆。

科技局的直接指导下，2000 年建成了现代化温室蔬菜、花卉生产示范园。现有自动化连栋高效温室 1 栋，日光温室 10 栋，进行优良品种的试验、引进工作。目前引进的新品种蔬菜、瓜果类有樱桃、西红柿、美国大红 101、小金铃、大西红柿、黄金椒、太空甜椒、芦笋等 30 多个品种。花卉类新品种有郁金香、百合、玫瑰、月季、菊花、杜鹃、高粱草、兰草和黑麦草等 30 多种。在试种成功并取得经验后，逐步向附近农村推广，借以带动附近农户向产业化、专业化方向发展。2010 年，东嘎镇种植蔬菜 82.9 公顷，占全县蔬菜种植面积的 9.4%；全镇蔬菜产量 7809 吨，占全县蔬菜总产量的 4.2%。2010 年，东嘎、南嘎、桑木村分别利用自己的村集体经济预留地共投资 1300 多万元开展村集体经济实体建设，东嘎、南嘎村商品房，桑木村奶牛养殖基地完工并投入使用，当年年末牲畜存栏数 1812 头（只），其中当年活畜出售 1954 头（只）。

三　东嘎镇医疗卫生的发展

（一）1951～1960 年前后的医疗卫生

历史上，堆龙德庆县曾出过藏医名家。8 世纪初，被称为藏医鼻祖的宇妥宁玛·云丹贡布就出生在县内的吉那雪村，其所著的《四部医典》为历代藏医必读的经典。自此以后，宇妥宁玛·云丹贡布家族的人，历代都出藏医，对东嘎的藏医[1]发展产生了巨大影响。民主改革后，全县有藏医 5 人，分散在顶嘎、巴热、邱桑和达东等地。

和平解放初期，中国人民解放军派部队医疗队到东嘎宗境内，给各阶层群众免费看病治疗。以后，为农牧民群众免费医疗的临时措施便形成制度延续下来。

和平解放前，东嘎宗的妇女生孩子按传统习惯在牛棚、羊圈或野外自产自接。孩子出生时，常用普通剪刀剪断脐带，用羊毛绳捆扎完事。因此，新生婴儿死亡率极高。如遇难产，母婴只有双亡。据和平解放初期的调查，东嘎宗和平解放前的婴儿死亡率达 30% 以上。和平解放后，解放军医务人员通过向广大妇女宣传卫生知识，实行新法接生，降低了东嘎宗的

---

[1]　藏医的诊断主要是望、闻、问、切、验尿，以"诊视而后用药"，诊断时"视其脉以左手执病者之右手，右手执病者之左手，一时齐脉，不分先后"。

婴儿死亡率。1958 年，东嘎掀起"灭四害"（灭臭虫、苍蝇、蚊子、老鼠）爱国卫生运动，取得显著效果。

（二）民主改革以来医疗卫生事业发展

民主改革后，在县驻地开始建立医疗机构。20 世纪 60 年代中期，建立县人民医院，同时各区公所卫生院（所）、乡（村）卫生室也陆续建立。70 年代建立区、乡级医疗机构，先后在各村建立卫生室，并配备乡村医生或卫生员，从而形成了以县医院为中心的免费医疗卫生体系。对全县农牧民实行免费医疗，减轻了农牧民的负担，提高了东嘎镇居民的健康水平。1988 年，堆龙德庆县根据西藏自治区农村卫生工作会议精神，允许医疗机构和乡村医生对免费医疗者适当收取劳务费。20 世纪 90 年代，堆龙德庆县贯彻执行《西藏自治区免费医疗暂行管理办法》，对免费医疗对象实行"减、免、收"政策，其免费医疗费用采取多渠道、多形式筹集。各级财政对享受免费医疗对象的年人均投入为：国家 15 元、自治区 10 元、拉萨市 3 元、堆龙德庆县 2 元，使免费医疗对象的医疗费由过去每年人均不足 5 元提高到 30 元。2000 年，东嘎镇免费医疗经费主要通过开办农村合作医疗，直接用于农牧民群众。

1. 医疗机构

1961 年，堆龙德庆县成立县医务室，时有卫生医务人员 5 人，工作条件简陋，只能做个别的小手术及诊治一些常见疾病。1963 年，县医务室改为县卫生院。1964 年，县卫生院更名为县人民医院。堆龙德庆县卫生部门和县医务室、县卫生院举办"赤脚医生"培训班，为东嘎区培养了一批藏族乡村医生和接生员，并为其配发新法接生包、卫生箱，在东嘎区开展妇女卫生宣传和新法接生工作。

20 世纪 60 年代中期，在东嘎区设有区卫生所 1 所。东嘎区各乡建立一个医务点，教育医务人员发扬"救死扶伤"的革命人道主义精神，像白求恩那样全心全意为人民服务。① 1988 年撤区并乡后，各区卫生所撤销，东嘎镇设有一所卫生院；1994 年，东嘎镇下辖的 3 个行政村建立村卫生室，同时在镇、村设有卫生防疫和妇保人员。东嘎镇的医疗卫生条件建立

---

① 东嘎区委、区公所：《东嘎区改革措施》，手稿，1985 年 12 月 14 日，现存堆龙德庆县档案馆。

起以堆龙德庆县人民医院为龙头，以东嘎镇卫生院为枢纽，以村级卫生室为网底的三级卫生服务网络，实现医疗服务的全覆盖。其中，南嘎、桑木两村均建有自己的卫生所，配有专职医生，平均每千人就拥有 1 名专职医生。东嘎镇卫生院、村级卫生室的人员素质、医疗水平以及医疗设备有很大提高，进一步加强对地方病和传染病的防治工作。东嘎镇卫生院和村级卫生室达到规定标准，合作医疗工作成效显著，人人享有初级卫生保健，受到广大群众的拥护。

2. 合作医疗

堆龙德庆县根据自治区卫生厅和拉萨市卫生局有关文件精神，于1998年在东嘎镇等乡镇进行合作医疗试点工作，并颁布出台了《堆龙德庆县人民政府〈关于农村合作医疗实施方案的通知〉》，要求从现有的卫生状况、社会经济状况出发，在现有免费医疗的基础上，坚持政府领导、多方筹资、因地制宜、量力而行、科学管理、民主监督的方针，遵循"引导、服务、节约、受益、适度发展"的原则，积极引导农民参与合作医疗，卫生部门主动提供卫生服务，合理利用和节约卫生资源，使其公平受益，与当地经济发展相适应。在筹资上坚持"金额与承受能力相结合，风险共担、互助共济、以需定收"的原则。在补偿中坚持"门诊住院兼顾补偿、比例适当、以收适当、以收定支"的原则；在基金管理中坚持"专款专用、专户储存、民主管理、定期监审、合理使用、滚动发展"的原则。

为加强组织领导，东嘎镇把建立和发展合作医疗制度纳入经济发展规划及年度目标管理，并成立了由政府和社会各方面代表参加的东嘎镇合作医疗管理委员会。参加合作医疗的对象为户籍在东嘎镇内的农牧民。以户为单位参加合作医疗，由村委会统一办理登记注册等有关手续，决定中途退出者，不退所交基金，并制定了参与者所享有的权利和必须履行的义务。资金来源主要由区、市、县三级财政投资和乡村集体和个人集资三部分组成。坚持积极动员，自愿参加的原则。试点期间，堆龙德庆县投资建设东嘎镇的卫生室，并出资为免费医疗配套资金，提高了村卫生室的药品品种配备。

堆龙德庆县按人均 2 元拨款给东嘎镇的农牧民，用于解决免费医疗配套资金。在筹资标准管理使用及报销比例等工作中，做到严格把关，在举办形式上实行乡办乡管，合医又合药，在基金管理中实行分户注册登记，凭证就诊。为进一步规范农村合作医疗制度，在县卫生局专门从县医院及县防保站抽调的医务人员的指导下，东嘎镇合作医疗所需药品、医疗器械全部由县卫生局统一提供，不断加强对就诊人员的管理。同时，东嘎镇对社会救济户（丧失劳动能力的、五保户、残疾人、特困户、军烈属）原则上按合作医疗基金交纳，就诊后按比例报销。

随着村级卫生院的建成和农牧民合作医疗制度的实施，农牧区医疗个人筹资率达到了100%，全镇实际参保人数达到5363人，共集资8.0445万元，东嘎镇群众看病难、看病贵问题得到有效缓解。2010年，顺利完成全镇新型农村养老保险登记、投保工作，其中60岁以上472人，已开始享受养老金，每人330元/半年；16~59岁1857人，投保金额达到19.36万元（每人标准为100~500元），参保率居全县各乡镇第一。

图8-4　县人民医院医生在东嘎镇开展义诊活动

四　东嘎镇文化事业

（一）1951~1960年前后的文化事业

民主改革前，堆龙德庆地方（含东嘎宗），贵族集聚，寺院众多。一部分贵族和寺院喇嘛留下了一些家族史、名人传记、道歌、地方志等作品，但大部分已经失传。历史上著名的藏医祖师宇妥宁玛·云丹贡布出生在堆龙吉那地方，成年后写成了《四部医典》医学名著，在医学理论上著有《智慧圣典十八部》注释等许多医学研究著作。藏戏在东嘎宗内流传甚广。其特点是故事情节完整，唱腔动听，动作舒展优美。演员化妆简单，头戴面具，随锣钹鼓号节奏而舞。演唱中，其他演员适时和声帮唱。

1953 年 3 月，中共拉萨工委流动放映队为东嘎宗附近的群众放映了首场电影。1953 年 10 月 1 日，拉萨市有线广播站正式播音，东嘎宗附近的干部群众都能收听到有线广播。1958 年底，拉萨有线广播站用 31.61 米、9490 千周的频率，以"拉萨人民广播电台"的呼号正式播音，东嘎宗附近干部群众可以正常收听。

（二）民主改革以来文化事业发展

1. 广播影视

民主改革后，随着生活水平的提高，东嘎区周围干部群众的收音机也逐步增多，可以全部收听中央人民广播电台、西藏人民广播电台和拉萨人民广播电台的节目。1972 年后，东嘎区的人民公社、生产队建成有线广播站（点），安装大中喇叭，使干部群众能经常听到县内外重要新闻和文艺节目。1973 年，堆龙德庆县有线广播站①正式成立后，县机关全天早中晚播音 3 次，每次 2 小时，除转播中央新闻和西藏藏语新闻、拉萨市新闻节目外，还自办了"堆龙德庆县新闻""会议信息"等专题节目，县城附近的东嘎居民可以收听到。1973 年，东嘎区建立区公所二级放映队。1976 年 3 月，堆龙德庆县举办了广播培训班，东嘎各社队派 1 人参加，东嘎区开通了广播和电话，收音机在大多数群众中也开始普及。1980 年，拉萨市建立了大功率发射台，节目信号可以覆盖堆龙德庆全县，东嘎居民随时都可以收听到中央、自治区和拉萨市广播电台的节目。到 2000 年，县级机关驻地和中直、区直单位以及东嘎镇安装了闭路电视线路，干部群众可以收看到 45 套电视节目，广播电视实现全覆盖，实现了"村村通"工程。

2. 文化建设

东嘎作为县城所在地，受益于堆龙德庆县的 20 世纪 50 年代末开办的县新华书店。1987 年，堆龙德庆县文化工作面向基层，开展了多种形式的业余文化活动，开办了文化馆、图书室，恢复了县文化宣传队，传统的舞蹈藏戏进一步恢复发展，电影放映、图书供应都有了新的进步。随着改革开放

---

① 配备了相应的广播器材，主要有上海生产的 TY250×2 瓦扩大机 1 部、601 型录音机 1 部、403 型收音机 1 部、电唱机 1 部、1 千瓦调压器 1 台、2 千瓦汽油发电机 1 台、高低音喇叭 300 只，并配有 1 辆客货两用的三轮摩托车。

的深入和市场经济的建立，个体文化事业迅速发展，1995 年县内有个体书屋（店）3 家，个体经营场所 64 家。20 世纪 90 年代，随着全县文化建设的发展，各乡镇、村文化站相继建立，1999 年建立东嘎镇文化站，先后购置图书、电视机、录像机（影碟），开展图书阅览和科普知识学习等活动。

村民业余文化场所的建设步入轨道。2010 年，东嘎村修建了村民表演舞台和活动中心；3 个行政村均建成了农家书屋等村民文化娱乐场所，村集体基础文化设施进一步健全。

3. 民间群艺

1960 年后，东嘎区成立了业余文艺宣传队，并自筹资金购买六弦琴、笛子、扬琴等乐器，队员们白天参加生产劳动，晚上排练节目，为乡、村农牧民演出自编自演的节目，活跃了农牧区文化生活。1965 年后，人民公社在东嘎区成立，集体的经济力量，为藏戏的排演提供了条件。作为群众喜闻乐见的艺术形式，广大农牧民喜欢看、喜欢演。藏戏演员来自群众，不需要特殊待遇，只要能记上一般的劳动工分，就乐意排练和演出，公社提供相关的行头和道具就可以了。1968 年，东嘎区和下辖公社业余文艺宣传队更名为"毛泽东思想宣传队"。20 世纪 80 年代，随着公社的解体，演员的生活补贴和演戏的经济负担失去来源，东嘎区的藏戏团大部分解散。进入 20 世纪 90 年代，随着经济的发展，农牧民对藏戏的期盼也日益突出，一些藏戏基础比较好的乡村，又日渐恢复了藏戏的排练和演出。

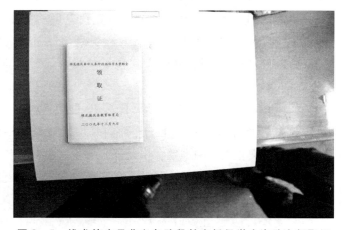

图 8 – 5　堆龙德庆县非义务阶段教育低保学生资助金领取证

2010 年，顺利完成市政府惠民政策宣传册发放工作、完成农用车发放仪式、家电下乡宣传工作，并成功举办了东嘎村家电下乡物资交易会和群众文艺演出活动。做到了文化搭台、经济唱戏。以"平安拉萨"、文明乡镇、创园活动为契机，积极推进平安东嘎、和谐东嘎建设。年初，东嘎镇被当治区精神文明建设指导委员会评为自治区文明乡镇。

五 东嘎镇社会保障

社会保障是现代社会普遍实行的一种福利制度。一般情况下，社会保障制度的施惠对象为家庭或个人。为解决居民因年老、体弱、伤残和不可抗拒的自然灾祸带来的问题，由国家提供经济和物质的帮助，从而为社会的稳定提供保障。

（一）1951~1960 年前后的社会救济工作

东嘎宗作为西藏高原的一部分，存在着高寒缺氧、自然条件恶劣的情况，居民的生存环境比低海拔地区差，在物质资料的生产中，则劳动力投入大，产出少，生活物资匮乏。西藏和平解放前，东嘎宗的广大农奴生活十分贫苦。和平解放后，作为社会保障体现的经济和物质援助，政府对贫苦家庭和个人给予了长期的、经常的救助。

民主改革以前，东嘎宗的乞丐和半乞丐（缺粮时）较多，和平解放之初，麇集于拉萨的数以千计的乞丐、游民，就有东嘎宗的。1951 年 10 月 24 日，中央人民政府驻西藏代表张经武对拉萨的贫民、乞丐和贫苦僧尼给予救济，共发布施 1500 多份，每份藏银 5 两（藏币大铜板 10 个）。[1] 1952 年，西藏工委向包括东嘎宗在内的郊区农牧民发放无息贷款 30 万银圆，以扶助生产。当时农牧民严重缺乏铁制农具，西藏工委无偿发放农牧生产工具给全区农牧民，平均每家 1.5 件。[2] 1959 年 4 月初拉萨市委派往东嘎宗的军管会表示，要做到市委要求的"不荒一亩地，不饿死一个人"[3]。让东

---

[1] 参见中共西藏自治区委员会党史资料征集委员会编《西藏革命史》，西藏人民出版社 1991 年版，第 94 页。

[2] 参见多杰才旦、江村罗布主编《西藏经济史》，中国藏学出版社 1995 年版，第 640、652 页。

[3] 东嘎宗临时党委会：《东嘎宗的工作情况报告》，1959 年 4 月 15 日，现存堆龙德庆县档案馆。

嘎宗能做到农牧民有饭吃，不讨饭，不饿死人，保障了人民的生存权，在那个特定的历史时代是不容易的。民主改革后，为帮助困难户发展生产，每年有无息农贷发放，解决了缺耕牛家庭的耕地困难，同年还贷出种子、口粮，犁铧等农具。① 用以工代赈的办法吸收贫困人口修公路、机场。此间，东嘎宗部分农牧民是受益人群之一。

免费医疗保障制度的建立和发展。和平解放以前的东嘎宗，没有现代的医疗卫生机构，严重缺医少药是普遍的情况。和平解放后，中国人民解放军为联系群众，派部队医疗队到东嘎宗等周边各宗，给各阶层群众免费看病治疗。以后，免费医疗的临时措施就形成制度延续下来。

（二） 改革开放以来的扶贫救济工作

1. 社会保障逐步制度化和初步成绩

1963 年，东嘎区贫苦农奴户数为 908 户，当年已扶贫 114 户，占总户数的 12.5%；1964 年计划扶贫 110 户，1965 年计划扶贫 8 户；1963～1965 年，共扶贫 232 户，占总贫户的 25.5%。"文革"的结束和改革开放政策的实施，为堆龙德庆县的社会保障开辟了道路。从 1979 年开始，全县扶贫工作逐步纳入法制化轨道，日趋经常化、制度化。这一年，成立了县扶贫领导小组，做到了与拉萨市和自治区的扶贫机构相衔接，执行自治区民政局制定的社会救济的文件。文件规范了救济范围和标准。在城镇享受定期定量补助的对象是：家庭人口多、收入不足以维持一般居民生活水平的烈属、军属和家庭人口多、没有其他收入、生活有困难的革命残疾军人。补助原则突出重点，兼顾一般，困难大的多补助，困难小的少补助。1983 年，为了使用好扶贫资金，落实好扶贫对象，结合各地实际分配给东嘎区 10 户、47 人，合计 4180.18 元。② 1985 年，自治区民政厅和财政厅针对城镇救济对象的范围和标准的提高发出通告：定期定量救济范围扩大到"丧失劳动能力、无依无靠、无生活来源的老弱、鳏寡、残疾居民和未成年孤儿"③。救济范围的扩大，使东嘎区的照顾对象已不仅仅是参加过革命的人

① 堆龙德庆县：《1963 年工作基本总结（草稿）》，1964 年 3 月 14 日，手稿，现存堆龙德庆县档案馆。

② 堆龙德庆县人民政府：《关于分配八三年扶贫款项的通知》，堆政发（1983）15 号，现存堆龙德庆县档案馆。

③ 多杰才旦、江村罗布主编《西藏经济史》，中国藏学出版社 1995 年版，第 472 页。

和他们的家属，普通群众也在考虑范围之内，使救济从特定的小范围人变为全区的社会救济。

20 世纪 60 年代，堆龙德庆县建立了县级医疗机构，70 年代建立了区、乡级医疗机构，村里有了卫生室、乡村医生或卫生员，形成了以县医院为中心的医疗卫生系统。对东嘎区农牧民的免费医疗制度的执行，减轻了农牧民的负担，提高了东嘎区居民的健康水平。在上述工作之外，东嘎镇还建立了互助储金会，摸索开发性扶贫的办法，1997 年起试行农村社会养老保险工作。随着西藏经济的发展，农牧民对医疗有了更高要求，东嘎镇推行了合作医疗制度，逐步取代了免费医疗。

对东嘎镇的农村居民，逐渐把扶贫的经常性工作与突发的救灾工作结合起来。实行开发性扶贫，在发放救济扶贫的同时，还帮助贫困生产队（1983 年以前）及贫困户创造生产条件，力求从根本上解决他们的贫困状态。经过 10 年的努力，到 1989 年，在全镇只有很少一部分农牧民未脱贫。其中根据贫困程度的不同，分为严重贫困户和一般贫困户。1996 年堆龙德庆县对全县扶贫工作进行了又一次全面摸底，东嘎镇已从根本上解决贫困户脱贫。堆龙德庆县低保工作自 1998 年 7 月开展以来，将东嘎镇作为试点，先后两次落实了保障金 14588 元，县委、县政府为了使这项工作取得更好的成效，真正提高农牧民群众的生活水平，把低保标准由 1998 年的 17 元提高到 100 元，在这次会议上该县共对 15 户 47 人落实了保障金 29208 元。[①] 2010 年，全镇共有 66 户特困户、239 人获得最低生活保障。其中，东嘎村有 17 户、南嘎村有 30 户、桑木村有 19 户。依托政府优势为各村群众争取到县农业银行"钻石卡"农户 78 户，其中南嘎村 30 户，桑木村 33 户，东嘎村 15 户，78 户中三星的可以贷 20 万元，两星的可以贷 15 万元，一星的可以贷 10 万元。根据星级的多少，贷款户要带动 1～3 户贫困户，扶持贫困户学生并支付贫困户的医疗费；目前，全镇通过各种渠道从中国农业银行已贷款 2700 万元，其中"钻石卡"贷款 300 万元，利用返还利息扶持贫困户 50 户，扶持资金达到 42 万余元。[②]

---

① 堆龙德庆县委办公室：《堆龙信息》第四十三期，1999 年 11 月 30 日，现存堆龙德庆县档案馆。

② 参见《堆龙德庆县东嘎镇 2010 年工作总结暨 2011 年工作安排》，东嘎镇人民政府提供。

2. 五保户的供养

在人民公社时期，五保户由生产队包吃、包穿、包用，从提留中解决。对丧失劳动力的五保户，生产队一般不划分给土地，可适当增加自留地、自留畜；没有丧失劳动力的，如本人同意，可分给土地、牲畜，由自己耕种或亲戚协作组代耕。① 堆龙德庆县 1986 年兴办了敬老院等社会福利事业，做到了五保户老有所养，残疾人得到了必要救助。1992 年，东嘎镇敬老院位于县、镇政府，又处于青藏公路沿线，环境美化，在各方面影响很大，对外来人员影响极深。为了进一步以院养院，改善五保老人的生活，该院当中新建饲养鸡圈 50 平方米，引进优良鸡种 100 余只，投资 2000 元，东嘎镇敬老院合计投资 5700 余元。② 2010 年，全镇共有五保户 6 人，其中女性 3 人，全部集中于南嘎村。东嘎镇是全县五保户最少的一个乡镇。同时，全镇 80 岁寿星老人为 49 人，其中东嘎村有 17 人、南嘎村有 16 人、桑木村有 16 人。

3. 救灾

堆龙德庆县境内海拔高低不同，高原经常发生的自然灾害县境内都存在，局部的灾害频率很高，农牧民承受自然灾害的能力很差。经常性救灾是该县民政工作的一个重点。堆龙德庆县常常把救灾工作与救济、扶贫等工作结合在一起进行。1983 年，东嘎区和全西藏各地一样，遭到了历史罕见的旱灾。东嘎区受旱灾严重威胁的达 8 个生产队，受旱面积达 3226.51 亩，占全区粮食作物面积的 19.95%。其中严重的达 1185 亩，占受灾面积的 36.78%；颗粒无收的有 373 亩，占受灾面积的 11.59%。群众反映记：
"今年遇到百年不遇的大旱，但我们还增了产，增了收……物资上的大力支援（尤其化肥今年施得最多）。"③ 1990 年，全县发生了风、雹等灾害，受灾面积占全县耕地面积的 20%，粮食减产 750 万公斤。灾情发生后，东嘎镇迅速组织生产自救工作，并及时发放了救济款，从而稳定了群众情

---

① 堆龙德庆县委：《农牧业生产责任制会议简报》，1981 年 10 月 22 日，现存堆龙德庆县档案馆。
② 堆龙德庆县民政局：《关于整修东嘎、羊达、乃琼乡敬老院的报告》（1992 年），现存堆龙德庆县档案馆。
③ 中共东嘎区：《东嘎区大灾之年增产不忘国家努力多做贡献》（1984 年 2 月），现存堆龙德庆县档案馆。

绪，调动了广大群众搞好生产的积极性。1998 年 8 月，堆龙德庆县发生了半个世纪以来最大的一次水灾，4968 户、26041 人受灾；倒塌房屋 43 间（704 平方米），损坏房屋 186 间（2994 平方米）；受灾耕地面积 66245 亩；淹死牲畜 128 头（只），粮食减产 164123 公斤；冲毁公路 50104 米、水渠 97195 米和上等耕地 383 亩。堆龙德庆县及时组成抗洪抢险领导小组，全县人民群众和驻军官兵团结一致抗洪抢险，夜以继日地战斗在灾情最重的东嘎镇等地，疏通公路，运输抗洪抢险物资，维修、加固河堤，抢收农作物。落实为救灾群众和机关干部、职工及广大驻军官兵的个人捐款。及时解决灾民住房问题和生活问题，对受灾较重的群众进行搬迁，对房屋进行了维修，并将县外捐赠的衣物在冬季到来前分发到灾民手中。

按照社会主义新农村建设"生产发展、生活宽裕、乡风文明、村容整洁、管理民主"的要求，2010 年，东嘎镇在堆龙德庆县委、县政府的大力支持下，全面推进以农牧民安居工程建设为突破口的社会主义新农村建设。特别是各村组基础设施建设，进一步改善了东嘎镇群众生产、生活条件。为各行政村办了大量的实事，结合各村实际积极申报为民办实事项目 12 项，正式列入 2010 年项目 7 项，县政府安排资金 203.9 万元（其中，投资 44.4 万元修建了小康示范村大门；投资 20.7 万元为小康示范村安装了太阳能路灯；投资 26.8 万元绿化小康示范村周边道路 2000 平方米；投资 22 万元为桑木村修建蓄水塔，解决了 457 户、1392 人饮水问题）。东嘎镇三个行政村被征地家庭在堆龙德庆县委、县政府及有关部门的指导下顺利完成整体搬迁，全镇有东嘎小康示范村和和平路农民新村两个规模较大、配套设施较齐全的村民居住小区；通过全区农牧民安居工程，截至 2010 年底，共计完成 896 户建设任务，其中农房改造 792 户，相对贫困户 84 户，绝对贫困户 12 户，游牧民定居 8 户。东嘎镇 80% 的村民都已住上安全、实用的房屋，无论是房屋结构、住房面积、户型设计还是居住环境都有了明显改善。全镇所辖三个行政村已基本实现"五通"，即：通水、通电、通公路、通电话和电视信号；饮用水安全人口占全镇总人口的100%；各村村委会相继进行了改扩建，村民文化娱乐设施建设力度不断加大，进一步丰富了群众业余文化生活。

第九章 东嘎镇的人口与家庭

一 东嘎镇的人口状况

（一）东嘎镇户籍人口基本情况

东嘎镇下辖东嘎、南嘎、桑木 3 个行政村，截至 2010 年的统计资料，东嘎村有 587 户，1777 人，南嘎村 727 户，1991 人，桑木村 578 户，1675 人，全镇共 1892 户，5443 人。其中农区 1866 户，5383 人，牧区 26 户，60 人，牧户全部属于南嘎行政村。全镇农村劳动力 4176 人，农村从业人口 2589 人，从业人口约占劳动力总数的 62%。全镇有党员 193 人，占总人口的 3.5%（见表 9 - 1）。

东嘎镇户籍人口除了汉族 15 人，其余皆为藏族，占人口比例 99.72%。少数的汉族多为通过婚嫁落户到镇上。全镇人口中男性有 2479 人，女性 2964 人，总人口性别比为 83.6，相对于全县的统计，这一数字偏低。

在人口保障方面，自 2003 年，全区开始建立了以免费医疗为基础的农牧区医疗制度，全镇的新农村合作医疗基本能够实现全覆盖。2010 年，开始推行农村养老保险制度，每人每年 100 元加入养老保险，目前全镇 2223 人加入，覆盖率达到适龄人口的 84% 左右。而 60 岁以上老人直接领取养老卡，每人每年 660 元，80 岁以上的老人再加一张健康保健卡。全镇特困户 66 户，五保户 6 户。在受教育程度方面，全镇现有小学生 772 人，入学率 100%。全镇已经基本扫除青壮年文盲。

（二）东嘎镇 2006～2011 年户籍人口变化

2007～2011 年，全镇人口增长率分别为 4.8‰、23.5‰、28‰、4.7‰、21.5‰，年均增长率为 16.5‰。此数字反映的是全镇的整体情况，年份之间的差别过大，反映的是某年份由于迁移或行政划拨等造成的人口突然变化，如桑木村 2008 年人口增加 84 人，2009 年增加 109 人，而东嘎村 2008

年人口增加 15 人，2009 年人口却减少 5 人。在没有大幅度增加的 2007 年和 2010 年的增长率可能反映一个正常情况，即年人口增长率在 4.75‰ 左右，这一数字包含了自然增长和正常情况下的户籍人口的迁入迁出（见表 9-2）。

根据东嘎村的 2009~2011 年人口变化资料统计得出：2009 年东嘎村出生 21 人，人口出生率为 11.8‰，死亡 17 人，人口死亡率 9.6‰，年人口自然增长率为 2.2‰，而年内迁出 11 人，迁入 1 人，所以年人口增长率为 -3.4‰。2010 年，出生 17 人，出生率为 9.6‰，死亡 11 人，死亡率为 6.2‰，年人口自然增长率为 3.4‰，同年迁出 20 人，迁入 14 人，年人口增长率为 0。2011 年，出生 22 人，出生率为 12.4‰，死亡 13 人，死亡率为 7.3‰，人口自然增长率为 5.1‰，迁出 8 人，迁入 6 人，年人口增长率为 4.0‰。通过 2009~2011 年三年的平均计算，东嘎村本地人口的年均人口出生率为 11.3‰，死亡率为 7.7‰，人口自然增长率为 3.6‰。

而之前调查资料显示东嘎镇 1999 年新生儿 48 人，人口自然增长率为 10.8‰。1999 年共增加 44 户、102 人，到 2000 年，全镇 4524 人。[①] 2000 年至 2010 年 10 年间，东嘎镇户籍人口增长 919 人，这里面包括了自然增长和人口净迁入增长。这次调查显示出生率和自然增长率大幅降低，反映了这 10 年间人口自然增长率在逐渐下降，迁入应该是近 10 年东嘎镇人口增长的重要因素。

人口出生率和自然增长率的降低，反映了当地生活方式变化所导致的生育观念的变化。因为东嘎镇处在县政府所在地，并靠近拉萨中心城市，虽然户籍仍属于农村户口，但随着耕地的减少，年轻人多到拉萨市务工、经商，这种城镇化的生活方式可能是造成生育率降低的主要原因。计划生育在 20 世纪 80 年代末农牧区施行以来，可以说对 2000 年之前的人口增长起到了调节作用，而近 10 年间东嘎村人口的自然增长率大幅下降，反映的应该是生活方式和生育观念的变化，少生少育成为自愿选择的行为（见表 9-3）。

---

① 中国社会科学院民族研究所编《中国少数民族现状与发展调查研究丛书·藏族卷（堆龙德庆县）》，民族出版社 2003 年版，第 245 页。

表 9－1 2010 年东嘎镇户籍人口统计

行政村名称	自然村（组）名称	户数（户）	人口（人）	女性（人）	劳动力（人）	女性劳动力（人）	党员（人）	女性党员（人）	团员（人）	女性团员（人）	民兵（人）	五保户人数（人）	特困户（人）	一孩双女户（人）	80 岁以上人数（人）
东嘎村 587 户 1777 人 女 972 人	一组雪嘎组	201	550	306	277	148	58	24	171	85	30		17	32	17
	二组江孜组	83	266	146	147	77									
	三组亚乃组	61	187	107	69	36									
	四组加日才康琼果组	114	360	191	146	76									
	五组加日才喜嘎组	128	414	222	213	112									
南嘎村 727 户 1991 人 牧区 26 户，60 人，女 32 人	一组努觉组	112	298	161	215	121	93	29	48	15	37	6	30	41	16
	二组欧珠顶	84	230	124	163	94									
	三组加罗组	94	256	142	181	93									
	四组阿亚组	108	311	173	207	117									
	五组南嘎欧西	70	212	117	153	84									
	六组拱庆组	73	200	116	131	73									
	七组嘎东组	186	484	258	321	178									
桑木村 578 户 1675 人 女 901 人	一组桑木先赞康	91	283	151	154	80	2	8	77	92	5	6	19	16	16
	二组桑木组	118	300	159	185	99									
	三组曲康玛布	104	288	161	170	95									
	四组加热布组	143	428	224	257	139									
	五组色热玛组	122	376	206	208	112									
合计		1992	5443	2960	4176	1734	193	61	396	192	72	6	66	89	49

表 9 - 2 2006～2011 年东嘎镇户籍人口变化统计

年份	全镇			东嘎村			南嘎村					桑木村		
	户数（户）	人口（人）	增长率（‰）	户数（户）	人口（人）	女性（人）	户数（户）	人口（人）	女性（人）	牧业户数（户）	牧业人口（人）	户数（户）	人口（人）	女性（人）
2006	1590	5123		565	1763	985	609	1903	1029	12	48	416	1457	781
2007	1732	5148	4.8	596	1768	955	701	1912	1032	25	58	435	1468	791
2008	1783	5269	23.5	589	1783	962	733	1934	1044	25	67	461	1552	827
2009	1860	5417	28	589	1777	954	714	1979	1082	24	56	557	1661	896
2010	1892	5443	4.7	587	1777	972	727	1991	1091	26	60	578	1675	901
2011	1997	5560	21.5	586	1784									

表 9 – 3　东嘎村 2009～2011 年人口变化统计

年份	年底人口（人）	出生（人）			人口出生率（‰）	死亡（人）			人口死亡率（‰）	人口自然增长率（‰）	迁出（人）	迁入（人）	人口净增长（人）	人口增长率（‰）
2009	1777（上年底 1783 人）	21	男 15	女 6	11.8	17	男 10	女 7	9.6	2.2	11	1	－6	－3.4
2010	1777	17	男 5	女 12	9.6	11	男 8	女 3	6.2	3.4	20	14	0	0
2011	1784	22	男 14	女 8	12.4	13	男 3	女 10	7.3	5.1	8	6	7	4.0
平均		20			11.3	13.7			7.7	3.6	13	7	1	

二　东嘎镇外来流动人口情况

由于东嘎镇是堆龙德庆县政府所在地，距离拉萨市区仅12公里，城镇商业近年发展很快，吸引了大量的外来流动人口。据当地派出所了解到的数据，东嘎镇3个行政村中共有外来人口3446人，这一数据可能仅是3个行政村租房居住的流动人口，而不是整个东嘎镇范围内包括县城商业区的外来人口。

基于在东嘎村获得的租房和从业等外来流动人口数据，可窥见外来人口的一些简单情况。东嘎村现有流动人口873人，其中2009年以来新增475人，而注销离开305人，可见流动人口呈增长趋势。流动人口来自西藏自治区外的有571人，占总人数的65%，主要来自四川、甘肃、云南、青海等省，而来自区内的流动人口有302人，约占总数的35%，主要来自日喀则，另外来自昌都、那曲、山南等地。流动人口中汉族470人，藏族382人，另有部分回族；男614人，女259人；16岁以下有203人，约占23%，16~45岁有455人，约占52%，45岁以上215人，约占25%。流动人口多为务工者，有582人，经商者271人，其余为临时待业者。其中年龄16岁以下者，多为随父母来的小孩，他们都在当地入学，免学费、有学籍，享受与当地户籍人口子女同等的待遇。在课题组造访的一所当地小学中，流动人口子女约200人，占到学生总数的30%多，其中约一半为汉族和回族、一半为区内各地来的藏族。

三　东嘎镇的家庭状况及婚姻状况

（一）家庭形式

家庭是由婚姻、血缘或收养关系所组成的社会组织的基本单位，也是社会和人口再生产的基本单位。通常将人类传统的家庭模式分为三类：核心家庭，由夫妻及其未成年子女组成；主干家庭，由夫妻、夫妻的父母或者直系长辈以及未成年子女组成；扩大家庭，由核心家庭或主干家庭加上其他旁系亲属组成。东嘎镇居民的家庭情况多为核心家庭和主干家庭，也有少数扩大家庭。在一家几个儿子的情况下，待儿子们结婚成家后，一般采取分家的做法，另立门户（在户籍登记中成为一个新的户头），成为单独的家庭，只留下一个孩子与父母组成主干家庭。

（二）家庭人口

从前面东嘎镇官方人口统计资料中户数与人口数可以计算得到平均家庭人口数量，这一计算结果偏低，2010 年全镇每户平均 2.88 人，其中东嘎村每户平均 3.3 人，南嘎村每户平均 2.74 人，桑木村每户平均 2.90 人。这一数量要低于当地平均水平，可能是由于近年东嘎镇城镇化过程中征地、集体搬迁等所造成的登记户数偏多。

我们通过入户调研，得出实际平均每个家庭人口数为 4.78 人（见表 9 - 4）。而根据第六次全国人口普查，2010 年整个堆龙德庆县平均每个家庭有 3.33 人。人口普查的统计数据包括了大量非本地户籍的常住人口。这些年随着堆龙德庆县城镇商业的发展，吸引了大量的非本地户籍的常住人口。这些人多为经商务工者，常常是单人或夫妻一同来到此地，而将孩子等家属留在家乡，造成平均每个家庭人口数量的偏低。从横向比较来看，2010 年尼木县平均每个家庭人口为 4.87 人，林周县为 4.62 人，墨竹工卡为 5.0 人。从纵向比较来看，2000 年堆龙德庆县平均每个家庭人数为 4.17 人，1990 年为 4.58 人。可见，堆龙德庆县第六次全国人口普查时每个家庭的人口数据偏低，原因是近年经济迅速发展吸引了外来人口的大量增长。而我们实际调研所得平均每个家庭人口数为 4.78 人这一数据，我们认为能够反映本地户籍居民的实际家庭人口情况。

表 9 - 4　东嘎镇家庭人口调查

家庭分类（人数）	2	3	4	5	6	7	8	9
家庭数目（个）	3	4	11	8	7	2	1	1
比例（％）	8	11	30	22	19	5	2.5	2.5
家庭平均人数（人）	4.78							

（三）婚姻状况

1. 缔结方式

婚姻是一种人际间取得以夫妻名分为内涵的亲属关系的社会结合或法律约束。根据文化的不同，结婚，通常以一种亲密或性的表现形式被承认，这种结合通常以婚礼而正式宣告成立。

婚姻是组成家庭的基础和根据，是家庭成立的标志。而家庭是人类实现人口和社会再生产的基本单位。

藏族的婚姻方式有两种：包办婚姻和自由婚姻。包办婚姻，又称为不自主婚，通常由家长不顾子女的反对使子女缔结婚姻。自由婚姻，是指婚姻当事人在缔结婚姻问题上所享有的充分自主的权利。在民主改革前的封建农奴制社会中，通婚的原则是实行阶级内婚、血缘外婚。贵族阶层，只能在同等级内互相通婚。贵族间的通婚很大程度上考虑到财产和社会地位的维护，如果贵族头人的子女与百姓恋爱，将受到严厉的社会惩罚，所以贵族阶层的婚姻基本属于包办婚姻。劳动者各阶层通婚，也受门当户对的影响，但在普通农牧民中不像贵族阶层那样严格。

在今天的现实生活中，年轻人的婚姻偏向于自由结合，中间虽然也须经过请媒、择偶、选期、订婚、结婚、宴客等环节或其中的部分环节。

2. 婚姻形式

藏族传统中的婚姻形式主要是一夫一妻制，另外也有少量一妻多夫和一夫多妻的。随着现代社会、经济、文化的发展，一妻多夫和一夫多妻的现象已经越来越少见，只在某些偏僻的农牧区少量存在。像东嘎镇这样一个接近拉萨中心城市、城镇商业较为发展的地方，基本不存在一妻多夫和一夫多妻的现象。

3. 婚姻禁忌

在藏族的传统文化中，严格限制近亲结婚。无论何种婚姻形式，都有严格的血缘限制，同一父系和母系的后代都不能建立婚姻关系。像堆龙德庆县的农户都有房名，相当于姓氏，如过去东嘎宗有名的差巴康撒江·占堆，康撒江是房名，占堆是名，相同房名的后代不能通婚。所以近亲结婚这种情况在我们调查过程中没有发现。

在民族间通婚方面，并没有严格的禁忌。东嘎镇少有的十几个汉族户籍人口，就是通过婚姻的形式落户本地的。通常情况为，汉藏族青年在打工过程中相遇、相爱，喜结连理，落户本地。

4. 初婚年龄

在调查初婚年龄过程中了解到，现在男女青年到一定年龄后，会自由恋爱，有时候会形成事实上的夫妻关系并生育子女，而婚礼的举行往往会延后，法律登记的婚姻，可能会更加延后。在没经过婚礼和结婚登记之前的事实上的婚姻，在一定程度上也是得到认可的。所以初婚年龄并不好确定，当地居民也往往认为科学统计未婚率等不太合适。

四　东嘎镇的居民生活

东嘎镇大部分居民世代以土地为生，从事传统农业，也有少数牧业人口。柳梧村一般种植的农作物有青稞、小麦、土豆、油菜等。家禽家畜有牦牛、犏牛、绵羊、黄牛、山羊、驴、马、猪、鸡和鸭等。随着近年青藏铁路、城镇公路、拉萨经济技术开发区等建设项目的落实，一些耕地不可避免地被征用，有的村民实现了集中安置的搬迁。部分居民从事农牧业，闲暇之余或打零工，或有家庭成员去外面务工；部分农牧民脱离了传统的农牧业生活，生计方式改为外出打工、经商和在拉萨市跑运输等形式。

随着改革开放以来经济的发展，特别是近年来城镇工商业的发展，东嘎镇当地居民的生活发生了很大变化。普通家庭都有电视机、冰箱、洗衣机等家电，摩托车甚至汽车等交通工具。在饮食起居上，依然保持着很多传统，当地居民一般保持早餐吃糌粑、喝酥油茶等习惯，午饭会有炒菜，晚饭煮面条等。在着装打扮上，年轻人和成年男子大多穿西装和现代休闲装，成年女性常见穿传统藏装的。其文化娱乐方式也日渐丰富多彩。平时村民们干完农活、家务后，在家可以看电视、光盘，听收音机；也会集中一起唱歌跳舞，喝青稞酒，或者打藏牌、麻将等。青少年和年轻人会到外面参加打台球、玩电子游戏、唱卡拉 OK 等休闲活动。当地居民常见的住

图 9 - 1　东嘎镇村民家一角

闲方式去甜茶馆喝茶聊天，去酒馆喝酒，还有打麻将、扑克牌等。城镇化逐渐改变了农民的衣食住用行，给东嘎镇输入了一种全新的生活方式。居民生活的变化主要是由于城镇化的发展，在拉萨中心城市的辐射下，东嘎镇城镇工商业近年迅速发展，当地百姓整个生产、生活方式都在改变。

五　东嘎镇的社会礼仪、节日礼俗

藏族是个重礼仪的民族，大至婚丧娶嫁、风俗节日，小至日常交往都有其成型或比较成型的社会礼仪。

（一）婚礼习俗

婚配的程序各地有所不同，但一般情况是：第一步，合婚，是指男女通过介绍或自己认识而要结婚时，先要请僧人算命，看其婚姻是否吉祥。如卜算结果满意，就进行第二步，即求婚。求婚一般由男方或女方请亲友或媒人带一条哈达和一些酒到对方家正式提出，若对方家同意，即将礼物留下，并回敬一条哈达交给来人。然后，举行订婚典礼。藏语称此事为"隆酉仓"，意为订婚之酒。这时，男方向对方赠送礼品和一笔钱，藏语称这笔钱为"窝仁"，意为奶钱；之后制定婚约、大摆酒宴庆贺。最后，便选择吉祥日子迎娶。迎接新娘（或新郎），亲友们牵马赶赴对方家，时间为天亮前；迎接过来之后，亲友出门引入内室；待坐入预设垫子上之后，亲友们便向其献哈达、送贺礼，以表祝福。新婚之后3个月或6个月，新娘（或新郎）得偕同配偶返回自己老家小住，相当于内地的"回门礼"。至比，整个婚配即告结束。离婚的事情也常有发生，原因是多方面的，或因情感不和，或因对方有病，或因女方缺乏持家能力，等等。离婚手续十分简单：若女方主动提出时，男方不给予任何补偿，女方可以将其陪嫁的财产带走；如果男方要离时，则除了女方的全部嫁妆得退还外，还得给予相当的补偿。

（二）诞生礼仪

据村中老人讲，由于柳梧村离拉萨很近，出生礼仪和拉萨相同。

1. 出生

诞生礼，藏语"旁色"，"旁"是污浊的意思，"色"是清除，也就是说清除晦气的活动。藏族认为，小孩出了娘胎，会带来许多污浊和晦气，举行这个仪式，便是要为孩子清除污秽，预祝健康成长，同时，也祝产妇早日康复。据有关学者考证，"旁色"仪式从1500多年前苯教时期流传下来，由苯教的一种祭神方法演变而来。小孩子生下来的第三天（女孩是第四天），"吉度"户便要前来参加"旁色"活动。他们带的礼物是青稞酒、酥油茶、肉、酥油、礼金及给小孩的衣物等。客人进屋，先给父母和襁褓中的婴儿献上哈达，而后敬酒、倒茶并献礼，然后端详初生婴儿，对孩子说些吉利祝愿的话。有些农户还为前来给婴儿除秽的亲友举行汤饼宴。"旁色"结束后，便给孩子取名。取名是件郑重的事，一般请活佛或村里有威望的长者进行，也有的是由父母起名。取名者根据家人及自己的想法和愿望来决定婴儿的名字，总是起一个表示吉祥的名字。

2. 满月

孩子满月之后，选择一个黄道吉日，举行出门仪式。这天小孩要换装，一般从家门出去往东走，以图吉利。有的第一天到寺庙朝佛，目的是祈求佛保佑新生儿一生平安。孩子第一次出门，往往在婴儿鼻尖上擦一点锅底的黑灰，意思是使婴儿在出门时不被魔鬼发觉。

3. 成年礼

成年礼仪是一个人跨入社会门槛的一种仪式。一个人步入成年的标志表现在服饰上，而这一点主要体现在女孩子服饰的变化上。按过去的做法，姑娘长到十六七岁时，就到了将要出嫁的美好年华。为了庆祝这一具有重要意义的人生阶段，父母总是要为心爱的女儿准备好丰富的装饰。在众多装饰中绝不能缺的是珠冠——"巴珠"。巴珠是过去藏族成年后经常戴在头上的主要装饰品，制作精细非常漂亮。做一顶巴珠很不容易，父母常常要提前很长一段时间筹集资金，备齐珠宝及其他材料。贫苦人家没有钱买贵重的珠宝，但也要千方百计找其他代用品来制作。到举行成年礼的这天，父母一大早就给女儿穿好新衣、戴好"巴珠"，然后将耳环、项链、手镯、戒指等戴好。妆饰完毕，父母和亲朋好友陪伴着女儿一起到就近的寺院朝佛供礼。在拉萨，父母和亲朋好友还陪伴女儿到八廓街上的四大经杆之一"曲雅达钦"前，煨桑祭祀，供奉神佛和拉萨的保护女神吉祥天女——班丹拉姆。姑娘还要将一条洁白的哈达，恭敬地挂在经杆上面，顺时针绕经杆转并许愿，祈求一生平安、幸福。此时拉萨姑娘才第一次围上"帮典"，父母和亲朋好友也为姑娘祝福。举行完成年礼，那无忧无虑的天真少女，算是脱离了孩提期，进入了妙龄女郎的黄金时代。无论男女，自步入成年人行列后，每个人就享有和其他成人一样的权利，受社会的约束，并承担一定的社会义务。

（三）礼俗和节日

东嘎镇的礼俗和节日和拉萨市其他地方的基本相同，现在就大家耳熟能详的礼俗和节日做一些介绍。

1. 礼俗

藏族的礼仪是多种多样的，礼俗与佛教也有密切联系，主要有以下几种礼仪：献哈达——献哈达是藏族最普遍的一种礼节。婚丧节庆、拜会尊长、拜佛、迎来送往等活动，都有献哈达的习惯。

哈达。哈达是一种生丝织品，纺得稀松如网；也有优良的、用丝绸作材料的哈达。哈达长短不一，长者一二丈，短者三五尺。献哈达是对人表示纯洁、诚心、忠诚的意思。自古以来，藏族认为白色象征纯洁、吉利，所以哈达一般是白色的。当然也有五彩哈达，颜色为蓝、白、黄、绿、红。蓝色表示蓝天，白色是白云，绿色是江河水，红色是空间护法神，黄色象征大地。五彩哈达是献给菩萨和近亲时做彩箭用的，是最隆重的礼物。佛教教义解释五彩哈达是菩萨的服装，所以五彩哈达只在特定的时候用。

相传哈达是在元朝传入西藏的，萨迦法王八思巴会见元世祖忽必烈回西藏时，带回来第一条哈达。当时的哈达，两边是万里长城的图案，上面还有"吉祥如意"字样，故可以说哈达是从内地传入西藏的。后来，人们对哈达又附会上宗教解释，说它是仙女的飘带。

磕头。磕头也是西藏常见的礼节，一般是朝觐佛像、佛塔和活佛时磕头，也有对长者磕头的。磕头可分磕长头、磕短头和磕响头三种。在大昭寺、布达拉宫及其他有宗教活动的寺庙中，常常可见到磕长头的人群。磕时两手合掌高举过头，自顶、到额、至胸，拱揖三次，再匍匐在地，双手直伸，平放在地上，画地为号。然后，再起立如前所做。过去有些虔诚的佛教徒，从四川、青海各地磕长头到拉萨朝佛，行程数千里，三步一拜，一磕几年，有许多人死在路途之中，也觉得尽诚尽意，毫无怨言。大昭寺前的粗石板，被磕长头的人磨得光亮。在寺庙里，有一种磕响头的磕头方式。不论男女老少，先合掌连拱三揖，然后弓腰到佛像脚前，用头轻轻一顶，表示诚心忏悔之意。

鞠躬。过去遇见长官、头人和受尊敬的人，要脱帽、弯腰45°，帽子拿在手上低放近地。对于一般人或平辈，鞠躬只表示礼貌，帽子放在胸前，头略低。也有合掌与鞠躬并用的，对尊敬者合掌得过头顶，弯腰点头；回礼动作也相同。

敬酒茶。逢年过节，到藏族家里做客，主人会敬酒。请喝青稞酒，是农区的一项习俗。青稞酒是不经蒸馏、近似黄酒的水酒，度数十五至二十度，西藏几乎男女老少都能喝青稞酒。敬献客人时，客人必先喝三口再一满杯喝干，这是约定俗成的规矩，不然主人就不高兴，或认为客人不懂礼貌，或认为客人瞧不起他。喝茶则是日常的礼节，客人进屋坐定，主妇或子女必来倒酥油茶，但客人不必自行端喝，得等主人捧到你面前才接过来喝，这样，才算是懂得礼节。

以上是藏族礼仪中最常见、最普遍的情况，其他还有称呼上的礼节。尊称别人时，一般在他的名字后面加一"啦"字。藏语还有敬语和非敬语之分。用敬语，对尊者或客人说话，表示尊敬对方。另外，在吃饭方面，还有食不满口、嚼不出声、喝不作响、拣食不越盘之规矩。行路时，不抢在他人前面，相遇必先礼让，坐时不能抢主宾席，不能东倒西歪，不能随便伸腿等。这是长辈教育子女的一些必须注意的礼仪。

2. 节 日

西藏的节日，一般都有浓厚的宗教特色。但是，随着时代的变迁，很多节日渐渐失去了原来的含义，娱乐的成分越来越浓，现就一年之中主要节日的情况略做介绍。

藏历年。藏历元月一日，是新年（藏语"洛萨"），亦即一年中最重要的节日，相当汉族的春节。这天，一切工作均要停止，大家都手持哈达和青稞酒互相拜年。穿着节日传统服装的男女老少成群结队地在街上唱歌跳舞，或到附近寺庙朝佛，但不能到亲友家中去做客。接下来藏历年节日期间，可以走亲访友，每到一家，要先到"竹索琪玛"（特制的木盒内装着糌粑和麦子，上面插有酥油花、麦穗和新年花，一般放在客厅的藏式柜上）前，象征性捏起里面的糌粑来做抛撒动作。

雪顿节。雪顿节是西藏历史悠久的传统节日之一。在藏语里，"雪"是酸奶子，"顿"是宴会的意思。雪顿节按藏语解释也就是吃酸奶子的节日。雪顿节以前是一宗教节日，民间相传，由于夏季天气变暖，百虫惊蛰。万物复苏，其间僧人外出活动难免踩杀生命，有违"不杀生"之戒律。因此，格鲁派的戒律中规定藏历四月至六月期间，僧人只能在寺庙念经修行，直到六月底方可开禁。待到解制开禁之日，僧人纷纷出寺下山，世俗老百姓为了犒劳僧人，备酿酸奶，为他们举行郊游野宴，并在欢庆会上表演藏戏。这就是雪顿节的由来。藏传佛教格鲁派掌权后，五世达赖喇嘛驻锡的哲蚌寺甘丹颇章一度成了西藏地方的政治宗教文化中心。每年藏历六月三十日，成千上万的人涌进哲蚌寺，给五世达赖喇嘛和哲蚌寺的僧人们献酸奶，请求摸顶祝福。

现在的雪顿节，以哲蚌寺展佛为序幕，以演藏戏，看藏戏，群众游园为三要内容，同时还有精彩的赛牦牛和马术表演等。节日期间，大量市民和游客前往哲蚌寺看展佛，前往"罗布林卡"看藏戏表演；一些人家搭起漂亮的帐篷或帷帐，带上点心、糖果、奶制品、青稞酒、酥油茶等，家人朋友一起过林卡。各地专业和业余剧团也聚集拉萨，演出各种剧目的藏戏，热闹非凡。因为雪顿节期间有隆重热烈的藏戏演出和规模盛大的展佛仪式，所以有人也称之为"藏戏节""展佛节"。

雪顿节已经成为集传统展佛、文艺会演、体育竞技、招商引资、经贸洽谈、商品展销、旅游休闲为一体的传统与现代相结合的盛会。自治区各机关单位还将大型的文艺活动、学术讨论会、经验交流会安排在雪顿节期间，使雪顿节在构建和谐社会中的意义更为重大。雪顿节是八月高原的文化盛宴，是青藏铁路开通后拉萨旅游的"黄金周"，更是西藏人民的传统喜庆节日。雪顿节逐渐成为拉萨市的一个文化旅游品牌，以文化为载体，旅游为主题，同时举办旅游推介、招商引资、经贸洽谈、房产博览会、汽车展览等活动。

对东嘎镇居民来说，到哲蚌寺看展佛是一项具有宗教色彩的节日活动，因为大量游客涌入，很多村民头一天晚上就到达指定地点慢慢等待。

"望果"节。望果节是藏族一个古老而重要的节日。"望"藏文意为庄稼，藏语叫"望卡"或"兴卡"；"果"是转圈的意思，意即绕着丰收在望的庄稼转圈。在庄稼成熟的季节，农人去庄稼地转圈祈祷，以求神灵的保佑，使农作物获得丰收。望果节就是这样一种祭祀神灵以祈求丰收的仪式和娱乐活动结合在一起的传统节日。

在宁玛派兴盛时期，望果活动被打上该派色彩，必须念咒语以祈祷丰收。15世纪开始，格鲁派渐居统治地位，因此游行活动又带有浓厚的格鲁派色彩。后来，随着社会的发展和新生活的需要，望果节的内容不断增加，形式更加丰富多彩，从而形成了具有一千多年历史的，广大藏族群众非常喜爱的望果节。

在西藏各地都有历史形成的固定的节日场地，这个场地一般要"四有"：有水可以熬茶，有树可以遮阳，有草坪可以歌舞，有旷原可以赛马。一般来说望果节对这"四有"的要求也不例外。在西藏各地举行传统的"望果"节活动时，大多第一天是娱神，第二天男女列队转庄稼地，然后进行体育娱乐，体育娱乐主要为赛马、角力、跑步、射箭以及唱藏戏等内容。

住在拉萨附近的农民，根据本区的气候、地势以及庄稼成熟的情况来决定望果节时间。在同一个县里庆祝望果节的时间、特点也不尽相同，因而不一定有统一的望果节。重要的是根据庄稼成熟的情况来定夺，一般要差三四天。望果节本身的主要内容是由骑士们绕着庄稼转圈，年老的农民背着佛经绕着庄稼转圈，并为了取得农业丰收而进行祈祷祝福。此外，望果节的庆祝活动是各式各样的，比如：赛跑、赛马、赛牦牛、射击、演藏

图9-2　东嘎山上的佛像

戏、歌舞演出、民间圆舞、协钦和过林卡，等等。起初，在被规定了的夏末秋初的望果节早晨，各家在自己最好的庄稼地里拔一小束麦穗，把它安放在灶神旁边，祭献给"龙神"，并祈求获得农业丰收。

望果节作为与农耕紧密相连的一项古老的节日，深深地烙在藏族百姓的生活文化中。东嘎镇由于近年耕地减少和城镇化的发展，在过望果节时，围绕庄稼地转圈的环节已经省去，而直接到村委会院子里面进行各项娱乐活动。

第十章　东嘎镇新农村建设

中共十六届五中全会在提出建设社会主义新农村的重大历史任务时，充分论述了建设社会主义新农村的重大意义，系统阐发了建设新农村必须认识和处理好的重大关系，对扎实推进新农村建设的主要任务、加强和改善领导提出了明确要求。这反映了中国共产党作为执政党对农业、农村和农民问题的认识程度达到前所未有的高度。西藏各级人民政府从推进现代化进程的历史任务、全面建设小康社会的战略高度，充分认识中共中央做出建设新农村的战略决策，将其作为指导新农村建设，实践新农村建设，完成新农村任务的前提。

2006 年自治区党委提出力争用 5 年时间，使全区 80％以上农牧民住上安全、适用的住房，随后各级部门紧紧抓住了新农村建设的突破口"安居乐业"这一事关千百万人最直接利益的大事，进一步加强饮水、道路、通电和通信等基础设施建设，推进教育、卫生、文化事业发展，推动农牧区生产生活条件和整体面貌的改善。同时把对农牧民思想政治教育、普法宣传教育和科技文化教育作为新农村建设的关键环节来抓，解决农牧民素质较低、生产生活方式落后的问题，着力推动西藏经济社会从加快发展进入跨越式发展的快车道，实现到 2020 年建设和谐西藏与小康西藏并与全国一道进入全面小康社会的目标。根据这一要求，东嘎镇党委、人民政府在堆龙德庆县委和县人民政府的领导下，把辖区内的新农村建设的根本出发点和落脚点放在了推进农村现代化上，让生活在农村的人口过上富裕文明的生活；重点放在了改善农牧民生产生活条件上，核心是发展农牧业生产力、增加农牧民收入；关键点放在了提高农牧民素质、转变生产生活方式上，根本目的是把各农村基层组织建设成为坚强的战斗堡垒。

图 10 - 1　20 世纪 60~80 年代修建的土坯民房

一　东嘎镇实施农牧民安居工程建设的概况

　　早在 2005 年，在西藏自治区和拉萨市的统一部署下，堆龙德庆县就利用自治区人民政府成立 40 周年的历史机遇，对拉贡（拉萨至贡嘎机场）公路两旁的乃琼镇功德林段、东嘎村和平路段以及开发区段的 903 户共计 3617 人的农牧民房屋进行了改造。东嘎村和平路的农民新村占地 150 亩（包括住宅、村集体商业用地、群众活动场所和道路绿化等），新村内建成单家独院的两层楼房 304 套，总投资为 5323.5 万元，其中，县政府投资占总投资的 80%，群众个人投资占 20%，投资达 1580 多万元的基础配套设施（包括土挡墙）和投资达 1300 多万元的村集体商业用地开发项目，则全部由县政府投入。根据拉萨市对东嘎镇的规划，农牧民群众原有的宅基地由县政府无偿收回后作为政府储备用地，进入二级市场进行总体开发。应该说，此一时期以迎接自治区成立 40 周年大庆为契机并按照"经营城市"理念进行的农牧民住房改造，为后来堆龙德庆县实施农牧民安居工程建设探索了实践的路径，积累了宝贵的经验。

　　自 2006 年开始，按照西藏自治区和拉萨市的统一部署，堆龙德庆县开始全面实施"农牧民安居工程"。具体来看，该县按照西藏自治区党委、政府提出的"在'十一五'时期全区 80% 的农牧民群众住进安全适用的新房"和拉萨市提出的"提前两年完成"的工作要求，坚持"政府主导、民办公助、分级负责"的原则，以青藏铁路和青藏公路沿线为重点，采取由城郊接合部向偏远乡村逐步推进的办法，通过推进城镇化与建设社会主义新农村相结合，充分调动一切可以调动的力量，整合一切可以整合的资金，分期、分批、有计划、有步骤地开展了以农房改造、扶贫搬迁和游牧民定居为主要内容的农牧民安居工程建设工作。

（一）功能设施齐备，体现新村特色安居工程

根据东嘎镇所在的地理位置，安居工程按照"适当超前、适度集中、安全适用"的原则，对新民居进行了统一规划，统一设计，分户实施，在保持民族特色、地域特色的同时，使农牧民群众逐步改变了人畜混住、客卧不分的生活方式。在安居工程建设中，配齐了水、电、路、厕和通信、广电、卫生、绿化、活动场所等附属配套设施及预留地，加快了近郊农民市民化、农村城镇化的步伐。

（二）充足的资金保证了安居工程的顺利实施

堆龙德庆县在东嘎镇开始实施安居工程，不仅坚持"生产发展、生活宽裕、乡风文明、村容整洁、管理民主"的建设与社会主义新农村的历史任务相结合，而且针对东嘎镇所处的城郊接合部的特点，坚持与小城镇建设、小康示范村建设的总体规划相结合，采取了适度集中、安居与乐业、安居与创业的发展战略。

第一，从安居工程实施情况来看，从2006年开始实施安居工程以来，截至2010年底，全县共完成6584户的农牧民安居工程建设，即：2006年已完成1526户；2007年已完成1845户（包括敬老院的150户）；2008年已完成1458户；2009年已完成1105户；2010年完成650户建设任务。受益人口25459人，人均居住面积达到35.74平方米。本课题的调研对象东嘎镇，截至2010年底，全镇都纳入安居工程建设中，平均每户占地面积为391平方米，平均每户建筑面积为160.8平方米。

第二，资金补贴及投入情况是：东嘎镇所在堆龙德庆县采取了以农户自筹为主，区、市、县政府补贴为辅的方式，并配合银行小额信贷、群众劳务投入等方式积极筹措资金。堆龙德庆县对群众的补贴是在区、市配套资金的基础上，对一般户每户补贴1万元，相对贫困户每户补贴1.2万元，游牧民定居和绝对贫困户每户补贴1.5万元。形成了三级政府的补贴资金，

即：一般农户 2.4 万元（区 1 万元、市 0.4 万元、县 1 万元），贫困户 2.9 万元（区 1.2 万元、市 0.5 万元、县 1.2 万元），游牧民定居 3.4 万元（区 1.5 万元、市 0.4 万元、县 1.5 万元），绝对贫困户 4.5 万元（区 2.5 万元、市 0.5 万元、县 1.5 万元）。

2006 年安居工程实施以来，截至 2010 年，区、市、县三级政府应配套资金共计 17070.6 万元，其中自治区配套资金 7690.4 万元（包括 2009 年单独增加 552.5 万元和 2010 年增加的 325 万元抗震加固设防资金），拉萨市配套资金 2657.3 万元，县政府配套资金 6722.9 万元。基本体现了"政府主导，群众自主建房"的要求，通过安居工程建设，农牧民的居住水平和生活质量得到了很大提高。

第三，从房屋结构来看，所建房屋规格为石混结构和砖混结构房屋。

第四，从具体措施来看，为保证农牧民安居工程建设的顺利开展，该县除财政配套资金外，还为东嘎镇的统一规划投入设计费 10 余万元，并专门出资 28 万元为全县 35 个行政村购买了空压机（采石机械）1 台。为确保安居工程建设的质量，该县专门聘请了 3 名工程技术人员。为保证办公需要，该县专门为农牧民安居工程办公室拨付了 10 万元的启动经费，并配备了专门的车辆、电脑、打字机、复印机和电子经纬仪等设施。为解决建设过程中搬迁群众的特殊困难，该县出资 5 万元为东嘎镇南嘎村的 40 户集

图 10－2　农民正在修建安居房

中搬迁户解决了饮水问题。此外，东嘎镇和3个村也为实施安居工程建设集体购买了木工用刨床等设施。应当说，上述具体措施的实施，为该县农牧民安居工程建设的展开创造了必要的基础条件，推动了安居工程建设的扎实有序开展。

（三）与农村人居环境建设、环境综合整治建设相结合实施农牧民安居工程

2010年初，拉萨市下发《关于开展2010年农村人居环境建设和环境综合整治试点工作的通知》，根据堆龙德庆县的具体情况，安排了农村人居环境建设和环境综合整治试点行政村7个。其中东嘎镇的人居环境建设和环境综合整治试点行政村为东嘎镇桑木村。农村人居环境建设和环境综合整治的主要内容包括：安装太阳能路灯、健身器材、数字音像放映设备等十项建设内容。资金方面：农村人居环境建设和环境综合整治工作，每个试点村共投入626.4万元。

通过这一工程，把安居工程建设、农村人居环境建设和环境综合整治试点工作与农牧民增收紧密结合，以"安居"促进"乐业"，把增收贯穿到安居工程和人居环境试点工作的各个环节，加大了对农民的技能培训力度，积极组建农牧民采石队、运输队、施工队，积极引导劳务输出。把发

图10－3　东嘎镇东嘎村前的公路

186

展劳务经济、开发家庭旅馆、壮大乡村集体经济实力、统筹城乡经济发展紧密结合起来，千方百计实现新农村建设综合效益的最大化。不少群众从参与安居工程建设中得到实惠。

另外，通过试点建设农村人居环境和环境综合整治工程，切实有效地改变了以前城乡接合部村庄位置杂乱、住行不便、脏乱差的旧貌，极大地改善了群众的生产生活条件，而且有效地提升了城乡接合部的整体形象。

二 新农村建设是东嘎镇加快农牧民增收的重大举措

东嘎镇在县委的正确带领下，镇党委把农牧民增收与推进新农村建设和全面建设小康社会结合起来，与该镇优势加快发展结合起来，与实现"一加强、两促进"历史任务结合起来，充分发挥自身优势，找准着力点和切入点，进一步增强做好新农村建设的自觉性和主动性，切实担负起建设新农村的历史重任。

全镇农牧民增收与新农村建设有着紧密的联系，新农村建设的首要任务就是农牧民增收，只有农牧民增收了，人民群众的生活水平和生活质量提高以及生活条件改善了，从根本上消除贫困，经济社会、文化生活等方面达到一定的水平，才能称得上真正达到新农村建设的目标。新农村建设是一项全面的、多方位的系统工程，这是现代化建设必须经过的而且是较长时间的阶段性的历史任务。所以东嘎镇的新农村建设从最基本的农牧民增收，改善农牧民生活质量，大力发展农牧业生产力这些着眼点入手，千方百计让农牧民增收，加快新农村建设进程。为了实现这些目标，堆龙德庆县对东嘎镇提出了诸多对策和措施，如切实抓好农牧业产业结构的战略性调整，拓展农牧民增收的思路，开辟农牧民增收的渠道，全方位、多角度地为农牧民增收创造条件，努力把农牧民增收及该村新农村建设工作落到实处。加强引导服务，认真做好农牧民增收工作，注重政府的服务作用，注重农牧区专业合作经济组织的桥梁作用，加强对农牧民实用技术和职业技能培训。切实搞好信息服务，贴近农牧区，服务农牧民。根据东嘎镇地处城乡接合部的特点，充分挖掘农牧业内部增收潜力，加快发展非农产业，努力拓宽农牧民增收渠道。

三 安居工程的主要做法、成效和存在的问题分析

（一）主要做法

从东嘎镇开展农牧民安居工程建设的实际情况来看，其主要做法可以概括为这样几个方面。

1. 完善工作机制，加强对农牧民安居工程建设的领导和组织

自安居工程实施伊始，东嘎镇就从全局的高度充分认识农牧民安居工程的重要性，把安居工程列入镇党委重要议事日程，作为实现该镇"十一五"规划的主要工作来抓。为实施好安居工程建设，该镇从镇到村均成立了专门的领导小组，并建立了切实可行的工作机制。

首先，该镇成立了以镇党委书记、镇长为组长，以安居办干部和有关部门负责人为成员的领导小组，领导小组下设办公室。其中，办公室具体负责安居工程的思想动员、规划设计、占地拆迁、施工建设和资金管理等项工作，并通过建立联系点制度，签订责任书，把工作任务层层分解到各村、组、农户。

其次，及时制定《堆龙德庆县东嘎镇农牧民安居工程建设实施方案》，对安居工程的组织领导、工作原则、工作任务、政策扶持、资金筹措、实施内容、完成期限等做出具体明确的规定。

第三，定期召开党政联席会议，专题研究和安排部署东嘎镇农牧民安居工程建设的各项工作，对实施安居工程建设中遇到的和可能遇到的问题及时进行分析和解决。

以上措施的实施和机制的确立，较好地保证了该镇对农牧民安居工程建设的领导、组织和各项政策措施的落实。

2. 详细摸底调查，为实施安居工程建设提供翔实的依据

为准确掌握翔实的第一手资料，该镇在开展农牧民安居工程建设之始，就安排了领导小组成员和安居办工作人员利用一周时间深入各村，在全镇范围内进行逐家逐户的摸底调查，对村、组和农牧户家中的家庭劳动力、建房能力、经济收入、房屋现状和改造方式、改造户型、造价估算、贷款需求以及安居工程区域内的贫困户（五保户）等详细情况进行了调查，并以家庭为单位进行了登记造册，从而为制定政策、兑现补贴、银行贷款和组织实施等具体工作的展开提供了准确的参考依据。

3. 科学规划，狠抓落实，确保工程建设质量和进度

该镇在坚持"宜改则改、宜建则建、宜迁则迁"的原则下，以青藏铁路和青藏公路沿线为主线，以改造危旧房和自然灾害多发区群众的住房搬迁为重点，在服从总体规划的基础上，以保证房屋质量、节约用地、注重环保为前提，坚持规划先行，合理划拨土地，科学调配劳动力资源，积极筹措资金，确保安居工程建设的顺利进行。

第一，坚持规划先行。该镇着眼于农村生产力的新发展和农牧民生活水平的新提高，按照"统一规划、适当集中、适度超前、安全适用"的总体思路和"统筹规划、整体推进、分类指导、科学设计、综合配套、体现特色"的要求，对全镇的农牧民安居工程建设进行了全方位的统筹规划。通过广泛征求各方面的意见，该镇将制定的安居工程实施方案与"生产发展、生活宽裕、生态良好、乡风文明、村容整洁、管理民主"的总要求相结合，与小城镇建设和小康示范村建设的总体规划相结合，与本地农牧民的生活风俗和居住习惯相结合，与保护耕地、保护环境资源和适度集中的发展战略相结合，在尊重农牧民意愿和生活习惯的前提下，力求体现民族特色、地方特色、区域特色和乡村风貌，充分体现农牧民作为安居工程建设的投资主体、受益主体和建设主体的地位和作用。

第二，坚持狠抓落实。为充分体现农牧民安居工程这个"民心工程""德政工程"在农牧民群众中的影响力和认同感，该镇把实施农牧民安居工程建设放在推进社会主义新农村建设的重中之重的地位，积极从思想动员、规划设计、占地拆迁、施工建设、资金管理等方面狠抓落实。在具体的实施过程中，该镇采取了由城乡接合部向偏远村逐步推进的办法来具体规划和实施安居工程建设。在城乡接合部，采取了"适当超前、适度集中"的做法，实行整体搬迁；在相对偏远的地区，采取了"因地制宜、就地取材"的做法，实行整体搬迁与就地改造相结合的做法。

4. 广泛宣传动员，充分调动广大农牧民群众参与安居工程建设的积极性和主动性

农牧民安居工程是一项以农牧民群众力量为主、政府扶持为辅的社会系统工程，群众欢迎不欢迎、支持不支持、参与不参与，是安居工程能否圆满完成的检验标准和关键。在实施安居工程建设的过程中，该镇始终坚持群众路线，积极争取群众支持，充分依靠群众力量，通过采取召开群众

大会、个别谈话、村（组）领导带头等形式，以困难户、富裕户和党员户为突破口，为农牧民群众深入细致地讲解和宣传安居工程的目的、意义、工作原则、实施范围和优惠政策等，从而使安居工程建设在农牧民群众中产生了积极影响，获得了农牧民群众的充分理解和积极拥护，成功地推动了农牧民群众的思想观念从"不理解"到"理解"、从"要我建"到"我要建"的转变，为安居工程建设的顺利展开打下了良好的群众基础。

5. 细化扶持政策，确保优惠政策落实到位

该镇在引导广大农牧民群众积极参与安居工程建设的同时，还通过深入调查研究和反复论证，针对不同的情况制定了不同的扶持政策。而政策导向、政府扶持和科学分配的三管齐下，不仅激发了农牧民群众积极主动参与安居工程建设的热情，而且使群众切身感受到了政策的实惠。

6. 配套规划功能设施，凸显农牧区的文明气息

在安居工程的实施过程中，该镇按照"适当超前"的原则，对新民居进行了统一规划、统一设计、统一施工。在保持民族特色和地域特色的同时，通过新民居的样式和功能设计推动农牧民群众逐渐改变人畜混居、客我不分、使用旱厕等比较落后的居住方式和生活方式。同时，通过对水、电、路、厕以及通信、广播、电视、教育、卫生、绿化、太阳能等基础配套设施建设的规划和建设，不仅使广大农牧民群众住上功能比较齐全、充满文明气息的新居，而且改变人们传统印象中脏、乱、差的乡村生活环境，有力地推动传统的农牧区向小城镇化和社会主义新农村的方向发展。

7. 坚持因地制宜，着力体现新村新特点

为了使安居工程建设能够更好地体现时代特征，该镇立足于地处城乡接合部的实际情况，针对不同的地段，采取不同的建筑方式，采用不同的建筑风格，通过将农牧民安居工程建设与加快城镇化步伐相结合、与统筹城乡经济发展相结合、与开发城乡农牧民家庭旅馆相结合，在努力满足社会主义新农村建设的基本要求的同时，积极地推动新农村建设朝着综合效益最大化的方向发展。

8. 积极筹措资金，严格资金管理与使用

实施农牧民安居工程，最急需的资源是资金，最受社会关注的问题也是资金。为保证资金能够及时筹措到位并严格管理使用，该镇采取了以农户自筹为主，以区、市、县补贴，银行小额贷款，群众劳务投入以及市

化运作等为辅的方式方法，积极筹措资金。在对农牧民安居工程实施对象建设资金补助标准的界定和补助资金的发放方面，该镇在深入了解农牧民住房和收入现状的基础上，本着公开、公平、公正的原则，根据农牧民安居工程的类别和建设内容的不同，切实做好补助标准的界定和补助资金的发放工作，并及时将补助标准和补助资金的发放情况在所在村、组进行张榜公示。

（二）主要成效

1. 切实增加了农牧民群众的实惠

在该镇政府的引导和扶持下，农牧民群众既修建了新房，又在修建新房的过程中通过劳务输出增加了个人收入。比如，在2006年的安居工程建设中，该镇组织了农民施工队参与统一规划、统一实施和整体搬迁，截至2010年底，该镇参与农牧民安居工程建设的劳务输出就达到了十万余人次。

2. 促进了投资和消费的良性增长

农牧民安居工程整合的是零散的资金，办成的却是修建新居的大事。在该镇政府的引导下，东嘎镇的广大农牧民群众在修建新房的同时，还根据自身的实力适时地添置了各种生活日用品和家用电器，并及时地开办了诸如小商店、甜茶馆、理发店、电器维修店以及家庭旅馆等，第三产业的扩大从而在一定程度上推动了投资和消费的均衡发展，使得投资和消费对于当地经济社会发展的双拉动作用日益增强。

3. 降低了建设成本和资源消耗

由于该镇在实际开展农牧民安居工程建设的过程中坚持了"适当集中""适度超前"的原则，并及时采取了"就地取材、按需建房、节约用地、注重环保"的措施，推动了该县的安居工程建设迈上了科学发展的道路。从实施后果来看，该镇安居工程的实施，使得过去长期形成的过于分散的村庄被适度集中到了最适宜人类居住的地方，长期以来农牧民群众习惯居住的面积过大而又布局落后的旧房被改造成了安全适用的新居，长期以来始终难以改变的脏、乱、差的农牧区生活环境被改造成了配套设施齐全且环境整洁的乡村新环境。

4. 密切了党群、干群关系

由于农牧民安居工程建设涉及处于最基层的广大农牧民群众及其最直

接、最现实、最迫切的切身利益，加之自治区党委和政府对实施农牧民安居工程建设提出了很高的政治要求和业务要求，从而推动了广大党员二部积极深入基层和第一线，加强调研，靠前指挥，与群众同吃、同住、同实干，不仅在实际工作中进一步增强了与农牧民群众的感情，进一步激发了责任意识和公仆意识，也让广大农牧民群众从干部党员身上看到了西藏党委的优良传统和与时俱进、高度关注民生的执政状态。

四　社会公正视角中东嘎镇安居工程建设的综合效益分析

以农牧民安居乐业为突破口的西藏社会主义新农村建设，是一项涉及面广、牵扯到千家万户的系统工程。对于如此庞大而复杂的社会系统工程，无疑应该有不同的观察视角，也应该有多样化的评价维度和评价示准。就本课题的研究取向来看，在上述实证描述的基础上，以东嘎村实施农牧民安居工程建设为个案，主要从社会公正的视角对其社会效益进行分析，即凸显农牧民安居工程建设的整体效应。

（一）从社会公正视角看东嘎镇实施农牧民安居工程建设的综合效益

通过对东嘎镇实施农牧民安居工程建设的实地跟踪调查和入户访谈，大致可以从社会公正的角度把其社会效益概括为这样几个方面。

1. 明显优化了东嘎镇群众的居住环境

东嘎镇的安居工程建设，从该镇的实际情况和村民意愿出发，进行统一规划、科学建设，实行人畜分居，改水、改厕，使村容、村貌整洁有序，抛弃了广大农牧民群众以前不科学的生活习惯，从根本上治理了农牧区"散、缺、空""脏、乱、差"现象，让广大农牧民享受到安全、舒适、优美的生产生活环境。

2. 进一步提高了农牧区劳动力素质，培养了农牧区的人力资本，程度地提升了农牧民群众在参与市场经济和社会发展时实现能力建设与扩充的公正水平

在该镇实施安居工程建设的过程中，县、镇、村等各级组织通过举办培训班和入户指导等方式方法，培养了一批有一技之长的农牧民群众、"土专家"和一批积极探索发展集体经济的带头人，推动了农牧区劳动力素质的进一步提高和集体经济的进一步发展，不仅从建设主体的有效供给上有力地推进了安居工程建设，而且在推进广大农牧民群众适应市场经济

和社会发展的能力建设和扩充上也创造了实实在在的利益。

3. 拓宽了群众的增收渠道，激发了群众建设新农村的积极性，极大地提升了群众在获取增收的渠道上机会公正的水平

安居工程的实施，在有力带动该镇建筑建材业、交通运输业、劳务经济等行业迅速发展的同时，更重要的是还以此为契机明显地拓宽了农民群众的增收渠道，切实增加了农牧民群众的现金收入。

4. 有效更新了农民群众的思想观念，增强了他们的市场意识，推动了农民群众的社会公正观念从过去的机械平等逐步向以能力和贡献为标准的能力主义平等转变

安居工程的实施，不仅明显改善了农民群众的居住环境，更重要的是改变了他们"等、靠、要"的旧思想、旧观念，激发了他们对提高生活水平和质量的渴望，增强了他们参与市场竞争的意识，推动他们逐渐将贷款压力变成了生产动力，积极投身到建设新农村的伟大实践中。目前，农民群众学文化、学技术的多了，求神拜佛的少了；外出务工经商的多了，"等、靠、要"的少了；勤劳致富的多了，不思进取的少了。

5. 安居工程促进城乡基础设施的协调发展

东嘎镇虽然地处城乡接合部，但过去拉萨市的城乡之间由于缺乏统一规划和建设，城乡在基础设施方面也存在二元化现象。城市交通体系建设缺乏广域交通体系的观念，受行政区划分割，大型区域性交通基础建设的协调性与一体化程度仍较低；基础设施建设中城乡区域联合、共建共享以及城乡一体化考虑不够，导致郊区城镇、乡村地区规划建设与整合程度很低，极大地影响了该地的基础设施建设的发展。对于城市发展，基础设施的城乡一体化、空间一体化首先是交通一体化建设。随着拉萨市整体实施东延西扩战略，以及安居工程统一规划，避免了农民盲目地在干线公路两旁修建房屋，影响道路畅通。同时，东嘎镇也很快融入到了拉萨市的交通体系，使城乡之间在基础设施方面达到共享。基础设施建设是实现城乡一体化的物质基础和保障，极大地改善了东嘎镇人口和经济活动的高度密集，各类经济要素在此保持顺畅流动，人流、物流、信息流有了良好的通达性。城乡之间也有了完善的交通、通信、电力等基础设施网络。如今，东嘎镇的村民实现了走平坦路、喝干净水、住整洁房、用卫生厕所和清洁能源，有线电视、宽带网进入寻常百姓家；绿地草坪上健身设施逐步完

善，农村放心店为农民安全消费保驾护航。随着基础设施建设的不断推进，东嘎镇与城市的差距日益缩小，广大村民开始享受前所未有的幸福美好生活。安居工程建设的不断推进，带来了城镇与农村相辅相成、和谐共荣的新景象。

6. 加快了第三产业发展水平

加快第三产业发展，是新农村建设和农村经济发展的客观需要。东嘎镇第三产业发展水平总体上看还十分落后，阻碍了该镇经济发展层次的提升，也阻碍了相关加工工业的提速增效。所以，在东嘎镇新农村建设过程中，堆龙德庆县和东嘎镇党委从满足人民群众生活需要和促进经济增长出发，以市场化、产业化和社会化为方向，积极发展以现代服务业为重点的第三产业，提高服务业在该村经济中的份额，推动该村经济发展迈上新台阶。随着该镇土地被城市建设用地的征用，镇党委和镇政府将该镇第三产业的发展围绕产业结构的演进，以贸促工，经贸促农，走贸工农一体化之路。通过流通领域专业市场的建设，提高第三产业对失地农民的吸纳能力。在发展为生产和生活服务的传统行业的同时，还大力发展以城镇为中心的基础设施和社会化服务体系建设，使商贸向大流通、大市场新格局发展。重视发展交通运输、综合科技、信息咨询、旅游文化娱乐等服务行业，为第二、三产业发展和人们的物质文化生活水平的提高提供各种优质服务。

7. 实施农牧民安居工程，为构建和谐东嘎奠定了良好的社会基础

进一步增强了东嘎镇群众对人民政府的信任。在安居工程的实施中，东嘎镇党政领导干部始终坚持群众观念，把坚持走群众路线放在首要位置，通过深入到辖区内 3 个村的每家每户，以与农牧民群众同吃同住的工作方式，了解群众疾苦，掌握群众情绪，听取群众意见，正确及时处理好各种矛盾和问题，积极为群众乐业出谋划策，一心一意帮助农牧民群众解决实际困难和问题。随着一座座安居新房的拔地而起，配套设施的逐步完善，广大农牧民群众切身感受到自己最关心、最直接、最现实的利益问题已经和正在得到有效及时的解决，农牧民的参与意识也更加积极主动，镇政府与农牧民群众的距离进一步拉近。通过安居工程建设的实践，广大领导干部勤政为民的意识增强了，广大农牧民群众切身感受到了中国共产党和人民政府的亲切关怀、感受到了祖国大家庭的无比温暖，增进了对中国

共产党和人民政府的信任。

促进了东嘎镇社会的持续稳定。紧紧围绕创建"平安镇",狠抓社会稳定工作。东嘎镇党委按照县委的要求,始终坚持"稳定压倒一切"的原则,以揭批达赖分裂集团为重点,加强对该镇周边寺庙的管理工作,切实做好矛盾纠纷排查调处工作,认真解决好困难群众的生产和生活问题,正确处理和妥善化解人民内部矛盾,确立以人为本的农村社区治安新理念,不断推进"平安镇"创建活动,群众的安全感切实得到增强,创造了良好的农村社区治安环境。东嘎镇安居工程实施以来的新发展、新变化、农牧民的新生活等生动事实,让该镇各族群众进一步明白谁在造福西藏各族人民、谁在祸害人民,农牧民群众切身感受到,只有共产党才能让自己住上连做梦都不敢想的新房,过上幸福美好的新生活,广大农牧民群众反对分裂,维护祖国统一和西藏稳定的旗帜更加鲜明,立场更加坚定,态度更加坚决。可以说,安居工程是为民谋利的"民心工程"、促进长治久安的"稳定工程"。

东嘎镇群众的思想观念和自身素质与市场经济要求日益适应。东嘎镇党委、镇政府结合安居工程建设,通过举办培训班、农业产业化龙头企业以及能人大户带动等多种方式,在东嘎镇培养了不少具有一技之长的技术工人和具有积极探索、敢于创新的懂经济、会管理、知法律的农牧区经济带头人,大大提高了村民的自身素质。现在东嘎镇村民"等、靠、要"的思想观念得到了很大解放,合作意识、质量意识、市场意识、竞争意识、效益意识、时间意识、法律意识得到了很大提高,与社会主义市场经济的内在要求日益适应。激发了他们追求财富的欲望,由"要我富"的被动观念向"我要富"主动致富观念转变,这些非正式制度有效推动了他们将贷款压力变成了生产动力,投身到新农村建设的激情日益高涨。

推进了东嘎镇的精神文明建设。以"创建小康文明村、文明示范户"为或体,积极在全镇开展各种群众性精神文明创建活动,逐步形成了以"讲文明、树新风"为主要内容,以创建文明村镇为主体,多种形式创建活动共同发展的工作格局。镇党委和镇政府狠抓对全镇村民的思想教育,推进农村精神文明建设。针对一些农牧民特别是青年农牧民集体主义观念和道德责任感淡薄等实际,镇领导班子坚持"治贫先治愚,扶贫先扶志"的指导思想,着力加强对村民思想道德教育。积极引导村民转变观念,积极崇尚科学，破除迷信，坚持科教兴农；帮助村民厘清思路，正确处理国家、集体和个人三者的关系，激励村民爱家乡、爱集体，为发展集体经济、改变村貌做贡献。同时，抓依法治村，保持社会稳定。一是在全镇深入开展普法教育活动，引导村民自觉做到学法、守法、用法。二是坚持依法进行民主选举、突出民主决定、实行民主监督、搞好民主测评，认真落实"依法建制、以制治村、民主管理"等制度，大大提高了广大村民的参政议政能力，使广大群众充分享受到了政治上的民主权利。通过这些有针对性的教育，提高村民群众的思想认识和整体素质的目标，为推进东嘎镇"三个文明"建设奠定了坚实的思想基础。常抓道德建设树立文明村风。印制了道德建设标语，进一步推动了创建文明村镇工作不断向广度和深度发展。一是抓制度，强化外在约束。制定了符合村情、民情的《村规民约》，把评选"文明农户""五好家庭"标准发放到了各家各户，要求各家各户认真学习，遵照执行，引导全镇村民争做"四有"新人，使每个村民体现出爱国守法、明礼诚信、团结友善、勤俭自强、敬业奉献的公民基本道德规范。二是抓载体，提高活动质量。积极探索文明建设的有效载体，精心举办开展了"文明户""五好家庭""巾帼模范"等一些村民喜闻乐见、各具特色的活动，让村民在自我教育、自我评价中享受到精神文明建设的成果，调动广大村民参与文明村建设的积极性。三是抓风气　推

图 10－4　崭新的安居房

196

进移风易俗。近年来，东嘎镇出台了不得赌博酗酒、不得参与迷信活动、不得涉嫌犯罪，发现有违规现象要向村委会、镇党委报告的规定，村领导班子成员以签名的方式向全体村民承诺，带头遵守有关规定，争做移风易俗的带头人。如今的东嘎镇喝酒闹事的少了，发家致富的多了；信教转经的少了，外出打工的多了；谈神靠天的少了，学科学用科技的多了；严守陈规陋习的少了，讲文明向上生活的多了。全村涌现出一大批"文明户""五好家庭""遵纪守法户""致富带头的优秀党员"。如东嘎村连续多年被评为自治区、拉萨市和堆龙德庆县的"文明村"，全镇一批农户被拉萨市、堆龙德庆县文明办评为"文明示范户""文明家庭"。

（二）从社会公正视角看东嘎镇农牧民安居工程建设的社会意义

随着西藏以安居乐业为突破口的新农村建设的展开，能否扎扎实实地做好安居工程建设并顺利完成自治区党委和政府提出的西藏新农村建设的任务，不仅关系到西藏新农村建设在总体上的进度、效率和成败，也关系到西藏党委和政府在推动西藏的经济社会发展能否迈向更加公正的发展轨道的执政能力和执政形象与声誉，关系到西藏全面建设小康社会目标的顺利实现。因此，从这样一种角度来看，农牧民安居工程建设显然不仅仅只是一个单纯的工程问题，而且也是一个复杂的经济社会问题，在某种程度上甚至还是一个极为敏感的政治问题；不仅是一个发展问题，也是一个极为关键的社会公正问题。

从东嘎镇实施农牧民安居工程建设这样一个微观的实践个案来看，从广大进入安居工程建设实践之中的农牧民群众对安居工程的衷心拥护和积极参与态势来看，农牧民安居工程建设的实施，至少在以下几个方面展现了其特殊的社会公正意义。

第一，农牧民安居工程的实施，从区域公正的角度体现了党中央对西藏农牧民群众的高度关怀，是贯彻落实科学发展观和建设和谐社会在西藏工作中的生动体现，是当代中国的社会公正观在西藏新农村建设上的具体实现。

第二，农牧民安居工程的实施，从决策公正的角度把握了西藏新农村建设的特殊区情和特殊要求。坚持把安居乐业作为新农村建设的突破口、切入点，在认真深刻地领会中央精神、科学深入地分析西藏自治区经济社会发展的阶段性特征、充分尊重广大农牧民群众需求与意愿的基础上，做出的一项重大决策，符合中央关于社会主义新农村建设的总体要求，牵住了西藏建设社会主义新农村的"牛鼻子"。

第三，农牧民安居工程的实施，从利益公正的角度表达了西藏广大农牧民群众求发展、求稳定、求和谐、求幸福的共同愿望。安居乐业作为对改善西藏农牧民生产生活条件、增加农牧民收入这一西藏经济社会发展首要任务的简明表述、高度概括和现实展开，符合广大农牧民群众的心愿，是得民心、顺民意的幸福工程，是构建和谐西藏的基础，也是西藏在与达赖集团的斗争中掌握主动的根本条件和基础。

（三）从实地调查中可以得出的几点结论

新农村建设是一个长期的过程，中央提出的"二十字方针"是一个包含了物质文明、精神文明、政治文明以及和谐社会建设和党的建设等方面要素在内的全面要求，渗透了从社会公正角度把实现农民群众的利益和增进农民群众的福祉当作根本出发点和最终检验标准的精神。

从西藏的实际情况来看，新农村建设有别于其他内地甚至其他西部省区的一个特殊情况在于，不仅农牧业生产基础设施更为简陋和稀缺，乡村公共设施和服务严重短缺，农牧民素质能力的提高和发展权利的实现存在着更大的困难，而且在最基本的生活资料包括住房还存在着更为明显的直接匮乏现象。因此，从上述的分析中可以看到，西藏实施的农牧民安居工程建设，本质上不同于内地一些地区把新农村建设简单地理解为"新楼房建设"的偏离新农村建设主旨的新村建设浪潮，而是由西藏特定的经济社会发展基础和农牧民生活的整体相对贫困所决定的现实而合理的战略选择。由此出发，结合本课题组对拉萨市堆龙德庆县实施农牧民安居工程建设的实地调查与分析，我们可以从社会公正的视角就西藏以实施农牧民安居工程建设为突破口的新农村建设做出如下结论。

第一，实施农牧民安居工程建设既是西藏党委从西藏现代化建设的本质、目标和价值的层面上统筹西藏城乡发展进程、化解西藏"三农"问题的重要战略决策，也是西藏党委从发展选择和发展政策的层面上凸显当代西藏发展的社会公正追求与特性的创新性实践进程。

第二，基于上述阐释，可以明确地认为，在当代西藏，既不能脱离社会公正的理念及其要求单纯地谈论和评价新农村建设中的安居工程的实践过程及其成效，也不能脱离农牧民安居工程建设的实际抽象地讨论和阐述西藏新农村建设的社会公正追求及其绩效。

总的来看，随着西藏以安居工程建设为突破口的新农村建设实践的展开，随着社会公正在西藏的新农村建设中逐渐从理念建构的层面进入实践乃至制度创新的层面，一方面，新农村建设正在成为推进和衡量当代西藏社会公正程度和水平的重要历史进程；另一方面，社会公正也正在成为衡量和推进当代西藏的新农村建设的价值标准和强大动力。

（四）进一步推进西藏农牧民安居工程建设需要把握好的几个关系

从堆龙德庆县实施农牧民安居工程建设的实际情况来看，我们认为，要使农牧民安居工程建设既能够体现出西藏在解决"三农"问题上的发展效应，又能够体现出在统筹西藏城乡发展上的社会公正效应，还需要处理好这样几个方面的关系。

1. 正确处理政府主导和农牧民为主体的关系

对于西藏这样一个经济社会发展严重滞后的地区来说，新农村建设的任务尤其艰巨。在开展农牧民安居工程建设的过程中，既要改造农牧民群众的居舍房屋，又要改善农牧区的基础设施，需要大量的资金投入，这既涉及政府的财政支持能力，也涉及农牧区社区性公共产品的供给问题。毫无疑问，农牧民安居工程建设中的财政支持和公共性产品的供给，政府应起主导作用，但仅仅依靠政府的财政投入是不够的，还必须充分发挥市场机制和社会力量参与的作用。

2. 正确处理立足当前与着眼长远的关系

由于西藏特定的区情，在西藏建设社会主义新农村是一个较之祖国内地更为艰巨而长期的任务，不能也不应该急于求成。为此，不仅应把新农村建设纳入"十一五"规划作为重要建设内容，还要科学制定符合西藏实情的城镇化发展战略，合理设计包括乡（镇）体系布局规划、农牧区人口布局和人口流动规划、城乡产业与就业布局规划等在内的区域总体蓝图，要高度重视农牧区基础设施和公共服务设施建设的规模效应，切实保障农牧民安居工程建设既有中长远的规划目标，又有年度的工作安排，从而确保农牧民安居工程建设有条不紊地进行。

3. 正确处理建设条件与建设目标的关系

从西藏的情况来看，不仅和祖国内地在经济社会的发展上还存在着阶段性的差距，而且在西藏区域内，每个地区乃至一个县域内的不同乡

（镇），其经济发展水平也并非完全处于同一阶段。事实上，仅就堆龙德庆县来看，其农牧民安居工程的建设就有城郊类型与偏远类型的区分。因此，在西藏的新农村建设进程中，尤其要避免用同一个模式、同一种方法、同一个标准乃至同一种风格（要考虑到西藏的民族特色和由于地域广阔而导致的地区特色）来推进安居工程建设，应从各地的实际出发，量力而行，注重实效，不搞盲目攀比，力避形式主义、形象工程和政绩工程，避免农牧民安居工程建设走向运动化。

4. 正确处理硬设施建设与软环境建设的关系

即使在西藏这样一个经济社会发展相对滞后的地区，其新农村建设的内涵无疑也是相当丰富的。就堆龙德庆县的情况来看，它不仅涉及农牧区的社区基础设施、环境、教育、医疗、商贸、住房等硬件条件的改善、整治和建设，而且涉及农牧区社区的科学管理、良好的农牧区村风与民风的形成等软环境和软系统的建设，就其本质来说，上述两者是缺一不可、互为促进的关系。而就目前的实际情况来看，堆龙德庆县在上述两个方面的整体建设和协调推进方面还存在着一定的距离。因此，在进一步的建设过程中，还需要进一步高度重视软环境和软件的建设，事实上，这也是在西藏的新农村建设中推进和体现社会公正的一块不可或缺的基石。

5. 惠民政策的宣传与落实的关系

目前，西藏自治区为农牧民群众制定了很多切合实际的惠民政策，其中支农惠农政策就有31项。如自治区对农业机械购置补贴政策规定：对拖拉机耕、播、收配套农机具，种子加工机械，农畜产品加工机械等按照自治区招标价格补贴30%。限额补贴：单机补贴最高上限为5万元；不足5万元的按照自治区招标价格计算补贴资金；部分规定品种补贴最高额度可达12万元。限量补贴：每个申购单位最多只能申购一台主机及其配套的耕、播、收机具各一台。为帮助农牧民群众加快推进农业机械化，国家、自治区和拉萨市财政每年安排一定的资金用于农机具购置补贴，拉萨市财政安排847万元/年用作2008~2012年的农业生产柴油补贴。但是我们在东嘎镇调研时当地村民反映，农业机械购置补贴这一政策他们近两年没有享受到。虽然东嘎镇处于城乡接合部，未来发展也趋向于城镇化，但目前东嘎镇村民的身份依旧是农民，他们理应享受到支农惠农政策的全部。所以，我们的上级部门不但要向广大农牧民群众大力宣传党的惠民政策，更重要的是要切实落实这些政策。落实好这些政策，有利于农牧民懂得惠从何来，惠在哪里，从而利于他们进一步深刻领会和把握社会主义制度的优越性、党的领导的重要性，大力唱响共产党好、社会主义好、改革开放好、伟大祖国好、各族人民好的时代主旋律，高举中国特色社会主义伟大旗帜，坚定走中国特色社会主义道路的决心和信心。

图 10 – 5　县人民检察院干部到东嘎镇作法制宣传

第十一章 城市化快速推进过程中的
东嘎镇失地农民

一 东嘎镇失地农民情况介绍

（一）耕地缺失的情况

随着城镇化发展导致大量耕地减少，并由此引发了一系列问题。其中尤以东嘎镇的三个村子，即东嘎村一组、南嘎村四组、南嘎村五组最为严重。据该县土地管理局调查：东嘎村一组原有耕地165.95亩，共计88人，人均耕地近1.89亩。自1995年兴建藏龙家具厂，占用耕地12.4亩；1997年兴建哈达厂，占用耕地9.27亩；2000年康达汽车贸易城兴建，占用耕地47.13亩。上述诸项用地总计为68.8亩，为原有耕地的45.6%，2001年全村仅剩耕地90.25亩，人均耕地只1.03亩。在19户居民中，8户人均耕地不足1亩，8户人均耕地不足1.5，3户人均耕地仅为1.5亩。到了2010年，东嘎村一组已成为无地农村。

南嘎村四组原有耕地354亩。1990年，扩建县中学劳动实习基地，占用耕地12亩；1997年，兴建县变电站，占用耕地11亩；1998年，建立县中学培训基地，占用耕地4.6亩；1998年扩建县中学，占用耕地24.13亩；2000年兴修县团结路，占用耕地47亩；该组成立新型经济实体，兴修商品房，自占耕地30亩；2001年，江苏阳光集团兴建厂房，占地30亩。从1990年至2001年之间，南嘎村四组耕地减少了总计158.73亩，占全部耕地的44.8%。现该组共有61户，269人，人均土地0.73亩。

南嘎村五组，原有耕地248亩。2000年兴修团结路，占用耕地25亩；2000年拉萨市房地产公司建住宅小区，占用150亩；县公安局兴建办公楼和生活楼，占地18亩；县法院兴建办公楼占用12亩；县检察院占用2亩。仅2000年，该组被占用耕地207亩，占原有耕地的83.5%。今该组有居民 42 户，186 人，保有土地 41 亩，每人平均耕地仅有 0.22 亩。

南嘎村目前的耕地面积为 2132.95 亩、桑木村目前也仅有 2378.37 亩耕地，由此可见耕地缺失的严重。

东嘎镇土地被占用的情况，至今还处于初期阶段。2001 年 9 月，国务院办公厅已批复建立西藏拉萨经济技术开发区，该区的选址就在东嘎镇，规划用地 5.46 平方公里。随着西部大开发的建设热潮的兴起，如 2001 年青藏铁路动工兴建后，该镇被这条交通大动脉纵贯全境。这样，随着铁路站的建设，公路及其他设施的兴建，在 10 年时间里，东嘎镇的耕地已减少 50%，随着拉萨市"东延西扩"城市化建设的逐步开展，东嘎镇的耕地被占用是不可避免的。

随着拉萨市"东延西扩"城市化建设的逐步开展，位于城乡接合部的堆龙德庆县东嘎镇成为西城区开发的中心和重地，并逐渐成为一个"城中村"。许多土地因城市规划需要而被征用，因此，该镇许多农民失去了土地，失地农民的就业问题迫在眉睫。截止到 2010 年底，3 个村委会的土地因城市建设和西城区储备而被逐步征用，失地农民也与日俱增。其中，东嘎村从 2004 年起，被规划为拉萨经济技术开发区，当时该村 3500 亩土地全部被征用，涉及搬迁农民群众 563 户、1245 人。土地是农民最基本的生活资料，更是农民安身立命的根基。随着城市化的快速推进，东嘎镇农民的土地转化为城市用地，导致该镇农民失去土地。他们失去土地就等于失去生活保障。国家强制性征地造成农民就业无着落问题日益严重，保障失地农民就业成为影响该镇社会和谐的关键。如何安置才能提供长期可靠的基本生活保障？根本出路在于就业。

（二）土地占用补偿办法

占用农民的耕地，减少了他们赖以谋生的基本条件，给予损失补偿是当然的。目前该县的补偿办法有二：一是依一定的数量，给予一次性的经济补偿；二是占用土地的单位，安排一定比例的当地农民就业。

有关经济补偿的典型例子是东嘎镇一组的 30 亩地，其中耕地为 20.77 亩，荒地为 9.23 亩，被康达汽车贸易城征用。依据有关文件精神，耕地每亩补偿费为 10000 元，20.77 亩总计为 207700 元。另外每亩地收取安置补助费 15000 元，20.77 亩合计为 311550 元。此外依据国家关于保持基本农田存量精神，凡耕地被占用，其面积应另开新荒予以抵补，为此开辟新荒的费用，亦应给予补偿。按有关规定，每亩 10000 元计，20.77 亩合计为 207700 元；另荒地补偿费每亩 2000 元，荒地安置补助费每亩 4000 元，两项合计，9.23 亩荒地总计为 55380 元。以上各项补偿费，总计为 782330 元。其中耕地补偿费、安置补助费、荒地补偿费、荒地安置费总计为 574630 元，补给东嘎镇一组，用于被征用土地后的发展生产、安排劳动力和困难户的生活补助。耕地开垦费 207700 元，依据《土地管理法》有关条文规定，20% 交自治区土地管理局，20% 上交市土地管理局，60% 留县土地管理局，转入财政专项，用于土地开垦。

东嘎镇一组被征用土地补偿的实例，仅是堆龙德庆县征用土地补偿的一个例子。我们从这里看出，政府和征用土地的单位采取了一种仅用钱支付后，不再承担任何责任的做法。根据西藏的情况，不管其补偿金的数额高低，我们觉得这种做法不够完善。理由如下：

首先，世代以土地为生的农民，他们积累的适合当地气候、土地条件的种植经验，是一笔十分宝贵的财富，若有土地，他们可享用一辈子，一旦土地缺失，就意味着这一财富的丧失，如同司机失去汽车或火车一样。所以从这个意义来说，不是用该土地的农业年产值多少倍所能补偿的。毕竟这种多少倍的补偿，只能吃一阵子，不能吃一辈子。所以从这个角度说，这种补偿带有不合理的成分，特别对那些中年以上的农民，要他们放弃熟悉的行业，投入到一个需要重新学习的领域，不是一件容易的事。

其次，从目前堆龙德庆的农民实际情况来看，他们所得的补偿款项，不易进行有效的投资，求得效益。长期以来，这里的群众基本从事农牧业，从事商业或手工业的人极少。那里的中老年人，基本处于文盲或半文盲状态。这种状况决定了他们重新择业的难度。目前该县扶贫比较成功的实例是扶助贫困户买磨面机、榨油机，或办小商店，尚有一定的经济效益。这种店铺，投入不多，对于拿到土地补偿金的农民来说，完全可以支付。但这种投资项目，在一个居民村里可容数量有限。多数拥有补偿金的人，只有走出村外，才能找到投资的门路，这对广大农民来说，还是难以实现的，一旦坐吃山空，生活难以为继。

最后，东嘎镇毗邻拉萨，随着市场的开放和外来人员进入百货、餐饮、修理、副食、运输等行业，竞争异常激烈。从县城所在地的店铺来说，2/3 以上都是外来者经营，本地人经营的甜茶馆、藏餐馆生意尚可，任也无法与门面讲究、技术颇优的川菜馆竞争。本地人唯独占优势的是经营直通拉萨的公共汽车客运。这些人绝大多数原是当年的拖拉机手或公社的汽车司机，他们经过十多年的苦心经营，逐步解决了失地后无业的困难，有的也一步步走上了创业、致富之路。到了近年，由于客运户发展过快，有关部门对新户又不加限制，以致运力过剩，盈利骤减。这种情况，对于怀揣两三万元耕地补偿金的人来说，也是不敢涉足的。况且 2010 年，拉萨市人民政府提出了中巴车退出客运市场的要求。

（三）失地农民的安置情况

目前东嘎镇 1892 户、5443 人中共有 1575 户、4496 人为失地农民，占全镇总户数的 83.2% 和总人口的 82.6%。根据拉萨市的总体思路，堆龙德庆县在东嘎镇实施了"工业向园区集中""农民向城镇集中""土地向城镇集中"三推进。

工业向园区集中。拉萨经济技术开发区落户在东嘎镇辖区内，该开发区是西藏唯一的国家级经济技术开发区。

农民向城镇集中。社会主义新农村建设促使农民向城镇集中。拉贡路、和平路新村建设按照"适当超前、适度集中、科学规划、分类指导、稳步推进"的原则，采取政府引导，整村推进的方式，对新民居进行了统一规划、统一设计、统一修建，集中安置农户 903 户，使农民拆迁户住上了水、电、广播、电话、教育、卫生、绿化、太阳能等基础设施配套齐全的新居，改变了以往人畜混住、客卧不分等比较落后的生活方式，让农民逐步过上了文明健康的生活。同时，堆龙德庆县还针对失地农民实际困难，开展了劳务输出、守业、创业等三类培训，使农民掌握了一技之长，不但能够进入城市务工，还能够自主创业，达到了良好的社会效果。

土地向城镇集中。加大土地优化重组力度，推动传统农业向现代化农业转变，加快土地向业主集中，城区商业用地向开发商集中。随着拉萨"东延西扩、跨河发展"战略的实施和青藏铁路的通车运营，在土地使用规划上，堆龙德庆县明确规定，对长期闲置不用的土地依法收回，对搬迁户旧宅和周边零星地块集中收购储备并向投资商等业主公开拍卖，达到有效利用土地，提升土地价值的目的。

二 存在问题和困难

一是土地征用过程中由于土地差价问题，为给群众做思想工作带来极大困难，因为同样的土地，土地差价不等，比如：国家、集体、单位之间的土地征用费就存在很大的差异，在直接兑现给群众时造成群众争议大。因此目前该村统一了群众思想，在土地征用费"四六开"的过程中，不管土地差价有多大，给群众兑现的土地费都是按照统一标准制定后再兑现给群众，由此避免了群众上访的苗头。

二是目前该村范围内大部分征地过程都要牵涉外来退休人员的居住问题，在补偿拆迁费和做思想工作时他们是反映最多的群众，并且针对下一步失地农民统一安置方面的工作，到目前为止还没有一个可行性的文件。因此，三个村委会希望相关部门制定下发可行文件，对这些人员的安置和房价补偿费制定一个规范统一的标准，以能采取有效措施来进行统一管理。

三是根据土地承包制长期不动摇的政策，土地承包制以后很多子女、媳妇或女婿在和长辈分家后都没有土地，只能靠原来有土地的人生存，甚至有些家里有五六口人，有土地的却只有一个，无地群众在生活上困难极大。据统计这种情况在该镇占50%以上。

四是失地农民安置搬迁工作中，最大的困难是集中搬迁，特别是土地划拨时哪个组需要集中安置，那么就需要在这个组的划拨土地上就地集中建设，不然在组与组之间的土地差价问题上存在着很大的争议。

五是全镇经济发展滞后，二、三产业不发达，难以提供充分的就业空间。辖区内企业规模小，第三产业经济总量不大且发展速度较慢，能提供的就业机会不多。再加上失地农民个人文化知识水平有限，大多数人无一技之长，导致再就业难度加大。

三 解决东嘎镇失地农民问题的政策和措施

（一）各地解决失地农民问题的政策和措施综述

失地农民的短期生活或许可由提高征地补偿费予以解决，但要想长治久安则必须另辟捷径，建立长效机制予以保障。因此，各地政府也在积极探索符合本地实际的解决政策和措施，各地的成功经验也能给西藏提供较好的借鉴。

1. 推行农村集体经济产权制度改革

农村集体经济产权制度改革有两个关键点：首先，在征地之时，预先设定经营用地；其次，将农村集体经济组织实行的农民共同共有的产权制度变为农民按份共有的产权制度。设定经营用地让被征地人获得可维持社会生产与再生产的收入成为可能，而产权制度变革则使分配变为要素投入后的收入成为可能。

这一政策在北京市得到大力推广。在进入 21 世纪之后，北京市政府开始大刀阔斧地推行农村集体经济产权制度改革，昌平区作为当时北京城郊城市化的典型代表，其示范作用尤其明显。2001 年 1 月，"昌平白村征地兴建居民住宅区计划"被列为北京市总体规划 50 个重点工程之一。2003 年 3 月，白村在完成拆迁与居民回迁楼房后，便作为全市首批农村集体经济产权制度改革试点正式进行产权制度的改革。改革的步骤大致如下：成立白村经济合作社，在其中设定董事会、监事会、集体资产管理委员会，建立股份制企业。村民依法选举产生董事会、监事会成员和农村集体资产管理委员会全体成员。通过产权制度改革，村所有的集体资产变成资本，村民变成了股东，将集体经济组织实行的共同共有的产权制度变为按份共有的产权制度。把集体经济进行量化，设集体股和个人股，集体股占 30%，个人股占 70%，以户龄和农龄为依据，按一定的比例配置股份。而个人股主要分为户籍股和劳龄股两部分，以户籍和劳龄为依据进行分配，除户籍股和劳龄股之外，在个人股中还设有小量的独生子女奖励股和经营管理风险股。户籍股、劳龄股、独生子女股和经营管理风险股的综合设置，即可据此量化每个白村人在集体中的个人股份数量，并据此对当期经营红利进行分配。

"改革后组建的白村股份制企业按照经济法规和现代企业制度的要求，建立股东大会、股东代表会、董事会、监事会。股东代表大会决策实行按股票决策，一股一票的制度。股东代表由各户推举，原则上每户一名。董事、董事长、监事、监事长分别在自荐或联名推荐的基础上报镇党委、政府进行资格审查后，经股东大会选举产生。董事会设独立董事一名，由镇党委、政府委派，主要负责白村与镇党委、政府的沟通。董事、董事长、监事、监事长每届任期三年，可连选连任（独立董事的任期由镇党委、政府决定）。股份合作制企业的总经理由董事会聘任。"

2. 土地使用权折款入股

土地使用权折款入股是特指集体土地被征用后地价款入股，即政府在依法征用土地后，除了按照征用土地面积10%以下的比例作为村集体建设留用安置地，按实补偿青苗和地面附着物之外，不再支付征用的土地价款，而是将这笔费用折成股份，参股到用地企业用于生产经营的做法。主要是把土地征用款入股，由村集体自主投资经营，而直接入股到用地企业的少。通过查阅资料，只有广东省徐洞村做了一些相似的尝试。广东省东源县仙塘镇徐洞村，由村委会牵头，徐洞村成立了工业园开发股份有限公司，鼓励被征地村民以土地折款的形式参与工业园征地、"三通一平"等基础设施建设，在企业进园投产后，公司就将所获收益按股分红。村里还允许其他村民以现金入股，每人现金投股不可超过1万元。

3. 调整承包地安置

调整承包地安置是对人均耕地比较多，而被征用土地相对较少的村，对失地农民重新调整分配承包地，保障其生产生活需要的安置形式。如浙江省永嘉县浦口村，全村有耕地1000余亩，为解决被征地农民的生产生活问题，该村集体土地承包实行5年一次调整，重新安排土地给失地农民耕种。对集体土地征用的补偿费用，除对被征地户一次性支付的青苗补偿费以外，其余实行全村所有村民统一分配，全村每人每月生活费150元，年终再根据村集体收入情况，每年每人增发2000元至10000元的生活费。

4. 留地安置

留地安置是指在被征用的土地中按一定比例，一般是10%左右，返还给被征地村集体经济组织，并免缴有关规费，用于发展二、三产业，获得稳定的经济收入。如浙江省湖州市织里镇东湾兜村，全村总人口978人，共260户。该村自20世纪90年代初开始征地，到目前为止，全村1500亩土地已经全部被征用。几年来，该村一直实行留地安置方式，全村共划出40亩土地建造安置用房，全村260户农户每户分得一间安置房（主要是店面房）。每间安置房出租后年租金在2.5万元至3.5万元之间，基本解决了被征地农民失地后的生活来源问题。另外，该村级集体经济组织还利用近60亩的建设安置用地，进行多种经营，壮大了集体经济。目前，该村实现了学龄儿童免费九年制义务教育，上大学享受奖学金，村民享有合作医疗保健费，免交一切上交的费用和统筹费，免费使用自来水。全村妇女一年免费体检一次，60岁以上老人每月领取500元至550元养老金。

5. "建好标准厂房，产权属村"出租获益

"建好标准厂房，产权属村"出租获益，是指在征用土地中，除了地上附着物和青苗补偿费支付给农民个人外，不再支付土地补偿费和安置补助费，由政府建标准厂房置换村集体土地，并保证其标准厂房返租的最低价（村集体在其标准厂房出租困难时，也可以按协议价返租给政府）。同时，也可以村建设留用地置换综合用房。这种方式适用于开发区、工业园区的征地安置。

浙江黄岩经济开发区采取这种安置方式，以每亩集体土地置换65.8平方米标准厂房，产权归村集体所有，村民和村集体共同拥有房产经营收益权，其中村民占60.6平方米的经营收益权。开发区与村集体签订协议，以每平方米不低于6元的月租费包租10年。村留地置换综合用房的标准以每亩置换建筑面积250平方米的比例来计算。

6. 铺设就业绿色通道：让农民失地不失业

成都市采取"订单培训""定向培训""委托培训"等多种方式，把失地农民就业与工作责任目标、招商引资、市场需求等挂起钩来，积极探索失地农民再就业的各种途径。新津县在推进"工业向园区集中、农民向城镇集中、土地向业主集中"的进程中，与企业签订了有关用人协议，政府负责组织失地农民按照用工单位的要求进行"订单培训"，帮助失地农民实现再就业，确保生活水平不下降、长期生活有保障。

金牛区投入2800万元对2万余名失地农民进行就业安置，向每个失地农民拨出700元的培训经费，不但出台了关于鼓励企业吸纳农村劳动力就业的扶持政策，而且对吸纳本区农村劳动力就业的企业给予补贴和奖励。同时，提高失地农民就业培训的实效性。应以市场为导向，针对失地农民不同年龄、文化程度等进行分类培训。对年纪轻、文化素质差的人员开展提高就业竞争力的培训，对年纪偏大的开展如养殖业等实用性的培训，对有一定文化素质的人员可重点开展技术含量较高、市场需求大的技术工种培训，从而更好地实现失地农民的就业。

7. 健全社会保障机制：让农民失地无后虑

成都市在推进城乡一体化进程中，不以损害农民利益为代价求发展，积极探索以土地换取养老和医疗保障的方法，先后出台了《征地农转非人员社会保险办法》和《已征地农转非人员社会保险办法》等措施，为失地农民"度身定做"综合社会保险、征地农转非人员社会保险，下大力解决失地农民在养老、医疗等方面的后顾之忧。

成都市在失地农民社会保障安置的政策实践中，将1991年以来的失地农民分为征地农转非人员和已征地农转非人员。遵循"土地换保障，退费进社保，政府给补贴"的思路，已征地农民根据自愿原则，再按不同年龄段，不同征地时间一次性交纳规定的社会保险费后，即被纳入城市社会保险体系，享受相应的城镇职工养老保险和医疗保险待遇。而对于2004年以后的征地农转非人员，则基本参照成都市城镇职工的社会保险交纳和享受办法，制定了新的缴费规定。成都市的失地农民社会保障制度是一种依托于现行城镇职工社会保险的，以养老保险为主，以医疗、失业及住房为辅的全方位综合保障模式，它以社会保险机制为主体，强调缴费关联，是以政府为责任主体，用地者责任为重点，个人责任为辅的社会保障体系。但这种方式会增加财政负担。

相比成都市"一步到位进社保"的做法，重庆市在过去十多年间尝试并坚持依托商业保险，探索推行了"政府＋保险公司＋农民"的征地补偿安置费用发放新办法。该市将自愿投保农民的土地补偿费和安置补助费（全额或者半额）交给获批的保险公司办理储蓄式养老保险，并由相关保险公司代表政府为退养人员发放保险生活补助费和一定利差补贴。这种保险可让每个失地农民在年老（男60岁、女55岁）后每月拿到180元左右的"固定收入"，从而使他们的最基本生活得到保障。这种资金托管模式，一方面减轻了地方政府财力负担，另一方面提高了运作绩效，达到了保障的预期目标。

（二）东嘎镇失地农民问题的解决措施

通过以上信息所反映的情况，可以看出大多数地方属于发达地区。这些地区有着发达的工业和其他产业基础，能够很好地解决失地农民所面临的一些问题。但是在西藏，存在着自我发展能力弱，招商引资能力不强，思想解放力度不够，二、三产业吸纳劳动力就业能力差，财政投入农牧民技术培训少等问题，同时还有西藏农民因素质问题而形成了产业进入"门槛"问题，在解决农民失地问题方面，势必和发达地区有很大差距。但西藏失地农民是一个重要的、会影响社会稳定的大问题，所以对西藏失地农民问题要有前瞻性、战略性的研究，课题组在这里不给出一些具体的政策和措施方案，只是提出西藏相关部门在制定和出台相关政策和措施时应该坚持的一些原则。经过粗略分析，我们认为至少有三项原则：一是西藏社会稳定和长治久安的原则；二是推进城镇化走向统筹谋划的原则；三是在已有的政策基础上制定成套政策措施的原则。

1. 维护西藏社会稳定和长治久安的原则

我们认为，由于在西藏稳定压倒一切，在处理失地农民问题时，坚持维护社会稳定和长治久安等原则显得尤为重要。可以预见，东嘎镇失地农民的数量将会随着城市化与工业化的双重提速而不断增多，如不采取积极的措施，这些游走于城市（镇）与乡村边界的城市（镇）边缘人或新的弱势群体必然会给东嘎镇基层政府造成很大的压力，成为影响社会稳定的一大潜在因素。西藏的改革开放相对内地来说比较滞后，面对失去自己的土地，很多东嘎镇农村居民，一时接受不了这突如其来的变化，从而出现了一些上访现象、仇富心理，东嘎镇失地农民出现的这些现象，为我们敲响了警钟，在解决失地农民问题过程中，切不可处理方式简单粗糙，一定要时刻坚持以社会稳定为重的原则，所出台的政策与长治久安相吻合。

2. 对于推进城镇化走向中统筹谋划的原则

在中共西藏自治区区党委 2010 年 11 月召开的七届七次全会精神上，统筹原则已经有所体现。全会中提到，"积极稳妥推进城镇化、规模化、常态化建设，逐步推进人口集中"，这体现了西藏将在未来一个时期，继续推进城镇化建设，提高城镇化比重。而根据东嘎镇的实际情况，被征地农民绝大部分位于城镇或大型建设项目附近，在相当长的时间内，解决被征地农民的问题是一个迫在眉睫的问题，尤其是在城乡一体化走向中农民如何转变成市民，转变成市民后又如何谋生的问题。在西藏还不能大面积地、快速地推进城镇化建设的实际情况下，下先手棋，解决具有西藏特点的城乡一体化中失地农民问题，同时，积极稳妥推进城镇化，统筹兼顾经济发展与农民失地等各方面的利益是当前西藏要解决的紧要问题。

3. 在已有的政策基础上制定成套政策措施的原则

在解决东嘎镇失地农民问题上，必须要把现有的国家政策用足、用活。

一是把土地流转政策用好。国务院2009年的一号文件就提出了农村土地可流转的政策，那么我们就要好好研究和理解土地流转这一政策，农村土地流转可以流转给种植养殖大户，可以流转给产生较农业效率高的行业或企业，那么自然也可以流转给国家。土地向种植养殖大户集中，那毕竟是在农业内部流转。对于流转给产生较农业效率高的行业或企业，这也是包括西藏在内的全国一个普遍现象，很多地方都征用农民耕地，大搞工业园区建设和房地产开发，对这一批被征地的农民给一次性的赔付，也就是前面提到的"一脚把农民踢开"的做法，那么其可持续性的生存问题怎么办？如果流转给国家那赔付的就更加少了，失地农民后续生存问题面临着更加严峻的考验。通过我们的调研来看，这种现象在东嘎镇是存在的。因此西藏在制定相关政策时一定要把现有政策吃透。

二是把生产要素参与投资和分配政策用到位。面对失地农牧民可持续性生存问题，还应充分利用好现有的投资与分配政策，在近年有关推进改革的相关文件已经规定，生产要素可以折股入股，农民的土地也是生产要素，当然也可以折股入股，前文在介绍各地经验时也提到过，这也是很多发达地区所采用的，而且效果很好。在西藏这一政策尤为重要，因此，在制定相关政策措施时，要大力支持这一政策，这样农民们就可以每年分红，可以较好地解决其生计问题。

三是把国家和西藏近年来所出台的广泛就业的政策用充分。就业是每个国家，每个地方在经济发展中首先要关心的事，西藏也在各种会议上，把改善民生，落实积极就业政策，消除零就业家庭摆在党委政府的重要工作上，所以在解决失地农民问题上，还要重视其就业问题，这也是在推进东嘎城镇化过程中农民转变为市民的一个关键问题，因此在制定政策措施时必须要让征地方包括政府解决失地农民就业问题。

四是把建立健全社会保障体系政策用到家。胡锦涛在党的十七大报告中明确指出，"在2020年以前，确保覆盖城乡居民的社会保障体系建立，人人享有基本生活保障"，"加快完善社会保障体系……探索建立农村养老保险制度"。建立健全社会保障体系是坚持以人为本，树立科学发展观的具体体现，若不及时有效地处理和妥善解决，势必影响党群干群关系，影响社会稳定。由于目前我国征地制度与失地农民的社会保障制度存在一定缺失，使得失地农民的生活和生产面临诸多困境。只有把建立健全社会保障体系的政策用到家，建立具有西藏特点的失地农民社会保障体系才能从最基本的起点上解决这些问题，从而有利于加速西藏城镇化的进程，有利于维护社会稳定。

除以上的四项政策之外，堆龙德庆县还有类似的政策措施，例如户籍管理、低收入保障、社保资金管理、财政保障等方面，也应该很好地加以利用。

如果能很好地解决以上这些问题，东嘎镇失地农民转变成市民，他们既有土地入股的股份，又可以拿到工资，如果再能得到很好的社会保障，那么这才是真正符合了让更广大的人民群众享受改革开放成果的要求，才能更好地建设平安东嘎、和谐东嘎、小康东嘎。

第十二章　东嘎镇经济社会调查报告个案分析

——以达瓦家的发展变化历程为例

西藏和平解放以来，党中央始终高度重视西藏工作，特别是改革开放之后，中央先后于 1980 年、1984 年、1994 年、2001 年、2010 年、2015 年召开了六次西藏工作座谈会，从西藏实际出发，不断调整和深化西藏的发展战略，制定和实施了一系列有利于西藏发展的政策和重大措施，使西藏经济建设、政治建设、文化建设、社会建设以及生态文明建设和党的建设迅猛发展。在党中央的关怀、全国各兄弟省市的支援下，在全区各族人民的团结奋斗下，西藏经济社会得到快速发展，人民生活水平有了很大提高，无论是城镇居民还是农牧区居民的生活都发生了翻天覆地的变化。

在此次参加的关于拉萨市堆龙德庆县东嘎镇经济社会发展变迁的社会调查中，笔者有幸采访了东嘎镇东嘎村一组的村民达瓦，详细了解了达瓦一家近几十年来的发展变化历程，包括家庭经济收入、衣食住行、子女教育、个人养老、医疗、日常工作生活等方方面面的具体情况，并以此为缩影来反映整个东嘎镇走向现代的历程。现将具体调查情况做报告分析如下。

一　达瓦基本资料

达瓦，是东嘎镇东嘎村一组的村民，担任一组组长一职，家中共有 4 口人，达瓦、达瓦妻子和他们的一双儿女。达瓦妻子今年 45 岁，女儿 26 岁，儿子 24 岁。

二　达瓦家的基本经济生活情况

家庭经济收入、衣食住行等都与老百姓的生活密切相关，直接关系着居民生活水平的高低、生活质量的好坏。因此下文将从这几个方面来具体介绍达瓦家目前的状况，并对改革开放后近几十年的变化做一个分析比较。

1. 家庭收入来源

达瓦家的收入来源这么多年也经历了一些变化，不仅在收入方式，更是在收入总量上都有了很大的变化。

东嘎村一组原名叫东嘎村第一生产大队，2001 年才更名为东嘎村第一小组。1980 年以前，东嘎村所有田地都是集体所有，所有村民一起劳作，农产品也归集体所有，村民凭工分来领取工资，工资也较少，一个月最多十来块钱。由于当时生产条件有限，生产力也极端落后，村民们生活都比较困难，只能解决基本的温饱问题。

20 世纪 80 年代，西藏与全国一样掀起了改革开放和现代化建设热潮。1980 年和 1984 年，中央先后召开第一次和第二次西藏工作座谈会，确定了西藏以经济建设为中心，从封闭式经济转变为开放式经济，从供给型经济转变为经营性经济的指导方针。中央政府制定了"土地归户使用，自主经营，长期不变"，"牲畜私有私养，自主经营，长期不变"等一系列有利于西藏经济发展的特殊优惠政策，推进了西藏的经济体制改革和对外开放。在这一背景下，东嘎村 1980 年开始分田到户，家家户户都拥有了自己的田地，达瓦家也分得 7 亩多地，不用向国家上缴任何税费，所有农产品归自己家所有。在这样的形势下，达瓦家的生产积极性大大提高，生活较之前有了很大好转，7 亩多地可以种植青稞、小麦，收获的农产品足够满足一家人吃饭所需，另外家中还养有黄牛，做糌粑由青稞提供，酥油由牦牛提供，一年杀一头牦牛，一家人一年吃肉的问题也解决了，其他多余的农产品则可以用来卖给他人来换取现金收入。除了种地，达瓦家其他的收入来源就是打工收入。因 7 亩多地不算多，他和妻子两个人种时间绰绰有余，因此闲暇时间达瓦会打打零工赚取收入。后来达瓦买了一辆小车，闲时在拉萨开车跑运输来赚取额外收入，基本一年收入是 4500 元。

2004 年，政府因市政建设开始对东嘎村第一小组实施征地，征地后，达瓦家就没有田地了。政府按照一亩地 3 万元的标准一次性给予了他们家补偿款。因田地关系着老百姓的基本生活，虽然政府对征地有所补偿，但是农民从此以后丧失了最基本的生活和收入来源。考虑到这个问题，村干部和政府达成协议，由政府和集体共同出资建设一批商品房，这批商品房由东嘎村第一小组集体所有，主要用来出租给单位或个人，赚取的收益由全组村民集体所有，每年将其中的80%用来分红，每家每户平均分摊，另外的20%则由集体留存，用作将来商品房的维修以及其他费用。这批商品房是2006年建好开始投入使用，这样每年分红每家每户大概有7000多元的收入。另外的收入则靠打工等其他方式来赚取。达瓦2005年后开始担任第一小组组长，每月工资300元，自从担任组长后，达瓦则停止了打工，原来用来跑运输的车也卖掉了，因此达瓦家现在的收入来源主要就是商品房的分红红利7000多元以及担任一组组长的工资收入3600元，加起来一年的收入是10000多元。

从以上介绍的不同年代以来的变化来看，达瓦家的收入来源方式和总量变化与政府对于西藏的一系列特殊优惠政策息息相关。总的来看，达瓦家的收入不断增加，而家庭收入是决定着一个家庭生活质量和水平的最关键的因素，因此随着家庭收入的不断增加，达瓦家的衣食住行等各个方面也都发生了很大变化。

2. 住房状况

达瓦家目前居住的是藏式风格石木结构的独家独院的二层楼房，总面积是181平方米，房间宽敞明亮，包括客厅、卧室、厨房和卫生间。供电和排水系统都较完善，室内装修良好，家中各种家具和电器如衣柜、书桌、电视机、电冰箱、洗衣机等物品齐全。生活用燃料主要是煤气，做饭烧水很方便，冬天取暖则用炉子。家中有自来水管，饮用自来水既卫生又安全。据达瓦介绍，他们家目前所住的房子属于政府实施的安居工程项目，2006年政府安居工程项目组统一建设完成后即搬迁到新房居住，房子全部是按照统一标准建设，分房时按照每家每户原住房屋的大小和好坏来进行分配，分得的新房大致是按照政府出资80%、个人承担20%的比例来分摊建房所花费用。

而在搬进新房前，也就是2006年以前，达瓦家还是住在自己原来的旧土坯平房，没有自来水，吃水得去附近的河里挑，煤气罐也是2002年才开始供应的，之前都是用煤、柴、牛粪等其他燃料。用达瓦自己的话来说，现在跟以前相比就像是进了天堂。的确如此，安居乐业，百姓只有安居了才能乐业，住房问题对于老百姓来说是头等大事，这个问题解决了，百姓自然能放宽心劲头十足地进行其他生产活动，生活也会越过越好。

3. 吃穿行状况

目前，达瓦家主要的吃穿用品都是从城里购买。在饮食方面以糌粑、大米、酥油为主，菜类包括蔬菜、牛肉、猪肉等，品种多样，营养丰富。在穿着方面，除了藏族的传统服饰，也比较喜欢休闲装，平时穿着也大都以简单舒适的汉族服装为主。因 2004 年政府征地后达瓦家就不再有田地，因此所有吃穿用方面的生活用品都得购买。但这对于达瓦家来说不是什么麻烦事，因东嘎村离拉萨城较近，道路交通很方便。安居工程实施后，所有道路都变成了水泥路，巷子也是石头巷子，出行既方便又卫生。且 2010 年东嘎村开始通行公交车，16 路、17 路和 25 路公交车都能方便快捷地到市区，因此到拉萨购买物美价廉的食品、服装等非常方便。也因交通较发达，达瓦家没有购置摩托车等代步工具——认为没有必要。

而改革开放以前，达瓦家没有田地，所有生产资料以及农产品所得都是集体所有，达瓦家只能基本解决温饱问题，生活困难。1980 年自己分得 7 亩多地后，生活条件有了很大的改善和好转，因不用上交任何税费，生产积极性较高，农产品足够满足全家生活所需，还有很多剩余产品能够出售采赚取现金收入。但因当时整体生活水平较低，家里饮食品种较单一，基本以糌粑和蔬菜为主。在穿着方面也没有太多讲究，基本只求保暖而不太讲究样式。而现在，达瓦家食品种类丰富多样，除了糌粑，大米也成了家中主食，各种蔬菜和肉类多种多样。不仅品种多样，营养也很丰富。在穿着方面也是如此，每年都会购买几件新衣服，不仅要求质量，更要求款式新颖漂亮。在出行方面，达瓦介绍说安居工程没有实施以前，这里都是土坯房，泥巴路，小巷子里又脏又乱，没有公交车，出行、去市区都很不方便。

从以上这几个方面来看，改革开放以来，达瓦家的生活经历了天翻地覆的变化，生活水平有了很大提升，基本达到了安居乐业的生活水准。

三 达瓦家医疗、养老以及子女教育状况

医疗、养老以及子女教育也是关系着百姓生活的重大问题。这三个方面是百姓支出中的大项目，因此与百姓生活质量的好坏也密切相关。下面以达瓦家的情况为例来进行说明。

1. 医疗

达瓦家从 2005 年开始购买医疗保险，属于新型农村合作医疗项目，是由政府组织、引导、支持，农民自愿参加，个人、集体和政府多方筹资，以大病统筹为主的农民医疗互助共济制度，采取个人缴费、集体扶持和政府资助的方式筹集资金。东嘎村要求每个村民都参加这个项目，每人每年缴纳 15 元的保险费，有大病住院的情况可以报销治疗费用。如果是在县级医院进行治疗，可以报销 75%，如果是在市级医院进行治疗，则可以报销 60%。但所报销的费用有最高限额限制，即最高报销限额为 3500 元。有了这个医疗保险，村民有生病需要住院的时候就不需要太担心费用了。而在以前，所有住院费用全由自己承担，这无论对于哪个家庭来说都是一个很大的负担。从 2010 年开始，每个村民所需缴纳的保险费用由 15 元增加为 20 元，同时集体和政府所补贴的费用也相应增加，因此即使费用增加了 5 元村民也都乐意接受。达瓦还举了一个例子，说他的爱人在 2010 年医阑尾炎做了切割手术，总共花费了 8000 多元，最后找医疗部门报销了 3500 元。虽然所报销的费用对于整个手术费用来说只占少部分，但是对于达瓦家来说也是一个不少的补贴，这在以前是想都不敢想的。

2. 养老

2010 年，东嘎村开始实施新型农村养老保险制度。达瓦介绍说，他们家的人都参加了此项养老保险制度，每人每年缴费 100 元，缴费年限要满 15 年，如果到退休时仍然没有达到 15 年的缴费年限则采取一次性补清的方式来缴清，那么到 60 岁退休之后就能开始领取养老金。达瓦还说，新型农村养老保险政策设置了每人每年缴费 100 元、200 元、300 元的不同标准，以适应不同家庭的需要，缴费越多则退休后领取的退休金越多。对于已经退休的人员，则采取优惠政策，无须缴纳费用就能享受每人每年 660 元的养老金补贴，非常人性化。新型农村养老保险制度实施后，达瓦家和其他村民没有了后顾之忧，退休之后也不用子女来赡养，不仅自身有保障，也从很大程度上减轻了子女将来的养老负担，因此每个家庭都非常赞同支持这个政策，基本每家每户所有成员都购买了此项保险。而在以前，养老是困扰着村民的一大重要问题，没有养老退休金，年老之后只能靠自身的积蓄或子女的供养来维持基本生活，没有保障。

3. 子女教育

达瓦自己只上过小学，但是他却非常重视子女的教育问题。达瓦的女儿今年26岁，2009年毕业于咸阳西藏民族学院，大学本科学历，毕业之后在拉萨找了一份行政人员工作，并且还准备考公务员，一直都在积极复习准备中。儿子今年24岁，是高中毕业，在拉萨一个邮政储蓄所当临时工。达瓦说，非常愿意支持孩子一直上学，只要孩子愿意，有能力上就会一直支持。并且政府对孩子上学有很好的政策，小学和初中学杂费都是全免，自己不用掏一分钱，高中因孩子在拉萨上学，如果是自己考上高中，一学期学费是600元，如果自己考不上则要出一倍的学费，那就是一学期1200元。女儿大学学费基本是一年7000多元，如果有村里开具的贫困证明，则可以向学校申请助学贷款。达瓦因为自身是村小组组长，就没有申青。

达瓦介绍说他们县也即堆龙德庆县有一个小学，一个初中，按照国家的九年义务教育制学费都是全免。以前孩子在学校上学都是回家吃饭，但后来学校实行了包餐制度，因此学生们现在连吃饭都是由学校提供。以前堆龙县没有自己的高中，2010年开始新建拉萨市第四高级中学，并于2011年建设完成开始招生上课，学校环境、硬件、软件设施都很优良。达瓦说，在过去，穷人家的孩子没有机会上学，上学是一件连想都不敢想的奢侈的事情，只有富人家的孩子才能上得起学。而现在，无论是富人家还是穷人家的孩子，都有了平等接受教育的机会，这是一个很大的进步。他自身因为只上过小学，因此非常愿意让小孩接受多一点的教育，获得更多的文化知识，让他们的生活更加美好。

四 达瓦的日常工作生活

1. 工作

达瓦是东嘎村一组的组长，从2005年开始担任这一职务。组长工资虽然较低，每月只有300元钱，但达瓦依然积极性很高，工作认真负责，对人十分热情。达瓦说平时上班没有时间限制，主要工作基本是为村民排忧解难，包括调解村民间的矛盾纠纷、修理水电、疏通下水道等一些细小的工作都属于他的职责范围。这些事情虽小，但却关系着村民的日常生活，也关系着整个小组的社会治安问题，因此在达瓦看来这些都不是小事，只要村民有事情，即使时间很晚达瓦都会随时赶过去帮助解决。另外，达瓦的工作还有负责向村民宣传一些党和国家的政策，上传下达，接到上级部门的有关政策通知后，达瓦就会和其他小组干部一起去每家每户发放政策小册子，特别是有些涉及村民切身利益的政策，村民不懂的就耐心地向他们解释。达瓦说对这一点感到很欣慰，因为村民们都比较支持他的工作，也都很遵守一些公共的道德秩序，因此工作还比较好做，小组内的整体社会治安也非常好。再有一些其他的工作也都是关于本小组发展的事情，为本小组更好发展出谋划策，再就是为了本组村民的利益跟上级部门沟通协调，这些也都属于达瓦的日常工作范围。

另外，达瓦于2002年就加入了中国共产党，到现在已经是一个资历丰富的老党员了。达瓦说他们党小组经常组织开展一些党员内部活动，平时开会学习特别多，学习内容主要是党和国家的一些方针政策，大家一起讨论交流学习，共同进步。此外，党小组也会积极发展一些各方面表现都较好的村民入党，如果村民自己有意愿，老党员们会积极帮助介绍培养，提醒他递交入党申请书，之后一般有一个3年的考核期，3年考核期之后，再由党小组的老党员们集体表决决定该入党积极分子是否有资格加入共产党。这个标准主要是参考考核期内入党积极分子的表现，包括对于村里的一些活动是否积极帮忙，是否热心友善帮助村民，党小组的活动是否积极参加等各方面的表现。经过3年的考核，入党积极分子们普遍都会进步很快，有资格成为一名真正的共产党员。达瓦说他们的入党程序和审核标准都比较严格，以此来保证组里党员的素质。

因采访是在村委会的办公室进行，笔者看到不大的办公室里挂着很多锦旗，虽然办公室整体设施比较简陋，但红闪闪的锦旗给整个办公室增添了光辉。笔者随意看了看标题，有表彰东嘎村第一小组为党员先进小组的，也有表彰第一小组为在基层党建年发挥突出作用的党小组的。这些锦旗的获得，与达瓦以及其他小组干部认真负责的工作态度分不开，也说明了达瓦和同事的工作成绩斐然。

2. 生活

达瓦说平时工作虽然都是小事居多，但也还比较忙。闲暇时光他比较爱看电视，听广播，最爱看中央电视台的新闻联播，基本只要有空每天都会看，比较关注国家大事，还有国际新闻。偶尔有工作不忙的时候也会到小组的茶馆里跟村民们一起喝喝茶、聊聊天，有时候还会打扑克牌。因茶馆就在村委会办公室下面一楼，村民们平时没事都会聚集到这里，是很热闹的公共场所。笔者在采访时就注意到下面的茶馆人来人往，还有音响里播放着藏族的传统音乐，大家有说有笑喝着茶聊着天，一幅其乐融融的场景，令人看了心里很温暖。除了茶馆，达瓦说他们小组还有一个图书馆，有时候村民也会去图书馆看看书，这也是很好的休闲方式。图书馆的场地就设在达瓦家，图书、桌椅等设施都是达瓦跟政府交流协商由政府来负责提供的，达瓦说村里的村民都跟他一样比较重视教育，这个图书馆的开办很受大家欢迎，每到寒暑假，村里的小孩子也都喜欢到图书馆看书，村民们都很高兴看到这样的景象。如果有村民需要把书借回家看，都会做好登记记录，也会要求村民按时归还，以保证其他人的使用。

达瓦说现在跟以前相比，他自己以及其他村民的生活都轻松多了，以前忙于生计，大家的闲暇时间很少，平时也都是忙着种地打工挣钱，很少有时间可以聚到一起喝茶聊天，压力也较大。而现在，大家不愁吃不愁穿，住的房子也解决了，条件还这么好，并且养老、医疗、子女教育都比较有保障，因此，大家都很开心，生活轻松没有后顾之忧，平时休闲娱乐活动自然也就多了。总的来说，达瓦和村民们的生活水平提高了很多，生活质量较高已基本达到小康水平。

五　关于达瓦的其他印象

达瓦只有小学文化，虽然不认识也不会写汉字，但是汉语却说得非常流利，表达观点时非常清晰明了。这些都是达瓦通过自身的努力，在和汉族同胞打交道时自学而成的。达瓦乐观开朗，热情善良，很有思想。达瓦谈到现在跟以前的一些转变，说到了好的方面，同时也提出了一些不太好的方面。比如达瓦说，以前的社会都是尊卑、长幼有序，大家相互之间非常有礼貌，互相关怀帮助，非常温暖。现在社会风气似乎有些变化，大家之间都差不多，生活水平有了很大提高，但同时人与人之间似乎也渐渐开始有了比较。达瓦说，社会在发展进步，经济水平上升了很多，但是一些传统的好的思想好的习惯还是应该继续保持。

另外，达瓦非常重视教育，从他自己对子女的教育态度就能反映出来。但达瓦更是站在一个更高的高度来看待教育问题。达瓦说，目前社会都非常重视经济发展，以经济建设为第一要务，但是他认为虽然经济发展很重要，教育同样很重要，不能忽视。他说只有教育抓好了，人们整本的文化素质提升了，很多问题会比较容易解决，特别是在贫困落后的地区，更要重视教育抓好文化建设。

达瓦还提到，中央政府的一些政策都非常好，一些惠民政策都是真正站在老百姓的立场来考虑问题，但是在落实过程中可能还有的做得不够好。有些政策小本本上写得非常清楚明了，但是上级部门没有真正落实到位，有些政策都不敢跟村民宣传，怕宣传之后却没有真正落实引发群众的不满和矛盾。因此这些政策落实问题是国家和相关部门要认真对待和考虑的问题。达瓦说，现在的生活跟以前相比真的就像是进了天堂，特别是新社会跟旧社会相比，但是也不能总是这样单纯地来进行比较，不仅要纵向比较，更要横向比较，比如说要跟一些发达国家来进行比较，看看我们国家在 1980 年是什么生活水平，一些富裕国家是什么水平，然后到了 2011 年，我们国家和其他国家的发展又到了一个怎样的水平，这对于真正认识我们国家目前的现状都是有好处的。虽然要看到很多好的方面，但是存在的一些问题也要认识清楚，实事求是，这样问题会比较容易解决。达瓦说他和村民都非常感谢党和国家给他们带来的现在这样美好的生活，他们都非常爱党爱国，因此希望整个国家发展越来越好，老百姓的生活也一天比一天更加美好。

与达瓦交谈了很多，通过这次调查访谈，了解到他的很多看法和感受，觉得达瓦确实是一个真实、认真负责、热情热心、有思想的藏族朋友。通过对他的访谈，基本全面了解了他家以及其他小组村民的一些普遍的生活状况。西藏和平解放了 60 多年，改革开放也经历了 30 多年，达瓦家的发展变化历程，作为一个缩影，从很大程度上反映了东嘎镇居民的生活发展状况，虽然还存在着一些小问题需要解决，但不能否认，普通老百姓的生活确实经历了天翻地覆的变化，就像芝麻开花节节高，日子一天更比一天好，相信未来的达瓦家，生活会变得更加美好！

第十三章　东嘎镇群众沐浴在中央惠民政策的春风里

就改善民生而言，西藏多年来走在我国各省区市的前列：率先免除农业税；率先实现城乡免费义务教育，对农牧区中小学生实行包吃、包住、包学习费用的"三包"政策；率先在农牧区实现免费医疗制度；率先实现城镇居民医疗保险全覆盖；率先建立农牧民最低生活保障制度。这"五个率先"是让生活在西藏的各族人民倍感温暖的一个话题。它从一个侧面表明，在西藏，以人为本的科学发展观正在深入贯彻，农牧民最关心、最直接、最现实的利益问题得到进一步解决。

近年来，西藏自治区党委、政府把保障和改善民生作为西藏工作的出发点和落脚点，大力实施农牧民安居工程、农牧民子女教育"三包"政策、免费的农牧区医疗保障政策等，一大批凝聚党和政府关怀的民生工程、民心工程和惠民政策得到落实，使5400多名东嘎镇居民在内的西藏290多万各族干部群众倍感温暖和鼓舞。

一　支农惠农政策

1. 免征农牧业税。西藏是全国第一个免征农牧业税的省份，比其他地方提前了20多年。

2. 大中型水库农村移民后期扶持。自治区对大中型水库农村移民实行现金扶持。扶持标准为每人每年600元，从搬迁之日起扶持20年。根据《西藏自治区大中型水库搬迁安置后期扶持规划》，涉及白朗楚松水库、贡嘎江雄水库、林芝巴河老虎嘴水电站，实行项目扶持。扶持标准为每人每年600元，从搬迁之日起扶持20年。

3. 农牧民安居工程补助。自治区对全区列入计划的农牧民安居工程户进行补助。各地（市）补助标准：农房改造1万元/户；游牧民定居1.5

万元/户；扶贫搬迁绝对贫困户 2.5 万元/户，其他贫困户 1.2 万元/户；地方病重病区群众搬迁 2.5 万元/户；边境县、乡"兴边富民"（含人口较少民族聚居区民房改造）1.2 万元/户。2007~2010 年自治区无偿提供 5 万吨水泥支持农牧民安居工程建设。

自治区党委、政府在"十一五"（2006~2010 年）期间实施农牧民安居工程，到"十一五"末让全市 85% 以上的农牧民住上安全适用的新房，并对安居工程实施财政补贴。区、市两级财政对县一级的补贴标准为：绝对贫困户补贴 3 万元/户，其他贫困户 1.7 万元/户，地方病搬迁补贴 3.5 万元/户，游牧民定居 1.9 万元/户，农房改造补贴 1.4 万元/户。具体落实到每一户，由县（区）政府根据当地农牧民家庭经济的实际情况统筹安排。市级财政对农牧民在安居工程中的建房贷款提供 3 年贴息。

截至 2009 年 12 月，拉萨市四年共完成农牧民安居工程 34510 户（2006 年完成 10916 户、2007 年完成 9690 户、2008 年完成 7002 户、2009 年完成 6902 户）。

4. 农作物良种推广补贴。自治区对青稞良种每亩补贴 10 元，小麦、玉米等其他粮食作物良种每亩补贴 4.5 元，油菜良种每亩补贴 10 元，马铃薯良种每亩补贴 10 元。拉萨市对粮食作物（主要是青稞、小麦）良种繁育和推广补贴：一级种子田每亩补贴 60 元；二级种子田每亩补贴 30 元；大田生产中使用二级种子田生产的良种，每亩补贴 4.5 元。

5. 农业机械购置补贴。对拖拉机机器耕播收配套农机具、种子加工机械、农畜产品加工机械等按照自治区招标价格补贴 30%。限额补贴：单机补贴最高上限为 5 万元；不足 5 万元的按照自治区招标价格计算补贴资金；部分规定品种补贴最高额度可达 12 万元。限量补贴：每个申购单位最多只能申购一台主机及其配套的耕、播、收机具各一台。为帮助农牧民群众加快推进农业机械化，国家、自治区和拉萨市财政每年安排一定的资金用于农机具购置补贴，拉萨市财政安排 847 万元/年用于 2008~2012 年 5 年的农业生产柴油补贴。

6. 种粮农民直接补贴。自治区对青稞、小麦、水稻、玉米等作物按照实际播种进行补贴，补贴标准为每亩 15 元。拉萨市对种植青稞、小麦、玉米每亩补贴 30 元，其中种粮直接补贴 25.5 元/亩，农资综合补贴 4.5 元/亩。

7. 种粮农民农资综合补贴。自治区以 2005 年核定的青稞、小麦、水稻、玉米播种的面积补贴，补贴标准为每亩 15 元，并按此兑现。

8. 能繁母猪补贴。自治区对每头能繁母猪补贴 100 元。从 2007 年起，拉萨市农牧民养殖能繁母猪每头直接补贴 100 元，对重大病害、自然灾害和意外事故致使能繁母猪直接死亡的，每头保险金额为 1000 元。每头能繁母猪保险保费金额为 60 元（中央财政承担 50%，自治区财政承担 20%，地市财政承担 10%，养猪户承担 20%）。

9. 牲畜良种补贴。牦牛犊良种每头补贴 60 元，改良黄牛（奶牛）良种每头补贴 100 元，改良绵羊良种每只补贴 60 元，种畜良种按照实际成本价的 30% 给予补贴。

10. 农村薪柴替代工程沼气项目。2008 年前沼气建设计划每户国家补助 3000 元，其中央财政补助 2200 元，自治区财政补助 600 元，地（市）、县（市、区）各补助 100 元，群众自投 800 元（其中现金 300 元、投劳 500 元）。2009 年沼气建设计划每户国家补助 3800 元，其中中央财政补助 3000 元，自治区财政补助 600 元，地（市）、县（市、区）各补助 100 元。

11. 实施农用化肥补贴制度。按照自治区核定农药计划及农药品种进行政府采购后调拨各地（市）分发农户。采购资金由自治区财政承担 45%，地（市）、县财政各承担 15%，农户承担 25%。即农牧民购买农药费用的 75% 由区、市、县三级财政补贴。如 2008 年 9 月，尿素每吨市场价 3500 元，农牧民购买每吨只需 1130 元；磷酸二铵每吨市场价 4500 元，农牧民购买每吨只需 1500 元，其余部分由国家补贴。

12. 因疫情扑杀补贴。自治区对羊、牦牛、黄牛、猪、奶牛及耕牛的牲畜 W 病防治进行补贴。疫苗经费饲养户免费，中央财政承担 80%，自治区财政承担 20%。扑杀经费由政府补助 80%，饲养户承担 20%。扑杀经费标准为：羊羔每只 50 元、山羊每只 200 元、绵羊每只 250 元、白绒山羊每只 350 元、白绒山羊羊羔每只 120 元；牦牛犊每头 300 元、2～4 岁牦牛每头 600 元、成年牦牛每头 1500 元；黄牛犊每头 100 元、成年黄牛每头 700 元，改良黄牛标准同牦牛；仔猪每头 150 元、成年猪每头 600 元；奶牛及耕牛每头 2000 元。

国家免费提供和注射牲畜 W 病疫苗。拉萨市对因疫情扑杀的牲畜、家禽实行补贴，政府承担80%。补贴标准为：羊羔每只40元、山羊每只150元、绵羊每只200元、白绒山羊每只280元、白绒山羊羔每只96元；牦牛犊每头240元、2～4岁牦牛每头480元、成年牦牛每头1200元；黄牛犊每头80元、成年黄牛每头560元，改良牛标准同牦牛；仔猪每头120元、成年猪每头480元；奶牛和耕牛每头1600元；鸡每只12元，鸭每只13元，鹅每只15元。

13. 实行退耕还林的补助政策。从2003年起实行退耕还林补助政策。生态林补助8年，经济林补助5年，还草补助2年。每年每亩粮食折现补助210元、生活补助20元。现行退耕还林粮食和生活费补助期满后，继续对退耕农户给予适当的现金补助。补助标准为：每年每亩粮食折现补助105元、生活补助20元。在荒山荒坡造林，每亩一次性补助种苗费50元。以上还林、还草、造林工作经市林业、财政部门验收合格后，由市财政部门逐级下拨上一年的资金，由县林业局（农牧局）发放到农户。

14. 农村基层党组织保障经费。村级党组织活动经费按农牧民党员数，年人均70元；乡镇基层党组织活动经费，边境乡镇每年6万元，非边境乡镇每年3万元。

15. 村文化室补助。自治区对每个村文化室运行维护进行补助，每年补助1050元。对每个民间艺术团，自治区财政每年补助20万元。

16. 涉农商业保险。为推动西藏农牧区经济社会的长期稳定发展，增强农牧民抵御各种自然灾害的能力，经自治区人民政府同意，在全区相关县开展涉农政策性保险试点工作，并逐步扩大试点面。2007～2008年度为2个县（区），2008～2009年度扩大到30个县。参保保费由区、地、县三级财政及农户共同负担，其中自治区财政补贴50%，地（市）和县（市、区）财政各补贴20%，农牧民承担10%。

17. 农牧民碘盐价差补贴。以《西藏统计年鉴2008》公布的农牧民人口数为准，对销售给农牧民的加碘盐实行价差补贴。自治区发放补助确保农牧民低价购买碘盐，全区将在农牧区积极推广碘盐，使农牧区碘盐补助标准每公斤达到2元，确保农牧区碘盐人口覆盖率提高到80%以上。每公斤碘盐补助2元，意味着农牧区群众每公斤碘盐只需自费0.5元，这样的价格远低于城市碘盐销售价格。

18. 农用化肥价差费用补贴。自治区对全区播种粮油的农民使用化肥实行价差、费用补贴，安排资金 11000 万元。

19. 村干部待遇。村支书和村委会主任基本报酬每人 5740 元/年（含原村干部误工补贴每人每年 4000 元），业绩考核奖励标准每人 1394 元/年；其他村干部基本报酬每人 2870 元/年（含原村干部误工补贴每人每年 2000 元），业绩考核奖励标准每人 697 元/年；村干部体检费每两年每人每次 300 元。

20. 农牧民技能培训补助。一是全区接受技能培训的农牧民，按照培训内容和培训方式安排资金。实用技能培训每人 30 元，职业技能培训每人 50 元。培训费：引导性培训每人 20 元，实用技能培训每人 50~70 元，职业技能培训每人 60~100 元；住宿费每人每天补助 5 元；就餐费每人每天补助 4 元。交通费：参加县所在地培训的每人每天补助 10 元，参加地区所在地培训的每人每天补助 25 元。二是拉萨市免费对农牧区劳动力进行农牧业生产技能和转移就业技能培训。对农牧民进城务工人员实行免费登记、免费职业介绍和指导。对失地农民实施更为优惠的培训和就业帮扶政策。

21. 科技特派员发放生活补助。自治区对农牧区科技特派员发放生活补助。对从机关、事业单位选派的科技特派员，每年一次性补助 3000 元；对无固定单位，经科技特派员办公室审批选聘的科技特派员，每年一次性补助 5000 元。

22. 森林管护人员经费。天然林保护工程管护人员劳务费支出，每人每月 420 元。重点公益林管护人员劳务费支出，根据管护人员重点公益林管护面积，按照每亩 3 元的标准核发。

23. 退耕还林还草工程补助。第一轮补助年限：生态林补助 8 年，经济林补助 5 年，还草补助 2 年。现金补助每亩每年 20 元；粮食折现补助每亩每年 210 元。第二轮补助年限：生态林补助 8 年，经济林补助 5 年，还草补助 2 年。现金补助每亩每年 20 元；粮食折现补助每亩每年 105 元。

24. 退牧还草饲料粮（陈化粮）折现补助。补助期限 10 年。饲料粮（陈化粮）供应标准：禁牧 5.50 斤/亩；休牧 1.38 斤/亩。粮食折现补助标准：禁牧 2.48 元/亩；休牧 0.62 元/亩。

25. 农村公共服务财政保障机制。人均 60.32 元/年（边境县增加 30%）。具体人均标准：科技服务 12.4 元/年（农牧业病虫害监测、预防服务 3.7 元/年，科技指导推广应用、科普宣传、防灾救灾抗灾技术指导服务 3.7 元/年，农村种植业、养殖业、畜牧业技术服务 5 元/年）；畜禽疫病防治服务 5 元/年；水电运行服务 3.5 元/年；广播电视服务 3.5 元/年；公共信息服务 1 元/年；文化体育服务 4.3 元/年；农机补助 2.7 元/年；乡村医疗和疾病控制服务 8.6 元/年；乡村医生误工补助 0.6 元/年；乡村公路养护经费 13.16 元/年；村村通广播电视 5.56 元/年。

26. 边境治安联防经费。联防人员每人每年补助 4200 元。其中：生活费 3600 元，服装费 400 元，培训费 200 元。生活费发给个人，培训及服装费安排给自治区边防总队统一使用。

27. 平安西藏经费。为加快平安西藏建设步伐，促进社会局势更加稳定，按照全区总人口数，人均标准为 2 元。

28. 饲料粮补助。自治区对农牧民进行青藏高原饲料粮补助 10 年。禁牧 5.5 斤/（亩·年）、休牧为禁牧的 1/4，饲料粮按 0.45 元/斤折合现金兑现。

29. 农牧民饮水安全工程。为进一步加快解决农牧民群众饮水安全问题，国家在"十一五"期间解决全区 122.2 万农牧民的饮水安全问题，补助标准由 2006 年每人补助 641 元，提高到 2008 年的 1100 元。截至 2009 年 3 月底，国家已下达农村饮水安全工程建设任务 95.21 万人。

30. "金太阳"工程。"金太阳"工程指，力争在 3 年到 5 年时间，全方位打造太阳能科研平台，旨在推动西藏太阳能产业发展，培养西藏阳光经济。一台 1.6 平方米的太阳灶，一年使用 280 天、每天使用 6 小时产生的热量，相当于 2.14 吨薪柴燃烧所释放的热量，可以使近 800 平方米的草原免遭破坏。自治区将大力支持推广太阳能热水器、太阳灶、太阳能暖房、温室、牛羊暖圈等。

31. 其他间接补助政策。一是各级财政通过给予投资补助、贷款贴息、以奖代补等方式扶持农牧民发展农牧业特色产业（市农牧局提供）；二是鼓励发展农民专业合作社，对符合相关条件的农民专业合作社予以资金支持；三是为了更多更好地发展农牧区市场主体，从 2006 年开始，将种植业户（蔬菜种植、花卉种植、苗木种植）、养殖业户（含家庭养殖专业户等）、劳务输出队、农牧民运营户、采石户、房地产租赁户、各大市场内的摊点等纳入工商登记范围。对农牧区商户采取只登记、三年内免收相关费用，或只备案不登记等措施提供一切便利。

二　社会救助和社会福利政策

1. 建立城乡低保标准动态调整机制。自 2009 年起，自治区民政厅、财政厅会同统计、物价等部门根据全区经济社会发展水平、居民消费价格指数、上年度城镇居民可支配收入和农牧民人均纯收入以及财政保障水平等因素适时调整城乡低保标准，报经自治区人民政府批准后，每年向社会公布一次。

城乡低保标准保障资金的筹集。城乡低保的保障资金，严格按《西藏自治区城市居民最低生活保障制度操作规范（试行）》和《西藏自治区农村居民最低生活保障实施办法（试行）》的规定执行，即自治区承担80%，地（市）承担10%，县（市、区）承担10%。

2. 农村居民最低生活保障不断提高。2007 年，自治区将年人均收入800 元以下的 23 万农村居民全部纳入了最低生活保障范围；2008 年，对农村居民最低生活保障标准进行了调整，低保对象由 2007 年的年人均收入800 元以下的居民扩大到年人均 850 元以下的居民；2009 年，又一次提高标准，低保对象从年人均收入 850 元以下的居民扩大到年人均收入 1100 元以下的居民。在低保制度实施过程中，针对肉菜等副食品价格上涨的因素，自治区还对低保对象实施了临时性补助政策。

3. 农村最低生活保障。农村最低生活保障制度是政府对待有农业户口家庭人均纯收入低于当地农村最低保障线标准的农村居民实施救助的制度。补助范围为共同生活的家庭成员年人均纯收入低于 1100 元、持有西藏常驻农业户口的居民。分类保障对象分为重点保障对象、特殊保障对象和一般保障对象三类。重点保障对象指低保家庭中因长期患病丧失劳动能力的农村居民，丧失劳动能力的老年人和残疾人；特殊保障对象指低保家庭中丧失部分劳动能力的残疾人；一般保障对象指低保家庭中的其他成员。随着农牧民人均纯收入的不断提高，自 2009 年 1 月 1 日起，全区农村居民最低生活保障标准由现行的年人均收入 850 元以下调整为 1100 元以下。具体标准为：重点保障对象补助标准由 470 元调整为 720 元；特殊保障对象补助标准由 290 元调整为 500 元；一般保障对象补助标准由 194 元调整为368 元。

4. 城市居民最低生活保障不断提高。十几年来，自治区先后 7 次对全区城市居民最低生活保障标准进行了调整，低保标准由 1997 年的每人每月 130 元提高到现在的人均 310 元，即拉萨市城市低保标准为 310 元，山南、昌都、林芝、日喀则四个地区城市低保标准为 300 元，那曲、阿里两个地区为 320 元。享受城市低保的人数逐年增加，从 1997 年 2033 人增加到现在的 38980 人享受了最低生活保障，月人均差额补助由 1997 年的 66 元提高到现在的 204 元，列全国月人均差额补助金的前列。

2007～2008 年，根据国家有关文件精神以及全区居民消费价格总水平的上涨情况，对城市低保对象实施临时性补助政策。如 2009 年春节、藏历年发放一次生活补贴 2962.08 万元；为纪念 "3·28" 百万农奴解放纪念日，发放一次性生活补贴 1698.8 万元。

5. 城镇居民最低生活保障制度。该制度针对有非农业户口的城镇贫困居民，凡共同生活的家庭成员人均收入低于当地城镇居民最低生活保障标准的，以差额补助的办法保障其最基本生活。主要对象为：一是无生活来源、无劳动能力和无法定赡养人或抚养人的居民；二是领取失业救济金期间或失业救济期满仍未能重新就业，家庭人均收入低于最低生活保障标准的居民；三是在职人员在领取工资或最低工资、进入再就业服务中心的下岗人员领取基本生活费、离退休人员领取离退休金或养老金以后，家庭人均收入仍低于最低生活保障标准的居民。

自 2009 年 1 月 1 日起，城镇居民最低生活保障标准由现行的全区月人均 260 元调整为 319 元，增加 59 元。符合以上条件的居民可向户口所在居委会或单位提出申请，最后由所辖民政部门审批。（区民政厅提供）

6. 五保供养标准不断提高。几年来，自治区人民政府先后六次将五保供养标准从 1994 年的每人每年 588 元提高到 1800 元。通过几年的调标，有效保障五保人员的基本生活。在保障基本生活的基础上，各级民政部门把提高五保人员的居住水平、集中供养率作为工作重点，几年来，精心组织，狠抓落实，积极利用民政部本级社会福利金和自治区本级彩票公益金，共投入 1701 万元对 59 所乡（镇）敬老院进行了新建和改扩建，极大地改善了五保户的生活居住环境。

7. 农村五保供养制度。是对老年、残疾或者未满 16 周岁的村民，无劳动能力、无生活来源又无法定赡养、抚养、扶养义务人，或者其法定赡养、抚养、扶养义务人无赡养、抚养、扶养能力的，在吃、穿、住、医、葬方面给予生活照顾和物质帮助。2009年1月1日起，从每人每年补助1600元提高到1800元。符合条件的人员可向所在村委会提出申请，经民政部门审核后，由县级人民政府审批。

8. 在乡退伍军人补助。调整在乡老复员军人和带病回乡退伍军人生活补助标准。中央财政对西藏、青海、宁夏、新疆等12个省（自治区、直辖市），补助标准调整为每人每月160元。

9. 参战退役人员补助。对在农村的和城镇无工作单位且家庭生活困难的参战退役人员提高生活补助标准，每人每月提高70元。中央财政对西藏、青海、宁夏、新疆等12个省（自治区、直辖市），补助标准调整为每人每月160元。

10. 原8023部队退役人员、核试验军队退役人员的生活补助。对不符合评残和享受带病回乡退伍军人生活补助条件，但患病或生活困难的农村和城镇无工作单位的原8023部队退役人员，以及其他参加核试验军队退役人员提高生活补助标准，每人每月提高70元。中央财政对西藏、青海、宁夏、新疆等12个省（自治区、直辖市），补助标准调整为每人每月160元。

11. 农牧区"三老"人员生活补贴。从2006年10月1日开始，自治区党委、政府对农牧民老党员、老干部、老劳模（简称"三老"人员）实施生活补助政策。每年各县（区）委组织部组织人员，对辖区内的"三老"人员进行摸底统计并上报，由市委组织部审核确定名单并上报区党委组织部和区财政厅备案，由财政厅分级拨付补助资金，最后由乡镇党委负责将生活补助发放给"三老"人员。

对农牧区"三老"人员发放生活补贴。老党员指1965年8月31日（含）前入党的农牧民党员；1965年9月1日以后入党，党龄满30年，且男满60周岁、女满55周岁的农牧民党员。老干部指1965年8月31日（含）前担任乡镇半脱产干部，满1年时间，且目前不再担任村干部、未领取生活补助费的农牧民；1965年9月1日至1987年撤区并乡期间担任乡镇半脱产干部，连续或累计满10年，且男满60周岁、女满55周岁，目前不再担任村干部、未领取生活补助费的农牧民。老劳模指曾获国家级、省部级"劳动模范""五一劳动奖章""优秀共产党员""优秀党支部书记""民族团结先进个人""三八红旗手"等荣誉称号，现男满60周岁、女满55周岁的农牧民。

老党员补助标准为：1959 年 3 月 20 日（含）前的，每人每月 350 元；1959 年 3 月 21 日至 1965 年 8 月 31 日（含）的，每人每月 200 元；1965 年 9 月 1 日以后的，每人每月 150 元。老干部补助标准为：1965 年 8 月 31 日（含）前的，每人每月 200 元；1965 年 9 月 1 日至 1987 年的，每人每月 150 元。老劳模补助标准为：国家级每人每月 200 元；省部级每人每月 150 元。

同时具备"三老"双重身份或三重身份的人员和多级授予劳模等称号的人员，按就高不就低的原则，发给生活补助；"三老"人员去世后，一次性发放丧葬费 1000 元。

12. 老年人交通补贴。对 60 岁以上（含 60 岁）的老年人实行补助。所发生的公共交通费用的 50%，安排资金 3000 万元。拉萨市自 2009 年 4 月 1 日起，60 周岁以上老年人在拉萨市范围内免费乘坐由拉萨市公共交通总公司负责运营的公交车。2009 年 4 月 1 日至 8 月 31 日期间，60 周岁以上老年人凭身份证或者老年人优待证免费乘坐公交车；2009 年 9 月 1 日起，老年人统一使用免费乘车 IC 卡。

13. 老年人健康补贴。对 80 岁以上（含 80 岁）的老年人，由政府给予健康补贴。其标准为，80 岁以上（含 80 岁）年补助 300 元，90 岁以上（含 90 岁）年补助 500 元，100 岁以上（含 100 岁）年补助 800 元。符合条件的老年人可向当地民政部门提出申请，最后由拉萨市民政局老龄办审批。

14. 城镇居民廉租住房建设。为解决国有企业职工、城镇低收入家庭住房困难，根据自治区的统一安排，拉萨市从 2007 年开始启动廉租住房建设工作，采用实物配租和租赁住房补贴方式，分批逐步解决城镇低收入困难家庭的住房问题。符合自治区、拉萨市规定的有关条件的家庭可逐级向当地建设行政主管部门提出申请。

15. 就业再就业政策。对城镇失业人员等就业困难群体给予安排免费职业技能培训，免费考核发证。市劳动保障部门审批开办的各类职介机构对所有地区内外求职人员实行免费登记、免费职业介绍和指导。对持"就业再就业优惠证"从事个体经营（除建筑业、娱乐业以及销售不动产、转让土地使用权、广告业、房屋中介、桑拿、按摩、氧吧、网吧外）的人员，自登记注册之日起，3 年内免收属于管理类、登记类和证照类的各项行政事业性收费，并可享受相关税收优惠政策。在新建和改扩建商场时，对持"就业再就业优惠证"从事个体经营或者合伙经营的各类失业人员要优先安排其他场地（摊位）。凡是政府投资建设的场地（摊位），2年内免收场地（摊位）租金。

16. 社会养老保险制度。西藏行政区域内各类城镇企业、实行企业化管理的事业单位、民办非企业单位中的全部从业人员；党政机关、人民团体、事业单位中的劳动合同制工人；城镇个体工商户及其从业人员、城镇灵活就业人员、机关事业单位聘用人员（包括农牧民就业人员），均可参加城市养老保险社会统筹。

三 解决城乡居民子女上学困难等惠民政策

1. 贫困学生入学"绿色通道"制度。各中等职业学校每年从事业收入中提取10%经费，用于学费减免、校内奖助学金和特殊困难补助等。

2. 农牧民子女、城镇低保家庭子女、企业困难家庭子女免费接受中等职业教育政策。对考入区内中等职业学校的农牧民子女、城镇低保家庭子女及企业困难职工子女在校生实行免费教育。免费项目为学费、住宿费，免费标准为现行的收费标准，即每生每年学费2000元、住宿费500元。对自治区生源考入区外中等职业学校的农牧民子女、城镇低保家庭子女及企业困难职工子女在校生将根据实际情况采取发放补助的办法予以资助。

3. 一次性资助金。对考入区内外普通高校的农牧民特困生、城镇低保生和企业困难职工子女，实行一次性资助。区外重点高校本科生一次性资助5000元；区外一般高校本专科生一次性资助4000元；区内高校本专科生一次性资助1000元。

4. 学费、住宿费减免政策。对考入区内高校的农牧民特困生、城镇低保和企业困难职工子女，免收学费、住宿费。

5. 师范及农牧林水地矿类相关专业本专科生免费教育及补助政策。对在区内高校就读的师范及农牧林水地矿类相关专业本专科生实行免费教育，免费项目为学费、住宿费，免费标准为西藏现行的收费标准，即每生每年学费2800元、住宿费800元，同时给予每生每年1500元的生活费补助；对在区外高校就读的师范及农牧林水地矿类相关专业本专科生，按照区内高校的免费项目与标准，执行学费、住宿费、生活费补助政策。

6. 应征入伍服义务兵役的高等学校毕业生学费补偿国家助学贷款代偿政策。对应征入伍服义务兵役的全日制普通高等学校应届毕业生，实施相应的学费补偿和国家助学贷款代偿。

7. 少数民族困难家庭高层次骨干人才硕（博）士研究生资助政策。对参加少数民族高层次骨干人才硕（博）士定向研究生招生考试，并被正式录取，取得真实、有效的录取通知书的困难家庭子女硕（博）士研究生，每生每年补助生活费 5000 元。从入学起开始资助，直至在当前学校当前学段正常学习结束。

8. 区内外大中专学生和内地西藏班学生参加城镇居民基本医疗保险政策。凡具有西藏城镇户口的区内外大中专学生和内地西藏班学生，均可参加西藏自治区城镇居民基本医疗保险。

区内外大中专学生和内地西藏班学生参加城镇居民基本医疗保险缴费标准每人每年 200 元。其中，学生本人每人每年缴纳 30 元，其余部分由自治区财政给予补贴。享受城镇居民最低生活保障的学生、重度残疾学生和无收入的孤儿学生参加城镇居民基本医疗保险的（需提供有效的低保证件、残疾证件、孤儿证明等相关材料），个人不缴费。区内外大中专学生和内地西藏班学生参加城镇居民基本医疗保险参保费按年度征缴，缴费时间为上年度的 10 月 1 日至 12 月 31 日。参保学生自缴费次年 1 月起享受规定的基本医疗保险待遇。

9. 流动人口的义务教育阶段的入学。从 2007 年秋季开始对拉萨市公办学校义务教育阶段城镇学生（含进城务工、经商人员子女）免除学杂费，并免费提供教科书和定量作业本。流动人口子女与常住人口子女一样在义务教育阶段免学杂费和书本费，并且从 2009 年起给予民办学校义务教育阶段学生学杂费补贴。流动人口子女在非义务教育阶段学校就读与常住人口子女一样，也享受同等待遇。

10. "三包"政策落实情况。1982 年开始对中小学实施人民助学金制度和奖学金制度，标准逐年提高。1985 年起，拉萨市开始对公办重点中小学在校学生实行"三包"制度。2001 年，进一步规范了全区"三包"和奖学金、助学金制度，明确了"三包"范围和对象，即全区村完全小学、乡中心小学、县完小及各级初级中学的农牧民子女住校生属"三包"的范围和对象；"三包"范围的中小学住校生均从一年级实行"三包"；教学点

的学生实行助学金制度。

11. 不断提高教育"三包"经费标准。教育"三包"经费标准的不断提高，体现了党中央、国务院对广大农牧民群众的深切关怀，调动了农牧民群众送子女上学的积极性，经自治区人民政府 2009 年第 18 次常务会议研究，同意从 2009 年 11 月 1 日开始，再次提高"三包"经费标准：小学生每生每学年由原来的 1300 元提高到 1750 元，其中，伙食费 1600 元，服装费、装备费、学习用品费等 150 元；初中生每生每学年由原来的 1450 元提高到 1850 元，其中，伙食费 1650 元，服装费、装备费、学习用品费等 200 元。

12. 提高助学标准。目前，每生每学年助学金标准小学为 65 元、初中为 130 元、高中为 170 元；特殊教育学校助学金人均每年 3600 元。

13. 学生公用经费。2010 年，中小学学生公用经费标准进一步提高，小学生由原来的年生均 300 元提高到 400 元，初中生由原来的年生均 500 元提高到 600 元。特殊教育学校公用经费小学生均 2400 元，初中生均 3600 元。

14. 拉萨市非义务教育阶段贫困生资助情况。2007 年初，由拉萨运高国际酒店、香港爱心人士资助了非义务教育阶段的贫困生，2008 年开始由政府资助，2009 年根据《中共拉萨市委员会专题会议纪要》（第 13 号）文件规定，在市教育体育局设立了非义务教育阶段贫困生救助基金领导小组并设立资助金专门账户，"资助基金由'爱心'基金剩余款项、拉萨运高国际酒店捐助的剩余款项、自治区政府安排给秦宜智同志的工作经费和市财政安排的专项经费等几部分组成"。此项工作由拉萨市教育局教育科具体实施。

15. 拉萨市级教育救助政策。根据《拉萨市资助非义务教育阶段贫困生暂行办法》，市委、市政府整合多方面的助学资金，对经市、县（区）民政部门确认的农牧区、城镇低保家庭学生，对因重大自然灾害或其他突发事件造成家庭经济困难的学生，对因特殊原因造成家庭经济特别困难的学生及孤儿等四类学生实行资助。凡享受国家、区、市和县有关助学政策的学生不再列入本项资助范围之中。资助标准：第一，对就读普通高中及职业学校的，每人每年资助学费 400 元。第二，对就读自治区级重点高中及职业学校的，每人每年资助学费 600 元；对就读区内专科、普通本科院校的,分别给予一次性资助 2000 元、3000 元。第三,对就读区外专科、普通本科院校(含西藏民族学院)的,分别给予一次性资助 3000 元、4000 元。第四,对就读区外重点本科院校的,给予一次性资助 5000 元。第五,孤儿考入高校的学生实行年资助政策,即当年入学时按上述第三、第四项资助政策执行,第二年起根据其在校期间的表现情况,报请市资助领导小组审批,确定当年的资助金额,原则上不得超过第一次资助的金额。

申请程序:贫困家庭学生或家长(监护人)从就读的学校、各县(区)教育局领取《拉萨市非义务教育阶段贫困家庭学生受助申请表》,按相关要求如实填写;并由各高中、职业学校、各县(区)教育局及民政局负责审查,报市资助领导小组最后审定。

16. 自治区级教育救助政策。根据自治区教育厅、民政厅、总工会、财政厅、监察厅《关于印发〈西藏自治区高校特困生资助管理办法〉的通知》的规定,西藏对城乡低保家庭子女、国有企业职工特困家庭学生进行资助。标准为:考入区外重点高校本科生资助 5000 元;考入区外一般高校本、专科生资助 4000 元,区内高等院校本专科生资助 1000 元。符合条件的家庭可持"四证一书",即学生身份证、准考证、学校录取通知书、乡镇人民政府(街道办事处)出具的证明、低保证,个人到所辖民政部门申请。

17. 国家奖学金。向普通本科高校和高等职业学校全日制本专科在校生中特别优秀的学生发放政府津贴,现行的标准是每人每年 8000 元。符合条件的学生可向所在学校提出申请,由学校审核发放。

18. 国家励志奖学金。向普通本科高校和高等职业学校全日制本专科在校生中品学兼优的家庭经济困难学生发放政府津贴,现行标准是每生每年 5000 元。同一学生,国家奖学金与国家励志奖学金不能同时享受。符合条件的学生可向所在学校提出申请,由学校审核发放。

19. 国家助学金。用于资助全区普通高校、高等职业学校全日制本专科在校生中家庭经济困难学生和中等职业学校所有全日制在校农村学生及城镇家庭经济困难学生,资助面约占在校生的 20%。现行补助标准为:普通高校和高等职业学校在校生,每生每年 2000 元;中等职业学校在校生,每生每年 1500 元,国家资助两年,第三年实行学生工学结合、顶岗实习。

符合条件的学生向所在学校和当地教育行政部门提出申请，提供乡（镇）人民政府（街道办事处）出具的证明、救助证（低保证），由县（区）、市民政局、教育局分别审核，最后报自治区民政厅、教育厅审批。同一学生，享受国家助学金后，可以同时享受国家奖学金或国家励志奖学金。享受免费教育学生不再享受国家励志奖学金、国家助学金及国家助学贷款。

20. 助学贷款贴息政策。为确保高校经济贫困家庭学生顺利完成学业，在认真落实国家助学奖学金政策的同时，自2001年始，自治区实施高校经济贫困学生贷款贴息政策，贷款学生在校期间贷款利息100%由自治区财政贴息，学生毕业后自付利息。符合条件的学生可向所在学校提出申请，由学校审核实施。

21. 西部开发助学工程。从2000年开始，由中宣部、中央文明办、财政部、教育部联合实施，资助包括西藏在内的西部12省（区、市）品学兼优的特困大学生和高中生。受助大学生，每生每年5000元，资助4学年；高中设"宏志班"，每生每年3000元，资助3学年。西藏每年在拉萨中学、日喀则第一高级中学招生计划内开办一个"宏志班"，每班50人。符合条件的无经济能力完成学业的特困农牧民、城镇居民和下岗职工子女（父母及本人有区内常住户口），可向原籍县（区）宣传部提出申请，最后由中央文明办审批。

22. 广州教育基金。广州市人民政府在西藏建立"扶困助学"教育专项基金，专门用于解决全区贫困农牧民子女上学困难。补助范围为就读区内外院校的贫困农牧民子女。资助标准为：区外重点高校本科生，一次性资助5000元；区外一般高校本、专科生，一次性资助4000元；区内高校本、专科生，一次性资助1000元。凡考入区外高校的农牧民特困家庭学生、城镇低保家庭学生，持"四证一书"即身份证、准考证、学校录取通知书、乡（镇）人民政府（街道办事处）出具的证明、救助证（低保证），由县（区）、市民政局逐级审核，集体办理，最后报区民政厅、教育厅审定批准。凡考入区内高校的农牧民特困家庭学生持"四证一书"，即身份证、准考证、学校录取通知书、乡（镇）人民政府（街道办事处）出具的证明、救助证（低保证），经学生本人原籍县级民政部门审核，由各学校集中审核、公示、确认，并报自治区教育厅批准。受资助的特困生仍然可以按有关规定享受国家现行的学杂费减免、助学金、奖学金、国家助学贷款等政策。但已享受"西部助学工程"的特困生，不再享受本资助政策。

23. 师范及农牧林水地矿类高校学生免费教育。为鼓励更多考生报考高校师范和农、牧、林、水、地矿专业毕业后到基层工作，加强农村科技人员力量，从 2009 年 9 月 1 日起，对新入校学生实行免费教育，学费每生每年补助 2800 元，住宿费每生每年 800 元，生活补助每生每年 1500 元。

24. 中等职业学校农牧民子女学生免费教育。学费每生每年 2000 元，住宿费每生每年 500 元。

25. 村教学点燃料费补助。对每个村教学点燃料费进行定额补助。每年补助 1500 元。

四　城乡居民医疗和优生优育方面的惠民政策

1. 农村特困群众医疗救助制度。是政府对农村五保户和特困农民家庭因患大病个人负担医疗费用过高，且影响家庭基本生活的人员实行医疗救助的制度。救助对象：救助对象为"五保户"；低保户；未纳入"五保"供养和"低保"范围的无生活来源、无法定赡养人或抚养人的老年人和未成年人，无劳动能力的残疾人；因病导致基本生活难以维持的特困农牧民和按规定享受农牧区医疗制度的特困城镇居民。农牧民医疗支出，在按农牧区医疗制度报销后，对基本生活仍然无法维持的家庭或个人；参加农村合作医疗的家庭，在享受农牧区医疗制度报销后，基本生活仍然无法维持的家庭或个人；对未参加农村合作医疗的家庭或个人，因患大病个人负担医疗费用过高，也可直接申请医疗救助。救助标准为：自费总额减去 300 元后其余部分的 50%。年度最高救助限额为 8000 元，经县级以上人民政府批准可提高到 3 万元。符合条件的群众可向所在村委会提出申请，最后由所辖县级民政部门审批。

2. 城镇特困居民医疗救助制度。是对城镇特困居民家庭因患大病个人负担医疗费用过高，且影响家庭基本生活的人员实行医疗救助的制度。救助对象：一是对参加城镇职工、居民医疗保险的家庭，在享受城镇职工、居民医疗保险报销后，基本生活仍然无法维持的家庭和个人；二是对未参加城镇职工、居民医疗保险的家庭或个人，因患大病个人负担医疗费用过高无法维持基本生活的家庭或个人，也可直接申请医疗救助。救助标准为：自费总额减去 500 元后其余部分的 50%，年度最高救助限额为 8000 元，经县级以上人民政府批准可提高到 3 万元。符合条件的居民可向户口所在居委会或单位提出申请，最后由所辖县级民政部门审批（户口在区、市直单位的由市民政部门审批）。

3. 城镇居民基本医疗保险制度。凡具有拉萨市城镇户口、未纳入城镇职工医疗保险和农牧区医疗制度范围内的城镇居民，可参加城镇居民基本医疗保险。城镇居民基本医疗保险基金实行定额征缴筹资，现行缴费标准为每人每年 200 元，其中：个人缴费 60 元，自治区财政补贴 80 元，地（市）财政补贴 40 元，县级财政补贴 20 元。对特定人员的缴费按有关规定予以相应补贴或者减免。在一个自然年度内的统筹基金最高支付限额为 2 万元，超过 2 万元的，统筹基金不再支付，城镇居民可按有关规定申请城镇困难居民医疗救助。

4. 农牧区一孩双女困难家庭扶助制度。夫妻双方均为农业户口，1933 年 1 月 1 日以后出生、现存一个孩子或两个女孩或子女死亡现无子女、年满 55 周岁的困难家庭，每年可享受 600 元扶助金。符合条件的家庭可向所在村（居）委会提出申请，由县（区）计生部门审批。

5. 独生子女伤残家庭扶助制度。女方须年满 49 周岁、只生育一个子女或合法收养一个子女、现无存活子女或独生子女被依法鉴定为伤残（伤病残达到三级以上）的家庭，伤残家庭每年享受 960 元扶助金，死亡家庭每年享受 1200 元扶助金。符合条件的家庭可向所在村（居）委会提出申请，由县（区）计生部门审批。

6. 农牧区健康教育。加强农牧区健康教育工作，加大健康教育投入力度，改善健康教育工作条件，大力开展面向农牧民群众的健康教育与健康促进活动，积极实施国家"亿万农民健康教育和健康促进活动"。自治区财政每年安排健康教育工作专项经费 200 万元，用于全区城乡居民健康知识的普及，改善健康教育工作条件，有效开展健康教育工作。

7. "降消"项目。为实现全区"降消"项目全覆盖，在 24 个县实施国家"降低孕产妇死亡率、消除新生儿破伤风"项目的基础上，按照国家制定的项目目标和管理方案的要求，每年安排资金 1000 万元，用于其余 50 个县实施"降消"项目工作，平均每县投入 20 万元，力求降低自治区孕产妇死亡率和新生儿死亡率。

8. 免疫政策。自治区在国家免疫规划的基础上扩大免疫人群。对 4～15 岁适龄学生实施腮腺炎、流脑、风疹和甲肝疫苗的接种。自治区每年安排以上四种疫苗购置资金 1300 万元。

9. 县级疾病预防控制中心。国家、自治区财政安排专项资金，在全区 74 个县（市、区）建立县级疾病预防控制中心。

10. 乡（镇）医务人员补贴。参照公益性岗位政策提高乡（镇）医务人员补贴待遇。

11. 农牧区卫生人员培训。自治区以选派区内外进修、挂职锻炼、举办各类培训班等方式，开展各类农牧区卫生人员培训工作。自治区安排资金 1300 万元。

12. 农牧民免费医疗。农牧区医疗制度是以传统免费医疗为基础，结合新型农村合作医疗制度而制定的一项具有西藏特色的农牧区医疗保障制度。从 2008 年起，补助标准为年人均补助 140 元。

13. 计划生育经费。根据全区农牧民人口数，平均每人每年 12 元，由自治区、地（市）、县（市、区）三级财政分级承担，其中自治区财政承担 7.2 元（60%），地（市）财政承担 2.4 元（20%），县（市、区）财政承担 2.4 元（20%）。

14. 农牧区"一孩、双女"奖励。自治区对农牧区"一孩、双女"贫困难家庭奖励扶助制度。奖励扶助金以个人为单位发放，每人每年补助 720 元。

15. 计划生育家庭特别扶助制度。对独生子女死亡或伤、病残后未再生育或收养子女家庭的夫妻进行扶助。子女死亡家庭每人每月 100 元，子女伤残家庭每人每月 80 元。

16. 以免费医疗为基础的农牧区医疗制度。是以政府为主导，政府、集体和个人多方筹资，以家庭账户和大病统筹为主的农牧民基本医疗保障制度。2008 年农牧区医疗制度国家补助经费为年人均 140 元，报销比例为：对参加筹资的农牧民住乡一级医院的住院费用报销 70%～85%，住县一级医院的住院费用报销 70%～80%，住县级以上医院的住院费用报销 60%～70%；对未参加筹资的农牧民住乡一级医院的住院费用报销 50%～65%，住县一级医院的住院费用报销 50%～60%，住县级以上医院的住院费用报销 40%～50%。封顶线由过去的 3000 元提高到 2008 年的每人每年累计报销 8000 元或 6000 元。

17. 住院分娩的农牧区孕妇的补助。对住院分娩的农牧区孕妇实行免费住院并给予 30 元奖励，对陪护人员给予 20 元奖励，对产下的婴儿免费提供婴儿服。各县医院与市直各大医院建立了住院分娩绿色通道，通过绿色通道卡农牧民可以免交押金，直接出院，由县医管办向各大医院结算，为农牧民提供便利。

附　录

党和国家领导人对东嘎镇农民的关心

一　中央领导巡视

1956年4月16日，沿青藏线到拉萨参加西藏自治区筹备委员会成立纪念活动的中央代表团团长、国务院副总理陈毅及其成员途经堆龙德庆县，并留宿南岗欧协豁卡，在当地群众中开展了小型慰问活动。

1976年6月8日，全国人大常委会副委员长阿沛·阿旺晋美陪同尼泊尔国王比兰德拉一行参观访问堆龙德庆县东嘎人民公社，自治区革委会副主任天宝、拉萨市革委会主任朗杰陪同。

1985年8月30日下午，前来拉萨参加西藏自治区成立20周年庆祝活动的中央代表团副团长、国务院副总理李鹏一行在自治区党委书记、自治区主席多杰才旦和拉萨市党政领导陪同下到堆龙德庆县东嘎乡五村视察访问，并看望了村里的富裕户顿珠次仁一家，对其家庭生活、生产情况及全村群众的生活情况进行了详细的了解。

1990年7月25日，到西藏视察指导工作的中共中央总书记、中央军委主席江泽民在自治区、拉萨市党政军领导陪同下，到堆龙德庆县东嘎镇南嘎四村走访农户家庭，并对村民的生产、生活、家庭收入等情况进行了深入了解。江泽民与藏族农民阿旺丹巴谈话时，语重心长地说："昨天我在自治区县以上党政干部大会上讲了，凡是有利于西藏人民生活改善的政策一律不变。"

二　自治区领导视察

1960 年 7 月 17 日，自治区筹委会代理主任委员班禅额尔德尼·确吉坚赞、中共西藏工委副书记、自治区筹委会副主任委员张国华到堆龙德庆县观察农业生产和互助组情况。班禅大师和张国华视察了南岗欧西乡东风农业生产互助组千斤青稞、千斤小麦试验田及试种成功地从内地引进的新品种。班禅大师在看到了农村的丰收景象后高兴地说："西藏今年出现这样的丰收景象，主要是党中央和毛主席的英明领导。"在视察期间，班禅大师和张国华还接见了东风互助组组长扎西汪杰和其他组员，了解农民的生活情况。班禅鼓励农民加强团结，努力前进，进一步搞好后期田间管理，争取农业大丰收。

1960 年 7 月 24 日，自治区筹备委员会代理主任委员班禅额尔德尼·确吉坚赞、中共西藏工委副书记郭锡兰，在拉萨市市长崔科·顿珠才仁、副市长张振生陪同下，视察堆龙德庆县农村，自治区筹备委员会常务委员拉敏·益西楚臣、计晋美和副秘书长陈竞波等一同视察。班禅大师和郭锡兰视察了堆龙德庆县东嘎区羊达乡羊达村供销合作社、信用合作社和手工业生产合作小组。班禅大师勉励供销社的服务人员继续努力，把供销社搞得更好。同时还视察了堆龙德庆县开办的油坊。班禅大师说："好，这是大搞技术革新的结果。"下午，班禅大师和郭锡兰还视察了东嘎区"火箭互助组"的试验田。

1960 年 8 月 30 日，谢家祥少将率领部队帮助堆龙德庆县南岗欧西乡农民收割青稞。

1975 年 10 月 10 日，自治区沼气推广现场会在堆龙德庆县举行，西藏军区政委、自治区党委书记任荣到会讲话，并到东嘎村农民家中进行访问。

1989 年 7 月 17 日，自治区拥军优属慰问总团团长、自治区党委副书记旦增，副团长、自治区顾问委员会常委侯杰，副团长、自治区副主席龚达希，副团长、自治区民政厅厅长扎西平措及慰问总团的部分成员到堆龙德庆县亲切慰问了烈、军属。慰问中，旦增、龚达希等领导给烈、军属们一一敬献了哈达和赠送了慰问品，并进行座谈。在听取了烈、军属的生活、工作安排情况后，旦增作了讲话。旦增说，和平解放以来，烈、军属为西藏的建设事业做了大量工作，西藏人民之所以有现在的幸福生活，这与各位所做的努力是分不开的，希望烈、军属们，在新形势下继续努力，为建设两个文明、为党和人民的事业再立新功。对于烈、军属提出的意见和要求，旦增说："过后我们将专门认真研究，按照国家有关规定，能解决的问题将尽早给予解决。"随后，旦增一行看望了烈、军属家庭及东嘎镇敬老院。

1998年2月28日，自治区党委副书记、自治区常务副主席杨传堂在有关部门负责人陪同下到堆龙德庆县慰问农牧民、基层科技工作者和基层教师。杨传堂首先到堆龙德庆县东嘎镇南嘎一村农户达瓦家进行慰问，赠送节日慰问品和藏文版《西藏农牧实用技术文库》。杨传堂详细了解了达瓦家里的生活情况。达瓦一家5口人，3个小孩都在上学，达瓦除在农闲季节搞些副业外，还是村建筑队的一名石匠，1997年达瓦家副业收入6000多元，粮食2500多千克。

1998年12月29日，自治区党委副书记巴桑、自治区副主席尼玛次仁在自治区老干部局、自治区组织部、拉萨市等有关部门领导陪同下，到堆龙德庆县走访离退休干部，与离退休干部促膝交谈，致以节日的慰问。慰问了原堆龙东嘎区副区长（大）次仁顿珠，把党和政府的温暖送到老干部们的心坎上。

1999年5月11日，自治区副主席次仁卓嘎在自治区残联和堆龙德庆县委主要领导陪同下，走访慰问了东嘎镇桑木村残疾人贡桑桑旦，为其送去党和政府的关怀。

东嘎村的带头人

——记堆龙德庆县东嘎镇东嘎村党支部书记普琼

来源：2011年11月04日《西藏日报》

昔日的乱石荒滩，如今高楼林立；昔日的上访村，如今变身文明村；昔日的贫困村，今日是远近闻名的小康村……这就是如今的堆龙德庆县东嘎镇东嘎村。

2007年，普琼从县直机关下派到东嘎镇东嘎村担任党支部书记，5年来，他团结带领广大党员和群众，抓就业促增收，抓稳定促和谐，把一个问题多、矛盾多的难点村建成一个富裕和谐的先进村，先后获得"全国基层党建先进党支部""全国法制示范村""全区深入学习实践科学发展观先进基层党组织"等多项荣誉。

一 建强班子增活力

东嘎村位于青藏公路与拉贡公路交会处，全村 757 户 1736 人，党员 50 名。

为支持城市建设，东嘎村被规划为拉萨经济技术开发区，3500 亩土地全部被征用，涉及搬迁农民群众 563 户 1245 人。由于失地农民就业无着落，仅靠征地补偿费生活，眼看手中的征地补偿费一天天减少，在 2004 年 6 月至 8 月期间连续发生多起到镇政府、县政府，甚至自治区政府集体上访事件。

刚到东嘎村上任，普琼发现村"两委"班子特别是党支部班子有一些涣散，他们的主要精力不是放在如何帮助群众解决困难上，而是花在自家的"一亩三分地"里。

针对这一状况，结合加强基层建设年活动，普琼下好了"四步棋"：一是按照"多劳多得，绩效挂钩"的原则，制定村干部考勤制度，坚持每天亲自打考勤，记录每名村干部的工作情况，并且把出勤与报酬紧密结合，年终严格兑现奖惩。二是坚持每月召开四次党支部会、两次党员大会，及时组织党员干部学习新农村建设的方针政策以及党和国家对全区的优惠政策、富民政策，总结、安排党支部的工作，及时研究解决存在的主要问题。邀请县流动党校老师每季度到村里给党员干部讲一次党课，提高党员干部的整体素质。三是坚持把政治立场放在首位，突出入党积极分子队伍建设这个关键环节，注重在反对分裂、维护稳定中识别、考察、培养入党积极分子，给他们派任务、压担子。四是经常组织村"两委"班子成员开展互帮互助活动，大到婚丧嫁娶，小到柴米油盐，拉近了村干部之间的距离，增进了村"两委"班子的团结。

措施扎实得力，成效实实在在。在加强基层党建年活动中，东嘎村被确定为全区第一个村党支部书记实践基地，并于每月 23 日开展村党支部书记论坛，主抓基层组织建设、发展集体经济、维护社会稳定、促进民族团结等工作实践。如今，东嘎村每年发展党员都在四名以上，是以前的两倍，村"两委"班子的面貌得到很大改变，党支部的创造力、凝聚力、战斗力明显增强。

二　维护稳定促和谐

东嘎村处于城乡接合部，维护社会稳定的任务十分繁重。

"村看村，户看户，群众看党员，党员看支部"。普琼采取"三项措施"加强平安村建设——

抓制度建设。普琼组织党员干部制定《东嘎村家庭综合考评制度》，成立由村干部、小组长、党员和群众代表组成的综合考评组，每半年对每户家庭在卫生、邻里关系和社会治安综合治理等方面进行考核打分，考核结果作为年终落实国家扶持资金和集体收入分红的依据。特别是在维护稳定上，实行一票否决制。

建反应机制。普琼组织党员、致富能手和"三老"人员组成东嘎村党员社会信息收集小组，负责收集社情民意及各种矛盾纠纷，并及时向村党支部反馈。通过信息收集和反馈，党支部及时化解了40多起邻里纠纷，促进了村民邻里关系的和谐。2007年以来，全村没有发生过一起刑事案件和治安案件。

保和谐平安。拉萨"3·14"打砸抢烧严重暴力犯罪事件发生后，根据上级党组织的安排部署，普琼迅速组织召开党员大会和村民大会，及时组织本村50多名党员和22名民兵成立义务巡逻联防队，带头巡逻值班，负责重要地段24小时值班巡逻，并协助当地派出所登记外来人口、设卡和处置突发事件，确保全村的和谐平安。

在近年开展的深化创先争优强基础惠民生活动中，普琼还组织党员干部用西藏和平解放60年来的沧桑巨变和改革开放以来的新发展新变化奔生活，用中央的亲切关怀和全国人民的大力支援，用群众看得见、摸得着、感受得到的鲜活事实教育群众；充分发挥老党员、老干部和经历过新旧社会两重天的基层干部群众现身说法，用亲身经历揭露旧西藏的黑暗、落后、残暴，使广大群众进一步认清达赖集团政治上的反动性、宗教上的虚伪性、手法上的欺骗性，为促进社会稳定和谐奠定了良好的思想基础。

三　全心全意谋福祉

都说"发展才是硬道理"，但靠什么发展、怎样发展，往往愁无人。

为了发展，普琼带着村"两委"班子"马不停蹄"地上访下问，对比先进找差距，迅速厘清了发展思路——

通过大量的走访和分析调查，普琼发现，东嘎村所有的矛盾、问题都集中在失地农民的就业上，失地农民就业问题解决好了，其他的问题就迎刃而解。为帮助失地农民解决就业，普琼多次召开村"两委"会议，组织党员干部帮助群众转变观念，不等不靠，依托市场解决就业，增加收入。

"说了算、定了干、干就干好"是普琼的一贯作风。为群众做出榜样，普琼积极争取县委、县政府的支持，联合村里30多户跑运输的个体户党员，筹集资金100余万元，组建东嘎益民公司，以毗邻东嘎村的拉萨经济技术开发区建设为依托，主动上门联系业务，从事开发区企业的物业服务工作，使公司连年赢利，解决了500多名失地农民的就业问题。

2008年，公司资产总额达240万元，比成立初增加了一倍，组织失地农民劳务输出3000余人次，创经济收入达260余万元。普琼充分利用县政府为和平新村划拨的50亩经济预留地，修建80间商品房，并将商品房进行招租，在2007年和2008年共获益120万元，村民分红100万元。如今，东嘎村的失地农民已经闯出了一条致富的路子，日子越过越好。

结合正在开展深化创先争优强基础惠民生活动，普琼和村"两委"班子继续想点子、找路子，目前，已经成形的发展规划有六项：一是修建拉萨市西城区公益公园；二是兴办东嘎村校服工厂；三是兴建格桑林卡"藏家乐"；四是扩大林琼岗度假村规模；五是兴建流沙河森林公园；六是组建物业公司。整合益民公司，成立为开发区众多企业服务的物业公司，提供运输、保洁、保安、绿化等服务，可吸收用工100余人。

长期与群众打成一片，普琼深深地体会到，只有真心实意为群众办实事、办好事，才会赢得他们的信任和拥护。

堆龙德庆县东嘎镇2010年工作总结暨2011年工作安排

2010年，东嘎镇党委、政府在县委、县政府的正确领导下，在上级有关部门的大力支持下，在全镇干部职工和群众的共同努力下，以经济建设为中心、以社会稳定为保障、以改善民生为落脚点和出发点，深入贯彻落实科学发展观，深入贯彻落实中央第五次西藏工作座谈会、十七届五中全会精神和区、市各项惠农惠民政策，齐心协力、开拓进取，顺利克服了青藏公路东嘎段改扩建带来的种种困难和不便，完成了"十一五"工作总结和"十二五"规划等重大课题，顺利完成了全镇 2010 年各项工作任务，现将主要工作开展情况总结如下。

一 圆满完成各项任务目标

（一）经济工作

2010 年，全镇财政收入为 41.5 万元，顺利完成全年财政收入目标和各项任务指标；农村经济总收入达到 4427.66 万元；多种经营收入从业人员达到 650 人次，总收入达到 2200 万元；农牧民人均收入达到 6759.52 元（其中，现金收入为 5272.66 元）。县委、县政府交办的青藏公路沿线环境整治工作和小康示范村房费会稳定发展。在抓好种子工程的同时，对农机工程、灌溉工程加强了管理。截至目前，全镇总耕地面积为 4511.32 亩，粮、经、饲比例为 54.71∶43.08∶2.21。粮食作物播种面积为 2468 亩，占总播种面积的 54.71%；经济作物播种面积为 1943.32 亩，占总播种面积的 43.08%；饲草料播种面积为 100 亩，占总播种面积的 2.21%。

1. 经济增长保持持续、快速、健康的良好势头

——村集体经济实力不断壮大，第三产业收入增加。3 个行政村利用村组集体经济实体每年可创收 1430 万元（其中东嘎村 3、4、5 组 600 万元、南嘎村 4 组 380 万元、桑木村 2 组 450 万元）。村民经济合作组织进一步发展壮大，全镇现有东嘎益民公司、东嘎建筑公司、东嘎民生建筑公司三个初具规模的村民合作组织，通过发展运输和建筑施工业年创收 520 万元。目前，东嘎镇农村经济总收入中，家庭饮食商业收入达 137.51 万元，汽车运输业收入达到 1179.40 万元，建筑业和出租业收入达到 944.55 万元，民族手工业收入达到 67.74 万元。

——产业结构更趋合理。2010 年底，东嘎镇农作物播种面积为 235 公顷。第一产业收入为 874.00 万元，较 2009 年增加 36.87 万元，同比增长 4.40%；第二产业收入为 991.74 万元，较 2009 年增加 14.29 万元，同比增长 1.46%；第三产业收入为 2561.92 万元，较 2009 年增加 635.27 万元，同比增长 32.97%。由于征地原因，第一产业产值大幅下降，但达到了第二产业稳步发展、第三产业大发展的目的，产业结构更趋合理。

——特色产业渐具规模。2010年以来，通过政府扶持和招商引资的形式劝推以家庭民俗旅游、农村小宗经济为主的特色产业在东嘎兴起，全镇多种经营收入达到126.79万元。2010年，桑木奶牛养殖基地建成，年创收可达近100万元，极大地增加了桑木村群众的现金收入，并辐射带动周边各村大力开展村集体养殖业，促进了地方经济发展。家庭养殖、苗圃种植、蔬菜大棚等特色经济和小宗经济也不断发展，为群众创造了大量经济收入。

2. 群众收入增加，生活水平大大提高

——农牧民群众收入不断增加，就业渠道拓宽。截至目前，全镇实现劳务输出1200万人次，劳务输出总收入达到720万元；农牧民现金收入达到5272.66元。通过镇政府的积极协调，顺利完成中巴车退市工作，为失地群众解决长期就业97人、短期就业178人。家庭运输业、经营业、出租业、餐饮业收入大幅提高，农村剩余劳动力转移力度明显加强。

——群众住房条件得到改善，生活水平明显提高。各村被征地群众在县委、县政府及有关部门的指导下顺利完成735户的整体搬迁，全镇现有东嘎小康示范村和和平路农民新村两个规模较大、配套设施较齐全的村民居住小区；通过全区农牧民安居工程，截至2010年底，共计可完成780户建设任务；通过自建方式解决住房的有27户。东嘎镇87.6%的村民都已住上安全、实用房，无论是房屋结构、住房面积、户型设计还是居住环境都有了明显改善；全镇所辖三个行政村已基本实现"五通"，即通水、通电、通公路、通电话和通电视信号；饮用水安全人口占全镇总人口的100％；各村村委会相继进行了改扩建，村民文化娱乐设施建设力度不断加大，进一步丰富了群众业余文化生活。

3. 固定资产投资力度加大，基础设施建设成效显著

一年来，财政对基层设施建设的投入力度进一步加大，使东嘎镇发生了日新月异的变化。

——农田、水利等农村基建设施更加完善。一年来，县级财政逐渐加大了对农村基础设施建设的倾斜力度，三个村均新建了乡村公路，各村委会也先后组织人力、物力对辖区内水渠等灌溉设施进行了维修、加固，排除了旱灾、洪水隐患。同时，在上级部门的大力支持和武警官兵的帮助下，全镇干部群众齐心协力抗洪抢险，保障了群众生命财产安全。

——村民业余文化场所的建设步入轨道。东嘎村修建了村民表演舞台和活动中心；南嘎七组村民小组筹资6.1万元、群众投资39万元新修了村幼儿园；三个行政村均建成了农家书屋等村民文化娱乐场所，村集体基础文化设施进一步健全。

4. 社会各项事业发展迅速

教育事业突飞猛进。2010年，东嘎镇适龄儿童入学率和初中阶段入学率均达到了100%，小学阶段辍学率为0。中学阶段辍学率为1%；劳动力平均受教育9年，劳动力初级职业化培训率达到85%；镇级财政对教育事业投入达到7.06万元，占本级财政收入的17.01%，教育事业飞速发展。

"两基"迎国检工作有序开展。一年来，镇党委、政府认真执行上级关于"两基"迎国检工作的通知要求，积极在全镇辖区内开展扫盲、控辍学工作，不断巩固"两基"成果，扫除青少年文盲。先后组织干部职工、学校老师1200余人次参与扫盲、控辍学工作，投入资金3万余元。

群众看病难、看病贵问题有所缓解。一年来，随着村级卫生院的建成和农牧民合作医疗制度的实施，农牧区医疗个人筹资率达到了100%。实际参保人数达到5363人，共集资8.04万元，东嘎镇群众看病难、看病贵问题得到有效缓解。今年，顺利完成全镇新型农村养老保险登记、投保工作，其中60岁以上472人，已开始享受养老金，每人330元/半年；16~59岁1857人，投保金额达到19.86万元（每人标准为100~500元）。参保率居全县各乡镇第一。

为民办实事工作成效显著。在全力配合县直部门做好为民办实事工作的同时，适时根据群众需要确定本镇为民办实事项目，一年来累积共办实事35件，镇级财政累计投入资金达15万元。

5. 生态环境保护力度不断加大

东嘎镇地处青藏公路、拉贡公路沿线，作为拉萨市的西大门，环境保护责任十分大。2010年以来，东嘎镇不断总结经验教训，坚持建设和环境保护两不误，坚持治污和造绿两手抓，不断加大环境保护力度，尤其是将"西大门"环境整治工作作为工作重点狠抓落实，制定合理规划，积极安排部署下属三个行政村促进人居环境综合整治，并指派专门的环境监察员负责不定时巡逻检查青藏公路及拉贡公路东嘎责任区的环境卫生工作。全年，东嘎镇植树造林面积达 1200 余亩，森林覆盖率为 2%，绿化覆盖率为 25%。

（二）基层党建工作

东嘎镇按照"基层党建年"、效能建设和创先争优活动的工作要求，结合自身实际情况认真审视和谋划党的基层组织建设，按照"两手抓、两手都要硬"的方针，在继续推进镇机关党建工作的同时，不断加强和改进以党支部为核心的村级组织配套建设，全面实施"三个工程"和双向培养，充分发挥基层党组织"凝聚人心、推动发展、促进和谐"的作用，努力推动东嘎基层党建工作开创新局面，为构建社会主义和谐社会和全面建设小康社会提供坚强保障。

全镇现有党支部 4 个，党员 237 人，其中镇机关 34 名，占党员总数的 14.35%，农牧民党员 203 名，占党员总数的 85.65%，今年全镇新发展党员 15 人，积极分子 12 人。一系列举措使党员队伍不断壮大，并在日常生产、生活中充分发挥模范带头作用，有力地提升了农村党组织的凝聚力、战斗力。

1. 狠抓镇领导班子自身建设

我镇围绕"六个好"的目标，不断强化镇领导班子核心作用。一是加强理论学习。镇党委坚持集中学习制度，侧重学习党风廉政有关文件和优秀共产党员先进事迹。通过集中学习与自学，提高领导班子成员的政治理论水平和执政能力。二是坚持党性教育。认真贯彻民主集中制原则，依法办事、依法行政，做到了大事讲原则，小事讲风格，既有明确分工，又有团结协作。三是抓好廉政建设。做到了"三不"（即不法之事不为，不义之财不取，不正之风不染）、"四得"（即顶得住歪理，耐得住清苦，抗得住诱惑，管得住小节）、"五过关"（即每位干部特别是党政领导班子成员过好权力关、金钱关、美色关、享乐关和亲朋关）。

2. 狠抓党员干部队伍建设

根据县委有关通知精神，在全镇范围内开展了"基层党建年"活动，进一步增强了干部竞争意识和责任意识，使基层党组织的凝聚力和战斗力得到提高；建立和完善了干部管理、考评等制度，做到用制度管人、用制度管事、用制度推进基层工作；坚持每月 8 次集中政治和业务学习，并将考勤情况作为年底评选先进、民主测评的重要依据；不断强化公仆意识，树立勤政务实形象，坚持和完善了工作目标责任制和下村蹲点制度，规定每个机关干部下村工作时间每月不少于 7 天。积极开展争先创优工作，努力让每个干部都知民意、察民情、解民忧、暖民心，使"人人争当爱民公仆、个个争当爱民干部"的亲民思想得到深化。

3. 狠抓村级组织建设

围绕村级支部"创五好、上等级"的目标，不断强化村支部的战斗堡垒作用。首先，按照村支部"五个好"的要求，大力加强村级班子建设，以党员教育阵地为载体，积极开展了"三级联创"活动，增强了村级班子的凝聚力。其次，做到"头头抓、抓头头"。支部强不强，关键在"班长"，狠抓支部书记队伍建设，及时对战斗力不强的班子进行了调整，提高了村级班子的战斗力。再次，深入广泛地开展了"双学双比"致富工程，涌现出了一批致富典型，激发了农村党员干部的创造力。

4. 加大镇务、村务公开力度，强化服务理念

镇党委、政府始终将提高为人民服务的水平和质量放在重要位置，牢固树立"群众利益无小事"的理念，凡是涉及群众切身利益的事情，都竭尽全力去办。认真查找本镇、本村群众普遍关心的问题，从急需办、通过努力能办到的事情抓起，一段时间争取办成两件实事，坚持不懈地办下去，体现到不断实现好、维护好、发展好最广大人民群众的根本利益上来。

5. 进一步转变镇机关行政管理职能

实行定期不定期镇务公开制度，简化办事程序，为群众提供方便快捷优质的服务。为不断深入推进政务公开，在全镇实行了以镇长为第一责任人的政府工作机制，建立政务公开工作责任制，明确政府及各部门的主体责任。将政务公开列入党风廉政建设责任制和政府目标考核责任制的重要内容，对所有内容进行事前预审，保证公开的真实性，全面性和有效性，并将政务公开的内容镶框上墙，贴在办公楼最醒目的地方，方便前来办事的群众。

（三）民生工作

按照社会主义新农村建设"生产发展、生活宽裕、乡风文明、村容整洁、管理民主"的要求，今年，我镇在县委、县政府的大力支持下，全面推进以农牧民安居工程建设为突破口的社会主义新农村建设，特别是各村组基础设施建设，进一步改善了我镇群众生产、生活条件，为各行政村办

了大量的实事，结合各村实际积极申报为民办实事项目12项，正式列入2010年项目7项，县政府已安排资金203.9万元（其中，投资44.4万元修建了小康示范村大门；投资20.7万元为小康示范村安装了太阳能路灯；投资26.8万元绿化小康示范村周边道路2000平方米；投资22万元为桑木村修建蓄水塔，解决了457户、1392人饮水问题），大部分项目已竣工并通过验收。

耐心细致地做好群众工作，先后召开65次协调会，积极配合有关部门做好109国道堆龙段整治工作。按县政府的要求，按期完成了县中队两旁商品房拆除工作和七二五油库沿线南嘎村一、二组39户214间商户的思想协调工作，按照县里统一安排重新修建商品房，为109国道堆龙段市政道路的顺利实施奠定了坚实的基础。

做好协调工作，先后召开7次协调会议，成功解决了桑木村415亩地中村组违章建筑拆迁难题，为政府统一规划该宗土地提供了方便。

全力配合青藏路、拉贡路的环境整治工作，先后组织干部群众1500人次，动用机械设备15辆，大搞环境整治，及时地处理卫生死角，并对个别商户提出限期整改。

顺利完成了援藏增收项目——养猪户31户、温室大棚4户。编报了东嘎镇"十二五"援藏项目库，该库共收集东嘎镇及下属三个行政村"十二五"期间急需建项目20项。

积极完成南嘎6组整体搬迁的协调工作，努力维护群众合法利益，争取把矛盾解决在村组。

想方设法、全力沟通解决了遗留多年的南嘎村五组汽车修配厂规划红线及其土地征用合法事宜。

依托政府优势，为各村群众争取到县农业银行"钻石卡"农户78户，其中南嘎村30户，桑木村33户，东嘎村15户，78户中三星的可以贷20万元，两星的可以贷15万元，一星的可以贷10万元。根据星级的多少，贷款户要带动1~3户贫困户，扶持贫困户学生并支付贫困户的医疗费；目前，全镇从信用社通过各种渠道已贷款2700万元，其中"钻石卡"贷款300万元，利用返还利息扶持贫困户50户，扶持资金达到42万余元。

全力配合信访部门协调东嘎村公司＋农户基地搬迁前期工作。该公司从开发区彻底搬迁，并与南嘎建立了公司＋农户合作模式，前期土建部分已基本完成。

顺利完成市政府惠民政策宣传册发放工作、完成农用车发放仪式、家电下乡宣传工作，并成功举办了东嘎村家电下乡物资交易会和群众文艺演出活动。做到了文化搭台、经济唱戏。

东嘎、南嘎、桑木村分别利用自己的村集体经济预留地共投资1300多万元开展村集体经济实体建设，东嘎、南嘎村商品房，桑木村奶牛养殖基地均已顺利完工并投入使用。

（四）精神文明创建工作

以"平安拉萨"、文明乡镇、创园活动为契机，积极推进平安、和谐东嘎建设。年初，东嘎镇被自治区精神文明建设指导委员会评为自治区文明乡镇。

一是积极配合上级部门的安排部署，完成各项规定动作。为宣传好、组织好各项创建活动，东嘎镇先后向群众发放各类宣传资料共计13000余份，悬挂宣传横幅70余条，并在镇机关和各村委会活动室制作了各类宣传学习专栏，供群众学习。

二是及时成立相关领导小组，对创建工作进行具体负责。并进一步建立健全了党员结对帮扶等各项制度。

三是协助拉萨市文化局开展千名干部进百村活动，指派专人负责与各村组的联系协调，并将市文化局捐赠的资金和各类物资及时交到群众手中。

四是继续加大村民活动中心、村民戏台、农家书屋、机关干部阅览室、机关档案室的建设力度，进一步完善各类文化娱乐设施，丰富群众业余文化生活。

五是广泛开展精神文明创建活动，在全镇下辖三个行政村推广东嘎村的"12星级"评分制度，将推动精神文明创建与家庭收入挂钩。

（五）社会维稳工作

1. 深入开展反分裂斗争，维护局势稳定

由于我镇特殊的地理位置，一直以来镇党委、政府对综治工作极为重视，始终坚持"稳定压倒一切"的方针，在全镇范围内积极开展爱国主义、科学发展观学习实践活动。东嘎镇党委、政府将社会维稳放在了重中之重，一切从稳定出发，镇级财政共投入9.5万元维稳资金，深入开展社会治安综合治理工作，坚定不移地反对分裂活动，坚决维护祖国统一和民族团结。并有针对性地组织广大农牧民群众开展法律知识讲座，使他们逐步成为"学法、懂法、用法、守法"的新一代农牧民。同时，为切实做到"后达赖时期"的反分裂斗争，维护社会局势的稳定工作，党委、政府加强了对辖区内嘎东寺僧人教育和学习情况的监督指导。

2. 加强安全防范工作，确保重大节日及敏感日期间的安全

我镇结合实际，多次召集全镇干部职工以及三个行政村的负责人，召开节日及敏感日期间的安全防范工作会议，传达上级部门的会议精神，坚持24小时值班制度和定期巡逻制度，有情况及时上报；同时，积极配合公安部门，在各村建立了群防、群治的巡逻小组，坚持昼夜巡逻，有效制止了盗窃、抢劫等犯罪活动。1~12月，全镇共出动干部职工3200余人次参加铁路护路及机关院内安保值班。在全镇干部职工和群众的团结努力下，今年东嘎镇未发生一起因安保措施不到位而引发的不良治安事件。

3. 积极调解人民内部矛盾，完善治安防范机制

一是强化村级基层党组织的职能，协助党委、政府做好服务和管理工作，进一步调整充实了东嘎镇人民内部矛盾排查调处领导小组，同时充分发挥村干部"从群众中来，到群众中去"的作用，上下联动、形成合力，正确化解和处理农牧民群众中存在的矛盾，积极发展和谐劳动关系，努力将矛盾化解在基层，将问题解决在萌芽状态。

二是主动做好党员联系和服务群众的工作，健全和落实党员结对帮扶困难群众、基层干部接待和联系群众等制度，促进镇村两级党组织管理社会、服务群众制度化、规范化水平的不断提高。

三是按照属地管理原则，进一步充实和完善流动人员管理服务站，对外来人员、出租房屋人员进行了登记造册，做到有本可查、有据可依，配合东嘎镇派出所对有嫌疑的人进行摸底调查。

四是重视对两牢释放人员的管理，专门成立了"安置帮教领导小组"对他们进行教育，并将嘎东组的七名释放人员在企业中安置就业，使他们的生活有了保障。

五是加强对辖区内两处采矿点的监督管理。维修和规范采矿点炸药库，建立专门的领用制度和安全岗位责任制，对采石点的人员进行详细的登记，并制定了爆炸器材看守岗位职责和安全管理制度。

六是年初镇政府统一与辖区内25家企业签订了安全生产责任书；积极配合县有关部门对全镇范围内的工矿企业安全生产情况进行了全面检查，并督促各企业办理了安全生产许可证；同时，对在农田上建设水泥预制厂的违规情况进行了清理，保护了群众耕地，消除了安全生产隐患。

4. 认真开展铁路护路工作，维护经济大动脉安全

镇党委按照堆铁护组〔2008〕04号文件精神，成立了铁路联防巡查工作组，进一步加强了铁路安全的检查督促力度，安排各职守人员在重要时段、重要路段、重点桥梁涵洞不间断巡查，强化职守，确保24小时有人守护。同时，根据东嘎镇实际情况，专门调动全镇干部职工轮流蹲点守候在护路第一线，做到了工作到位、职责到人、严防死守、认真巡查，确保了本镇辖区内铁路的绝对安全和列车安全运行。

二 2010年工作亮点

东嘎镇和下属三个行政村在做好重点工作的同时，从实际出发，不断创新工作方式、方法，积极培植村集体经济增长点、发掘工作亮点。

镇党委、政府以基层党建年和效能建设年活动为契机，进一步健全和完善干部人事管理制度，制定了"结对促进步"分工制度和绩效考核制度，即由镇党委、政府一把手分别与镇领导班子成员、村"两委'主要负责人结对，镇领导班子全体成员分别与各自工作对口的干部职工结对。镇领导负责协调各自分管结对对象的工作并做好绩效考核，根据结对对象的工作表现适当增成实际考勤天数，激励结对对象的工作积极性，同时，各干部职工积极当好结对领导的参谋助理，共同促进全镇工作开展。

顺利完成全镇"十一五"总结及"十二五"规划编制工作。结合东嘎镇实际首次提出"十二五"期间"2234"发展战略，即，充分发挥拉贡公路沿线和109国道东嘎段沿线两条经济带辐射带动作用；充分利用和平路农民新村和东嘎小康示范村两个小区的新农村建设示范作用；扶持壮大东嘎、南嘎、桑木三个村集体特色经济实体；以仓储物流业、汽车运输业、民俗旅游业、民族手工业为四大支柱产业。

突出村集体特色，狠抓基层战斗堡垒建设。东嘎村作为东嘎镇下属三个行政村中最早被征地的村，通过近几年的探索、实践，集体经济收入达

到 600 万元/年。今年，结合深入学习实践科学发展观、"创先争优"和"基层党建年"活动，东嘎村在县委的统一部署下筹建了全县第一个村党支部书记实践基地，为全县其他各村党支部书记到东嘎村交流取经提供了平台；村集体投资 4.5 万元建成了村级爱国主义教育基地，向区博物馆等部门收集图片资料，陈列 50 年来百姓的生活用品和影像资料，让群众更加直观地认识到惠从何来、惠在何处；组织党员干部制定《东嘎村家庭综合考评制度》，张贴了"十二星级文明户"公示栏，就爱国爱党、维护稳定、科学致富、讲究卫生、劳务输出等 12 个方面对每户进行考核，考核结果作为年终落实集体收入分红的依据。在镇党委、政府的引导下，东嘎村的先进经验，已在南嘎、桑木两村逐一推广。

三　存在的困难

一是村民群众就业技能有限，收入手段单一，收入增长缓慢。

二是被征地村集体经济发展缓慢，村集体经济预留地不能满足集体经济发展需要。

三是招商引资工作较为薄弱，镇办企业为零。

四　2011 年工作安排

坚持"稳定压倒一切"的方针，将社会治安综合治理工作摆在一切工作的重中之重来狠抓落实，严格实行"党政一把手统一抓、分管领导具体抓"的综治工作责任制，镇、村、组、户及商户层层签订目标责任书，分解细化责任。

继续不遗余力做好矛盾排查、铁路护路、社会面管控、寺庙维稳等重点工作，镇政府在人力、物力、财力上给予最大限度倾斜，确保全镇万无一失。

进一步加强青藏公路东嘎段改扩建竣工后道路沿线环境综合整治工作及交通干道沿线民房改造提升工作。

加大镇、村两级集体经济开发力度，努力做好前期工作，积极争取项目，进一步壮大失地、少地村集体经济实力。

继续稳步推进农业种植结构调整，充分发挥我镇地理和资源优势，做好良种引进、推广与繁育的工作，扩大蔬菜、花卉等特色农作物的种植比例，抓住拉萨市副产品批发市场落户东嘎镇及相关订单农业发展迅速的大好机遇，促进桑木村小宗经济向更高层次发展。

鼓励和扶持各村成立农牧民生产协会，发展壮大农牧民经济人队伍，让农牧民群众走向市场，提高农副产品、特色产品的市场竞争力。

利用本镇良好的地理优势和辐射空间，加大多种经营力度，依托村集体经济预留地，加快壮大农村集体经济实力。

东嘎村 2010 年工作总结暨 2011 年工作计划

2010 年村"两委"在镇党委、政府的正确领导下，坚持以邓小平理论为指导，努力实践"三个代表"重要思想，不断推进村"两委"的自身思想建设，全面提高党员干部思想素质和为民服务的能力，发挥好基层党组织建设、提高党员素质、完善村务公开、规范民主管理、尽力为民服务、促进村务工作等方面都取得了较好的成绩，具体情况如下。

一　加强组织建设，提高党员思想素质

1. 加强党员队伍建设

以执政为民为宗旨，以建设责任型、进取型、服务型为目标，加强自身建设，切实转变工作作风，不断加强服务意识，始终把实现好、维护好、发展好人民群众的根本利益作为党支部工作的出发点和立足点，进一步培养全村党员干部，开展了"想干事、会干事、干成事"为主要内容的"主题实践"活动，本年度本党支部发展新党员 6 名，培养入党积极分子 7 名，为 4 名预备党员转正，并有 36 名农牧民群众递交了入党申请书，党组织集体活动 2 次（1 月到内地考察学习和 7 月开展党组织活动）。

2. 党员工作建设

在发挥党员先进性方面，按照市委组织部《在全市区和城镇社区开展无职党员设岗定责活动的实施意见》，结合本村实际，共设立了 4 大类 5 个岗位。目前，全村除部分身体健康条件差的党员外，共有 36 名党员自愿认领了岗位，并佩戴了上岗服务卡，积极为群众服务，主动接受群众监督。今年青海玉树地震，全村党员自发捐款捐物 79244 元。

3. 村干部管理

年初，村党支部组织全村干部和小组组长到四川的红山村和江苏华西村进行考察学习，参加了市委组织部举办的全市村党支部书记、村委会主任集中轮训，并到城关区先进居委会及奶牛养殖基地参观学习和交流。在村里，建立了村干部考勤制度和村干部接受群众评议制度。同时，村党支部通过开村民大会的方式，民主推荐并确定了 9 名村级后备干部，其中致富能手 3 名。

4. 加强思想政治教育

（1）2009 年 3 月，村委会建立了村级爱国主义教育基地，其目的在于振奋民族精神，增加民族凝聚力，树立民族自尊心和自豪感，巩固和发展最广泛的爱国统一战线，引导群众做有理想、有道德、有文化、有纪律的社会主义新型农牧民。基地共设立新旧西藏对比、党中央亲切关怀、村经济变化、村精神文明建设、"3·14 事件" 真相、村法制宣传、村经济规划等 13 个展板，均以图片、文字、数据方式进行了展示。截至目前，总共接待了参观 3000 余人次。

（2）2010 年 4 月，县委、县政府在我村建立了全区首个 "村党支部书记培养实践基地"，这是一个为了全面提高基层党支部书记的政治思想素质、政策理论水平和驾驭农村工作的能力，切实增强党在农村的执政基础，实现全面建设小康社会宏伟目标的伟大培养工程。围绕这一培训基地，组织全县各村党支部书记分批入驻 "基地" 学习实践、实地观摩，并全程参与村级事务管理。同时，采取 "一人讲、众人评、领导点" 的形式，定期在我村举办 "村党支部书记论坛活动"。

二 2010 年村目标任务完成情况

1. 新农村和经济建设

（1）农村劳动力就业目标任务 400 人，本年度完成 612 人，完成目标任务的 153%，直接创收 260 多万元。（2）自今年 4 月动工修建以来，东嘎安居小区商品房建设于 9 月底已完工，10 月 5 日正式投入招标招租。（3）人均纯收入目标任务 3400 元，本年度完成 3070 元，完成目标任务的 90%。（4）2009 年组建成立的东嘎益民公司，在原来的基础上不断壮大，运输队车辆由起初的 40 多辆发展到现在的 78 辆，增加收入达到 300 万元，创收达近 400 万元。（5）2010 年 11 月，为增加农牧民收入，村"两委'申请组建"堆龙德庆县东嘎村农牧民建筑和运输合作组织"，目前有技术人员 63 人，车辆 78 辆，现在一切手续正在办理中。

2. 民政工作

（1）低保工作，做到了全村应保参保，为所有的困难家庭办理的农村低保，共计 17 户。（2）2010 年"1＋1"结对帮扶，共 5 户。（3）2010 年为全村贫困残疾人争取优惠待遇和扶贫资金，共 16 人。

3. 惠民工程

（1）8 月底，村"两委"筹集款项，由县投资 43 万元在东嘎村安居小区修建了大门。（2）8 月底，村"两委"筹集款项，市体育局等对东嘎村 3、4、5 组农房点修建了健身广场和进行了环境绿化建设。（3）8 月底 9 月初，我村筹集款项，由自治区科技厅投资对东嘎村安居小区道路两侧安装了 20 盏太阳能路灯。

三　基础工程工作

1. 农村新型基层治理工作

为切实扩大基层民主，充分发挥党员群众积极参与村务决策和监督的作用，我村构建了村党支部组织领导下，村议事会决策、村委会执行、其他社会组织广泛参与的新型村级治理机制。自今年以来，村议事会制定了每月 28 日的例会制度，议事会成员将从群众收集来的意见和建议在议事例会上加以分析和解决。

2. 村级公共服务和社会管理工作

（1）设立村信访办。2009 年，村委会设立的村信访制度，在今年建立了来信来访接待室，并成立村情报信息领导小组，对群众来信来访的意见和建议进行了全面登记，同时对社会动态信息进行了全面收集，然后领导小组根据实际情况再及时进行排查，协调解决。今年本村未发生一起群体性上访事件。（2）实行党务、财务、政务公开。村委会大事小事，均通过宣传动员、民情民意信息收集、村议事会讨论决议、付诸实施的流程进行开展，村委会严格实行党务、财务、政务公开，每月分别对民主议事、村务公开进行检查，增强党支部工作的透明度，建立健全党员目标管理制度。

拉萨市堆龙德庆县东嘎镇经济社会调查问卷

尊敬的朋友：

感谢您在百忙中接受我们的调查。我们是西藏拉萨市东嘎（东嘎宗）镇的社会变迁回访调查课题组，我们正在进行一项关于东嘎（东嘎宗）镇的社会变迁回访调查。旨在通过东嘎（东嘎宗）镇的经济社会发展状况调查，重点反映 60 年来东嘎（东嘎宗）镇的社会变迁，展示东嘎（东嘎宗）镇的发展历程和现状，从而以微观变迁来折射西藏农牧区走向现代的侧影。此次调查重点是了解东嘎（东嘎宗）镇的历史变迁以及经济社会发展。为研究需要，对于我们将要问到的问题，您的回答无所谓对错，只要符合您的真实情况就可以了。为了避免您的后顾之忧，我们收集到的所有信息，将只用于计算机的数据统计分析，有关您家庭或个人的信息，不会出现在任何其他场合，更不会用于直接发表。我们将尊重您的个人隐私，忠实地为您保守秘密。

调查时间：　　　　　　调查地点：

一　基本情况

1. 性别：

（1）男　　　　　　　（2）女

2. 年龄：

3. 职业：农民、农民工、雇工、农民知识分子（老师、医生、乡村技术员等）、个体工商户、私营企业主、乡镇企业管理者、农村管理者、其他

4. 政治面貌：

（1）中共党员　　　　（2）民主党派成员

（3）共青团员　　　　（4）非党团群众

5. 家庭成员：_____人，其中，劳动力_____人（18 ~ 60 岁）

二　家庭经济状况

1. 2010 年您全家的收入来源情况：

2010 年您家全家收入为_____元

其中：种植业_____元，其中2010年有没有出租您家田地？

（1）有

（2）无，租金多少（如实物，折成钱）_____（元）、养殖业

_____元、打工_____元、运输_____元、其他收入_____元

（土地分红）

2. 2010年您全家的支出情况：

共计支出_____元

主要支出项目	金额（元）	主要支出项目	金额（元）	
住房		日常生活	砖茶	
			酥油	
			大米	
			衣服、鞋子	
			烟	
			酒	
水电费		医疗卫生		
交通费		文化教育		
燃料费		生产性支出		
其他				

注：日常生活包括食品、副食品、烟酒、服装等；生产性支出包括种子、化肥、农药、薄膜、购买牲畜、税费等。

3. 现在您家住房主要建筑类型是什么？

（1）钢筋水泥　　　（2）石木房

（3）土坯房　　　（4）其他

4. 现在您家住房建筑面积：_____平方米。您家住房是否列入了安居工程项目？

（1）否

（2）是。政府对每户投资_____万元，您向银行贷款了_____元。牲畜与人的住房是否分开？新建房有无卫生间？新建房有无下水道？

5. 您家住房取暖设施：

（1）炉子　　　（2）土暖气　　　（3）其他

6. 您家饮用水主要类型：

（1）自来水　　　　　（2）压井水　　　　　（3）河水

7. 您家生活主要燃料：

（1）煤气液化气　　　（2）电　　　　　　　（3）牛粪

（4）木柴　　　　　　（5）其他

8. 2010 年您家主要生产性固定资产数量情况：

汽车	拖拉机	推土机	收割机	机动三轮车	牛车	马驴车	其他

9. 您家耐用消费品（单位：个）：

项目	个数	项目	个数
电视机		农用车（拖拉机）	
电冰箱		卡车	
洗衣机		小轿车	
照相机		自行车	
影碟机		电动车	
组合音响		手机	
摩托车		电话	

10. 近三年您家是否受过政府、社会补贴救济金（包括低保金）：

（1）否

（2）是　总数约_____元

11. 您家是否被确定为贫困家庭？

（1）否　　　　　　（2）是

难以脱贫的主要原因（限选三项）
（1）疾病或工伤（2）教育费用（3）建房或结婚负债（4）劳动力少（5）自然灾害及自然条件差（6）失去土地（7）文化水平低（8）其他

12. 您认为家里迫切需要解决的问题有哪些？（最多选三项）

（1）资金　　　　　（2）科学技术　　　　（3）社会地位

（4）文化知识　　　（5）治病　　　　　　（6）子女就业

（7）本人或子女升学（8）其他

13. 您目前最希望政府帮您做的事情是：（限选五项）

（1）提供农用生产资料

（2）提供生产资金支持

（3）及时收购农产品

（4）提供生产和市场信息

（5）提供农业科技支持

（6）保障生命和财产安全

（7）加强对农村干部的教育管理

（8）兴修水利

（9）发展教育

（10）修建道路改善交通

（11）提供医疗保健条件

（12）修建电网，降低电费

（13）整顿农资市场秩序

（14）加强农村党支部建设

（15）提高农产品价格

（16）改善生态环境

（17）创办农民学校

（18）子女学校毕业后解决就业

（19）其他

三　社会状况及其他

1. 您是否参加农村新型合作医疗？

（1）是　　　　　　　　（2）否

2. 您家最近的医疗点有多远？（　　　）公里

3. 最近几年，您和您的家人是否患过大病（达到住院程度）？

（1）是，患病花费（　　　）元，合作医疗报销（　　　）元

（2）否

4. 您对本辖区内的社会治安满意吗？

（1）非常满意　　　　（2）满意

（3）一般　　　　　　（4）不满意

5. 您闲暇时间主要做什么？（限选三项）

（1）看电视　　　（2）聊天　　　（3）文体活动

（4）下棋　　　　（5）看书　　　（6）打牌

（7）上网　　　　（8）其他

6. 您是否会讲汉语？

（1）能流利讲　　　（2）讲不很好　　　（3）不会讲

7. 您对您自己当前的生活状况是否满意：

（1）很满意　　　（2）比较满意　　　（3）一般

（4）不满意

8. 您是如何了解到国家的方针政策的？

（1）村委会传达　　　（2）传闻　　　（3）电视

（4）报纸　　　　　　（5）广播　　　（6）其他

9. 您愿意让子女到哪里发展？

（1）外地大中城市　　（2）本地　　　　（3）无所谓

10. 请您为东嘎镇的未来经济发展提出建议和意见。

后 记

　　《拉萨市东嘎镇的发展与变迁》书名是对 2010 年国家社科基金"西藏历史与现状综合研究项目""西藏拉萨市东嘎（东嘎宗）镇的社会变迁回访调查研究"课题名称的修改。

　　西藏农牧区社会变迁的起点是 20 世纪 50 年代，尤其是 1959 年民主改革，使西藏的社会制度发生了根本性的变革。这一变革是经历了艰苦的斗争而取得的，这一变革延续至今并且仍在持续。东嘎镇作为城乡接合部的农区，外来因素对其影响是显而易见的，探究这些因素如何影响或改变着这个社区的传统因素是本课题研究的主要内容。这部专著较系统地回顾、分析和总结了 1951 年西藏和平解放 60 年来东嘎镇经济社会发展与变迁的历史，概述 60 年东嘎镇不同的制度安排和发展模式及其成效，并试图通过东嘎镇的微观变化，提炼 60 年间西藏广大农牧区的发展与变迁。

　　参加本书写作的人员均是在西藏工作的年轻科研人员，他们以高度认真负责的态度参与了课题调研，使课题得以顺利开展和圆满完成。他们是西藏社会科学院农村经济研究所的徐伍达、西南民族大学的旦增遵珠、西藏社会科学院经济战略研究所的陈朴、西藏社会科学院当代研究所的刘清涛（援藏干部）和西藏社会科学院农村经济研究所的何劲。在此对他们付出的辛勤劳动表示诚挚的感谢。

　　本课题在调研、撰写过程中，得到了西藏社会科学院副院长仲布·次仁多杰同志的悉心指导和大力帮助，我们的调查得到了堆龙德庆县方志办、档案室和东嘎镇人民政府等单位的大力支持和帮助，他们不仅为我们做了许多协调、联系工作，而且提供了许多资料。对调研工作给予热情帮助的同志很多，恕不一一尽述。在此，一并向上述对本课题调研工作给予热情帮助的单位和同志们表示衷心感谢。

　　我们清醒地认识到，由于能力水平所限，本书肯定有疏漏和谬误以及其他不足之处，在此恳请各位专家和广大读者不吝赐教。

多　庆

2012 年 10 月 20 日

图书在版编目（CIP）数据

拉萨市东嘎镇的发展与变迁 / 多庆著. -- 北京：
社会科学文献出版社，2020.9
　　西藏历史与现状综合研究项目
　　ISBN 978 - 7 - 5201 - 7264 - 6

　　Ⅰ.①拉…　　Ⅱ.①多…　　Ⅲ.①乡镇 - 社会发展 - 研究
- 拉萨②乡镇 - 社会变迁 - 研究 - 拉萨　　Ⅳ.①D677.55
②K297.55

　　中国版本图书馆 CIP 数据核字（2020）第 170215 号

西藏历史与现状综合研究项目
拉萨市东嘎镇的发展与变迁

著　　者 / 多　庆

出 版 人 / 谢寿光
组稿编辑 / 宋月华
责任编辑 / 周志静　孙以年

出　　版 / 社会科学文献出版社·人文分社（010）59367215
　　　　　　地址：北京市北三环中路甲 29 号院华龙大厦　邮编：100029
　　　　　　网址：www. ssap. com. cn
发　　行 / 市场营销中心（010）59367081　59367083
印　　装 / 三河市尚艺印装有限公司

规　　格 / 开　本：787mm × 1092mm　1/16
　　　　　　印　张：17.75　字　数：288 千字
版　　次 / 2020 年 9 月第 1 版　2020 年 9 月第 1 次印刷
书　　号 / ISBN 978 - 7 - 5201 - 7264 - 6
定　　价 / 198.00 元

本书如有印装质量问题，请与读者服务中心（010 - 59367028）联系